·山东省人力资源和社会保障厅高校就业创业“双新

大学生生涯规划与职业发展

主　审　丁瑞忠　董廷杰
主　编　张光旭　李文锋

山东人民出版社 · 济南
国家一级出版社　全国百佳图书出版单位

图书在版编目（CIP）数据

大学生生涯规划与职业发展/张光旭，李文锋主编. —济南：山东人民出版社，2021.9（2023.8 重印）
ISBN 978－7－209－10875－1

Ⅰ.①大… Ⅱ.①张… ②李… Ⅲ.①大学生—职业选择 Ⅳ.①G647.38

中国版本图书馆 CIP 数据核字(2021)第 104924 号

大学生生涯规划与职业发展
DAXUESHENG SHENGYAGUIHUA YU ZHIYEFAZHAN

张光旭　李文锋　主编

主管单位　山东出版传媒股份有限公司
出版发行　山东人民出版社
出 版 人　胡长青
社　　址　济南市市中区舜耕路 517 号
邮　　编　250003
电　　话　总编室（0531）82098914
　　　　　市场部（0531）82098027
网　　址　http：//www.sd－book.com.cn
印　　装　日照报业印刷有限公司
经　　销　新华书店

规　　格　16 开（185mm×260mm）
印　　张　16.5
字　　数　303 千字
版　　次　2021 年 9 月第 1 版
印　　次　2023 年 8 月第 3 次
ISBN 978－7－209－10875－1
定　　价　35.00 元

《大学生生涯规划与职业发展》
编委会

序

伴随现代科学技术的进步，特别是数字经济和人工智能的发展，职业形态和职业发展教育正面对新的机遇和挑战。如何深刻认识新变化带来的新特征、新要求和新矛盾，帮助受教育者更好地认清自己、观察世界，保持定力，切实走好生涯发展之路，已成为高等学校迫切需要解决的大课题。在此背景下，鲁东大学党委副书记丁瑞忠同志所主持的山东省人力资源和社会保障厅高校就业创业“双新成果”重点项目研究成果——《大学生生涯规划与职业发展》及配套的《大学生生涯规划与职业发展实训手册》的编写和出版可谓恰逢其时，它们将有力推进高等学校和大学生从新时代的视角去认识和解决职业生涯规划和职业发展教育中的问题。

在该套教材即将付梓之际，丁瑞忠书记邀我作“序”，我倍感荣幸。原因是我与丁瑞忠同志相识多年，曾多次受邀到鲁东大学作报告、开讲座。另外，2017 年鲁东大学荣获了教育部颁布的“全国创新创业典型经验高校”“全国高校实践育人创新创业基地”荣誉称号。《教育部简报》〔2018〕第 9 期以《鲁东大学坚持“三位一体”深化创新创业教育改革》为题，介绍了该校在创新创业工作方面的经验和做法，这些都给我留下了深刻印象。更重要的是，我看到了此项研究成果的时代价值，相信它能够为高校更好地履行立德树人职责，为大学生科学规划职业生涯，努力做到人尽其才、人岗相适，实现更加充分更高质量的就业提供有益的指导和服务。

职业生涯规划和职业发展问题是在生产力不断发展、社会分工逐渐细化、社会职业增多、就业压力增大的背景下应时而生的，是生产力发展的必然要求。原始社会时期，人们共同生产、共同生活，尽管后来发生了三次社会大分工，但社会分工、职业分化依然很粗。进入阶级社会后，尤其是在几千年的封建社会中，社会按士、农、工、商等进行分层，绝大多数人都是面朝黄土背朝天，日出而作，日落而息。应该说，近代工业化社会之前，职业的种类并不多，工作内涵也比较简单，职业的延续主要依靠世代相传或子承父业，因此，职业选择问题并不突出。进入近代社会，尤其是产业革命之后，随着工业科技日渐发达，工作的行业种类日渐增多，职业分工更加细化、具体、明确。但是，由于学生缺乏相关的专业知识、缺乏工作经历和职场经验，择业指导及职业选择的问题日渐凸显。因此，到了20世纪初，帮助青年择业的职业咨询及介绍职业的机构应运而生，职业生涯规划和职业发展教育逐渐发展成为一门学科，成为世界各国高等教育的一项重要内容。

如今，我们面对的是一个职业不确定性不断加大并且充满岗位竞争的职场，给学生提供职业生涯规划教育和职业发展教育更是高校义不容辞的责任。要培养更多更好的能适应社会和现代职场需要的人才，高校就必须将职业生涯规划教育落实到从学生入学到其毕业的整个过程中。实施职业生涯规划教育和职业发展教育不仅包括指导学生认清自我、客观分析自身条件、理性研判行业发展的现状与前景，更包含科学定位职业目标方向，为未来就业和事业发展做好准备。以上这些内容都会对大学生在校期间的学习能力、毕业求职和未来职业发展以及生活质量产生重要影响。同时，大学生学会理性择业，亦是整个社会劳动力资源得到合理配置，实现人力供需平衡，促进社会和谐稳定的重要因素。

学生是学校得以存在的基础，学生的就业情况关系到学校的教育质量和社会声誉。学生不能顺利就业，或者找不到适合的岗位，就不能人尽其才、才尽其用，可以说学校的任务就没有很好地完成，学校的教育也就是失败的教育。所以，高校教师应该尽最大能力在职业定位、目标设定、通道设计等方面为学生科学理性选择职业做好服务，让更多学生能够在自己的职业生涯中择世所需、择人所利、择己所爱、择我所长，实现更好的职业发展。

新时代的大学生，更应该对职场环境和自己的性格、能力有清醒的认识，对新职场时代的到来有更多的心理准备和素质能力准备，提前做好自己的职业生涯规划。只有这样，才能更好地适应社会，为社会做出更大的贡献，更好地实现自己的人生价值。

在此，我真诚地希望这套教材能够在新时代发挥更大的作用，促进学校更高质量发展，推动建设一支高素质、高水平、专业化、职业化的职业生涯规划师资队伍，更好地指导学生进行职业生涯规划，促进学生更加充分更高质量就业。

李家华

中国青年政治学院原副校长、教授、博导

2021 年 7 月

前　言

职业生涯决定一个人的社会身份与社会角色，决定一个人以何种方式生活，又拥有怎样的社会关系。从这个意义上说，职业生涯规划既是生活方式的选择，也是人生道路的选择。大学阶段是人生发展的关键时期，在大学期间做好职业生涯规划对未来发展具有极其重要的意义。它有助于大学生明确自己的努力方向，有的放矢地管理时间、制定计划，实现自己的人生梦想。

新时代的大学生正逢人工智能技术革命浪潮奔腾而至之际，世界正处于百年未有之大变局中，我国高等教育正处于从规模扩张全面转向内涵式发展的重要阶段，此时做好大学生的职业生涯规划教育尤为重要。

然而，当前我国高校大学生职业生涯规划教育却存在着一些问题，比如重视生涯知识讲授，缺乏核心职业能力实训；重视案例引导，忽视体验式练习；等等。

为此，我们在鲁东大学党委副书记丁瑞忠主持的山东省人力资源和社会保障厅“高校就业创业‘双新成果’重点项目（项目编号：SX-2018-ZD02）”的研究基础上，编写了《大学生生涯规划与职业发展》及配套的《大学生生涯规划与职业发展实训手册》，并开发了大学生核心职业能力实训教学软件。本套教材的定位主要有三个方面：

首先，《大学生生涯规划与职业发展》可以作为高校职业生涯规划课程的教材使用，并结合《大学生生涯规划与职业发展实训手册》（以下简称《实训手册》）和大学生核心职业能力实训教学软件做好课堂练习，更好地增强课程实训效果；其次，本书也可作为大学生学习职业生涯知识、规划理想人生、提升职业素养、提高就业技能、学会适应职场的自助读物；最后，本书还可作为高校管理者拓宽生涯教育知识面，了解职业规划工具及方法的科普性书籍。基于这样的综合定位，本套教材编写具有以下三个特点。

首先，重构生涯认知，突出可操作性。

为更好地进行职业生涯规划，教育工作者和大学生都必须对职业生涯规划的全貌和基本理念有一定的了解，没有理论学习、单纯依靠技巧，有可能会使生涯规划的理解和操作出现偏差；但若仅有生涯规划的专业理论，没有具体的操作性指导，又与大学生职业生涯规划课程的根本学习目的相悖。因此，本套教材既梳理了职业生涯规划的基本理论知识，又在基本理论的阐释过程中，加入了可操作的具体步骤与方法，并提供了很多实例，努力做到深入浅出，并突出实践性。

其次，完善“实训”课程，优化教学“体验”。

职业生涯课程既重视知识的传授，也关注技能的培养，还有态度观念的转变，是集理论、实务和经验为一体的综合性课程。从某种角度看，态度观念的转变和技能的获得比知识的掌握更加重要，态度观念的转变是课程教学的核心。为了让学生学有所思、学以致用，提高实训效果、优化课程体验，《实训手册》中的每个单元均设置“热身场”和“实训项目”两部分，实训项目包含“自我练习”“团队活动”“对标学习”三个模块。“热身场”是对知识点的预热，目的是引发学生思考，让他们结合已有经验和知识，带着问题学习；“自我练习”是学习知识点后的自我梳理，学生可通过独立思考，深化对知识点的理解，将知识点运用于练习当中；“团队活动”是以小组为单位进行人际交互学习，学生通过思考、表达、讨论、总结和反思，取长补短，拓展个体思维，达到朋辈学习的最佳效果；“对标学习”是对标榜样人物、汲取榜样力量，促进学生将学到的知识转化为技能。这种体验式的训练，可以让生涯课程的经验属性更加明显，能更好地提高大学生的职业发展能力。

最后，强调立德树人，注重课程实效。

本套教材体现了大学生职业生涯规划教育的全程性、贯通性。大学生职业生涯规划不应只在某一个时间点进行，而应贯穿于整个大学阶段。当前大学生在求职时遇到的很多困惑和迷茫，乃至就读期间常常出现的偏差行为，往往都与他们缺乏对自己生涯的深层思考、找不到明确的发展方向、看不清职业路径等有密切关系。因此，本套教材既包含大学生入学之初就应进行的自我探索和认知职场；又包括在大学期间应该了解的如何做生涯决策、进行职业规划和提高相关职业素质等内容；还涉及大学生毕业前的就业技能提升，以及初入职场应如何适应等方面的问题。

本套教材基本涵盖大学生职业生涯规划的全部主题。大学生职业生涯规划是一个十分复杂的过程，大学生如何自我探索、认知职场、做出职业决策、拟定计划并实施和调整计划，是本套教材编写的重点。同时，针对大学生常被用人单位评价为缺乏基本职业素养的现状，本套教材特别将提升职业能力、提高职业素养、加强自我管理和学会职业适应等主题纳入学习范围，以期为高校教育工作者开展生涯教育工作提供有益的参考。

本书由张光旭负责统稿，全书编写分工如下：第一章、第二章由张光旭编写，第三章由李文锋编写，第四章由孙德升编写，第五章由王婷婷、张光旭编写，第六章由李梦霞编写，第七章由武亚思、李文锋、赵鑫编写，第八章由侯苏君、李文锋、李子寒编写，第九章由李文锋、于红芸、王琢琦编写，第十章由于红芸、曾婷编写，第十一章由张光旭编写，第十二章由张笑菡、李文锋、李梦霞编写，第十三章由魏振波、李梦霞、谢于蕾编写，第十四章由魏振波、李文锋、李梦霞编写。

鲁东大学党委副书记丁瑞忠主审全部稿件并提出重要修改建议，鲁东大学副校长吴君、商学院党总支书记吕海航、创新创业学院副院长吴远庆等为本书做了大量筹划与指导工作，没有他们认真负责的态度、精心细致的指导，本书难以顺利出版，编者在此向他们表示衷心的感谢。本套教材在编写过程中，参阅并吸收了国内外相关著作、教材、论文、公众号文章等资料，在此谨对这些资料的作者致以诚挚的谢意；同时，对山东人民出版社的大力支持表示由衷感谢。

此次修订，在听取师生使用意见的基础上，我们以二维码的形式增加了线上学习资源，进一步丰富了学习内容。既方便教师利用多种教学手段进行教学设计，也可帮助学生拓展学习知识。所选资源主要来自学习强国、央视网、教育部学职平台、智慧树网等，编者获取资源仅用于教学不用于商业牟利，如有侵权等问题，请联系编者，在此表示由衷的感谢。

另外，需要说明的是，本书还存在一些不足之处，敬请各位专家和广大读者不吝赐教，我们将不断修正完善教材、实训软件和线上资源，期待本套教材能够为大学生的职业发展提供帮助。

编　者

2022 年 7 月

目　录

第一章

生涯规划概述

吾生也有涯，而知也无涯。

——《庄子 · 养生主》

学习导航

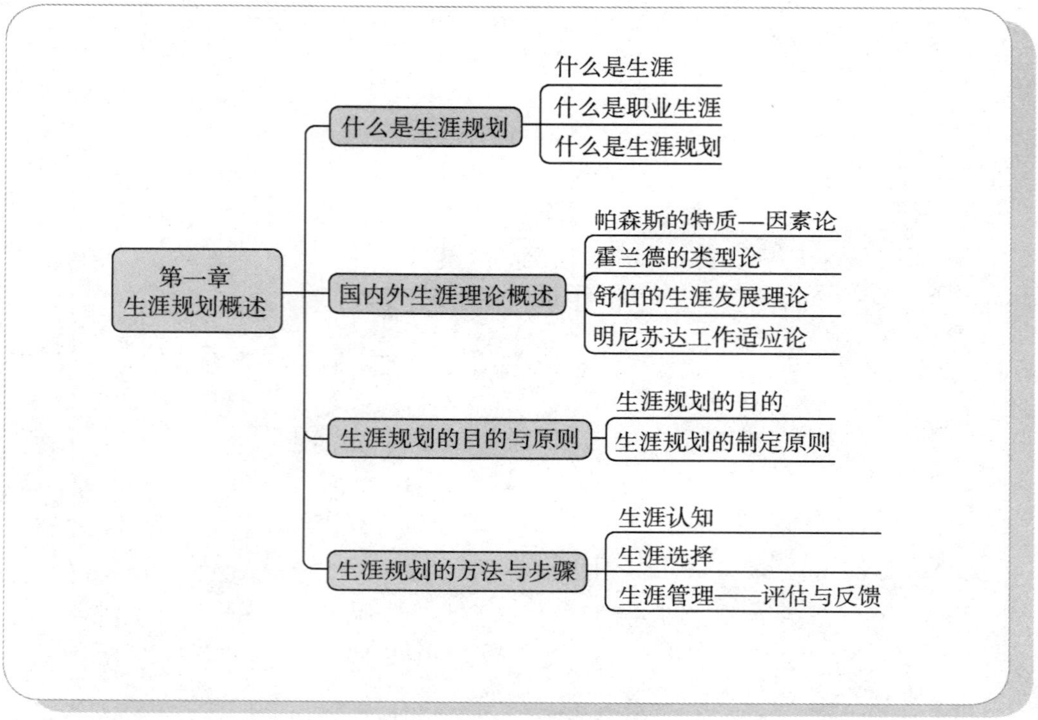
第一章
生涯规划概述
什么是生涯规划
什么是生涯
什么是职业生涯
什么是生涯规划
国内外生涯理论概述
帕森斯的特质—因素论
霍兰德的类型论
舒伯的生涯发展理论
明尼苏达工作适应论
生涯规划的目的与原则
生涯规划的目的
生涯规划的制定原则
生涯规划的方法与步骤
生涯认知
生涯选择
生涯管理——评估与反馈

问题发现

她的思考

有人每天泡在自习室，一直刷高等数学题，听英语；

有人参加各种各样的社团，做着各种繁杂的任务，每天过着连轴转的生活；

有人很放松，听音乐、玩游戏、看视频、上网购物；

有人很浪漫，花前月下、海誓山盟……

这些是“线性”无关组，如果把它们或多或少地综合起来，“线性”相关就构成了一段段不一样的生活。高中那段整齐划一的时光彻底走远了，刚进入大学，很多人都会有一种野马脱缰的感觉。

我也不例外，每天学习高等数学、线性代数、大学英语等课程，报了六七个社团……但我很快就发现这并不是我想要的大学生活！说实话，我对数学有一种恐惧感，对背英语单词感觉很头疼，对外联部不停地拉银行赞助感到很厌倦，对一些社团的活动感觉很无聊。我开始问自己，上大学究竟该做些什么？是还像高中那样只埋头苦读，还是凑热闹忙一些大家都在忙的事情？从众效应是很可怕的，要想有一个不一样的人生，就必须让自己保持独立思考，不间断地反思生活。

点评

在社会竞争日趋激烈的当下，“凡事预则立，不预则废”这句话显得愈发重要，生涯规划也因此成为越来越多人的必修课。生涯规划不仅可以让人找到自己的兴趣所在，创造更多的人生价值，更重要的是可以让人们在生活和工作、事业和家庭中找到平衡点，全面提升生活质量。生涯规划是个人成长的重要保障，也是社会发展的必然要求。时代的变化为人们带来更多的发展机会，同时也要求人们了解自身的优势和特长，掌握不同的交流工具，选择适合自己的价值实现途径，这也是时代对人们提出的新要求。

学习目标

学完本章，你应当：

（1）掌握生涯规划的内涵，树立正确的生涯规划意识；

（2）了解国内外生涯规划理论；

（3）学会生涯规划的方法和步骤；

（4）提高个人对生涯规划的认知。

理论点拨

第一节　什么是生涯规划

曹德旺理解的人生

一、生涯

（一）什么是生涯

“生涯”一词由来已久，“生”原义为“活着”，“涯”原义为“边际”，生涯的英文是Career，来源于罗马语及拉丁语，二者的含义均是古代的战车。在古希腊，Career蕴含着疯狂竞赛的意思，后来又引申为道路，即人生发展的道路。“生涯”连起来是指“一个人一生的发展道路或者经历的轨迹”。

生涯在不同的时代，不同的国家有不同的释义。国际上比较流行的生涯定义，是美国职业规划大师唐纳德·E. 舒伯（Donald E. Super）提出的，他认为：生涯是生活里各种事态的连续演进方向；它统合了人一生中依序发展的各种职业和生活的角色，由个人对工作的投入而流露出独特的自我发展形式；它也是人从青春期到退休以后，一连串有酬或无酬职位的综合，除了职业之外，还包括任何和工作有关的角色，如学生、受雇者、领退休金者，甚至也包含了副业、家庭、公民的角色。生涯是以人为中心的，只有在个人寻求它的时候，它才存在。

（二）生涯的特征

舒伯给出的生涯定义，指出了生涯的方向性、时间性、空间性、独特性、现象性和主动性特征。

1. 方向性：它是生活里各种事态的连续演进方向

一个人一生的生涯发展，宛如茫茫大海中的航道，看似无迹可寻，但总有方向指引。至于这个方向是沿着哪个路径前进，“内心中自己的引导者”为何，不同的理论有不同的解释，受不同文化影响的个体也会有不同的引导者：可能是自我概念，可能是生命的意义或价值，也有可能是某种特质，如兴趣或能力，甚至是某些紧紧贴近社会的趋势。

2. 时间性：生涯的发展是一生当中连续不断的过程

“生涯”比较具体的定义是，“一生当中依序发展的各种位置的综合体”。这个定义虽然简单，却点明了“生涯”的基本元素——时间性，它纵贯人的一生。从过去、现在到未来，个体的生涯发展历程是踏在接二连三的“位置”上前进的：每一个现在的“位置”，都受到过去“位置”的影响，也是为未来的“位置”做预先准备，这些“位置”是“依序”发展的。

3. 空间性：生涯以事业的角色为主轴，也包括了其他与工作有关的角色

从“生涯”在不同年龄发展阶段的横切面看，它会同时呈现不同的角色。这些角色不全然是职业，但都与职业活动有直接或间接的关系。以“大学生涯”为例，主要的生涯角色是学生；以中年女性“教师生涯”为例，相关的生涯角色可能是妻子、母亲、老师等。

4. 独特性：每个人的生涯发展都是独一无二的

如果以类似的顺序经历着类似的职位或角色，不同的人可能有相似的生涯发展；但每个人的生涯发展又是独一无二的，因为人们在每一个职位或角色上的表现方式都不相同。

5. 现象性：只有在个人寻求它的时候，它才存在

生涯不等于生命，生命是客观的存在，生涯的存在却是一种个人主观意识所认定的存在。当一个人开始思考自己的未来时，生涯才开始“如影随形”。

换个角度看，生涯是一种对客观“位置”的主观知觉。生涯中的每一个位置都是客观存在的，但是每个人对每个位置的知觉是完全主观的。前者是“人如何做他的工作”，后者是“人如何看他的工作”，进而延伸至“人如何从工作中看自己”。“生涯”定义了人如何在工作环境框架内“看”自己——可以从过去的成功或失败看，可以从现在的能力或才干看，也可以从未来进步的计划看。

6. 主动性：人是生涯的主动塑造者

“只有在个人寻求它的时候，它才存在”，这指明了人是生涯的主动塑造者这层意义，“生涯”本意有冒险、奋进的含义。心理学发现人不是被动地受环境的制约，而是能主动地去思考、去计划，进而改变环境。生涯可以主动塑造，主要通过生涯转换过程中的生涯决定来完成。

二、职业生涯

（一）什么是职业生涯

职业生涯指一个人一生中的所有与工作职业相联系的行为与活动，以及相关的态度、价值观、愿望等连续经历的过程。而大学生的职业生涯是一个特殊的阶段，有鲜

明的特征。根据职业生涯发展阶段理论，大学生活应属于职业生涯成长、培训、探索阶段。该阶段主要涉及上学和工作前期。个人通过在校学习、娱乐活动及各种工作经验，经过自我认识、反省，检验形成自我观念，并在此基础上对选定的职业进行修正。

大学生职业生涯规划是大学生在大学阶段通过客观认识自己的能力、兴趣、个性和价值观，深入了解行业、职业和环境的需求变化，制定可行的实施方案，有效提升未来职业发展能力的过程。大学阶段职业生涯发展的主要目标是学习职业知识、理论，提升职业能力和心理素质等。

（二）职业生涯的影响因素

职业生涯既是个体发展的基础，又是个体发展历程的体现。每个人的职业生涯都受其教育、性格、家庭以及社会环境等因素的影响。

1. 教育的影响

教育是赋予个体才能、塑造个体人格、造就个体基本素质的社会活动。一个人通过教育或培训，形成自己特有的知识结构和能力，对其整个职业生涯有重大影响。

首先，受教育程度不同，对职业选择的影响也不同。一般而言，具有较高教育水平的人，在职业选择上有其一定的优势，其流动能力较强。教育程度影响个体职业生涯的开端，甚至职业生涯的发展。其次，所学专业及达到的专业水平，对职业生涯发展起决定性作用。最后，不同的教育等级、不同的学校、不同的专业，也会影响个体职业生涯的发展。

2. 性格的影响

性格与一个人的职业生涯有极大的关联。因为只有从事与自己性格相适应的工作，才能使自己充分施展才华，并全身心地投入工作，取得好成绩。反之，纵有万般才能也难以发挥。

3. 家庭的影响

家庭是人生的第一所学校，个体从中受到的潜移默化的熏陶对职业生涯发展影响也很大。人们从幼年起，就耳濡目染，受家庭的影响，导致形成与家庭成员类似的价值观和行为模式。在选择生涯发展道路时，有时也会受到来自家庭的某些干预或影响。

4. 社会环境的影响

首先，社会经济、政治、文化大环境会影响个体职业的定位以及职业生涯道路与策略的选择；其次，工作组织中的人力资源观念、管理者的水平及管理措施等，也是影响个体职业生涯发展的重要因素。

除上述因素，个体的健康状况、性别等也会影响其职业生涯，在此不一一赘述。

三、生涯规划

（一）什么是生涯规划

生涯规划的内容包括以下五点。

1. 人生的方向和意义

生涯规划是基于个体的差异性和独特性，以“个人理想、梦想、愿景”为方向，以“目标导向”为方法，引导个体探索、澄清和实现生命的价值和意义的过程。所以，个体生涯方向的澄清和决策过程，往往也是个体生命内容主题、生命过程意义和生命价值的建构过程，也是“内心世界与外部环境的互动、调整过程”。

2. 人生的职业（事业）选择和发展

“生涯”一词的狭义内涵：“职业生涯”包括职位、工作、职业、事业等，包含个人对职业的选择、转换、晋升等社会分工角色转变的动态过程。所以，说到“生涯规划”，大多数时候说的是“职业生涯规划”。当前大学生生涯规划研究的重点或首要点往往也是“职业生涯规划”，包括职业梦想和目标、职业选择和决策、职业胜任力打造（职场素质和能力）、职场心理素质、职业发展和晋升、职业转型、个人品牌打造等内容。

3. 人生角色的协调

按照舒伯的观点，这些角色包括：儿女（儿童）、学习者（学生）、工作者、公民、配偶（夫妻）、父母、退休者、休闲者等（可参考舒伯的“生涯彩虹图”）。生涯规划通过各种方法引导个体做好各个角色之间的协调和平衡，以达到人的生涯的和谐。

4. 个人独特的自我发展模式和历程

一个人承认评价的基点存在于其自身内部，在明确个人梦想和理想的前提下，如何基于个体自身独特的资源（兴趣、性格、能力、价值观以及家庭资源等），制定和找到最适合个人的、独特的生涯发展计划和路径，提升个体自我效能感，帮助个体实现“成长性和跃迁性”的生涯发展模式和历程，是生涯以及生涯规划研究的重点和永恒话题。

5. 人生应变之学

“生涯之学，即应变之学”，现代人的一个重要生涯能力是应变能力。生涯应变来自三个方面的需求。

（1）社会发展变迁

在当今这个“不确定性”急剧增加的社会里，快速变化的社会给个体生涯带来了不确定性，大量的旧职业消失，众多的新职业兴起，个体生涯发展该如何应对这个快速发展变化的社会？如何培养个体的职业应变能力？如何引导和帮助个体生涯应对社会的变迁和升级？这些都是生涯规划的核心主题。

（2）个体生涯内在发展的可能

“终身生涯发展观”认为，生涯发展是一个连续不断的过程，我们现在的职业通道不再是一个直梯状的，而是网格状的，我们可能在某个序列里前进几步，然后平移到另外一个序列中，职业规划最主要的目标不应该是行业和岗位，而是能力素质提升。生涯规划要解决的问题是：如何帮助每个人打开自己生涯的多样性和可能性，实现生涯的丰富性，拓展个体生涯的广度和深度。

（3）生涯中的“偶然事件”

不管个人生涯规划做得多好，我们都必须承认“偶发事件”对人生产生的影响。克鲁姆伯尔茨（Krumboltz）建议我们考察机遇会在我们自己的规划中起什么样的作用，在个体生涯中要考虑“运气在生涯规划中的角色”，要认同“不确定性有其自身价值”，要承认“运气或偶然事件在个人生涯规划的意义和价值”，要“促进筹划偶然事件产生所需要的能力”，让计划外的事件成为学习的机会，在偶发事件中找到成功契机。

（二）生涯规划的必要性

1. 从个体的角度来说，开展生涯规划的必要性有以下四个方面

（1）人的生理的局限性

人的大脑的机能在单位时间内是有限的。首先是注意力分配的有限性。心理学实验也证明了，现实中，我们无法在单位时间内将注意力分配到多个事物或任务中去，尤其是在这些事物或任务有一定复杂性之后，注意力的分配更是难进行。其次，单位时间内人的记忆数量也是有限的。最后，当一个人在做多任务处理时，任务的效率和性能会受到很大影响。多任务一般会导致：①浪费时间；②短期或长期损害脑容量；③工作质量受到影响；④人的智商受到影响；⑤组织想法困难。

（2）人的智力的特殊性

传统的智商理论认为，人群的智商分布呈正态分布，高智商和低智商都是少数，中等智商是大多数。但是世界著名教育心理学家加德纳（Gardner）的多元智力理论认为：

每个人都有自己的智力优势。传统智商理论重“高低”，加德纳的智力理论重“差异”。而生涯规划，则可以通过完整、科学的自我探索帮助个体找到自己在兴趣、性格、能力和价值观等方面的倾向和优势，找到与自己特质优势相匹配的人生方向，发挥个体最大的优势价值。

（3）个体时间的有限性

一个人最重要的资产就是自己的时间，要想经营好自己有限的人生，发挥最大的人生价值，就要通过生涯规划的“目标（方向）决策、行动方案制定、时间管理、标志性成果打造等”来实现。

（4）个体机会的稀缺性

调研数据表明：将近70%的大学生不喜欢自己目前所学的专业。这70%的学生里面，只有极少数人能以“调整认知接纳专业、努力学习考研换专业”等积极方式来对待，大多数人则以“厌烦、不喜欢等”为理由逃课、混日子、打游戏等。生涯规划，则可以让大多数人通过“自我探索”和“世界（专业、职业等）探索”来尽可能地避免“稀里糊涂”的人生选择，同时降低机会浪费概率。

2. 从社会的角度来说，开展生涯规划的必要性有以下两个方面

（1）社会发展和社会分工带来的专业化需求

一个高度文明和发达的社会一定是一个专业高度分工和专业化人员众多的社会。开展生涯规划，不仅可以训练个人掌握专业技能，还能为不同职业提供与之匹配且具有个人特质的人才。

（2）社会发展和文明水平带来的对个体尊严和自我发展的重视

现代文明社会的基本核心原则之一，就是对个体和人性的尊重。生涯规划，就是基于个体的差异，为个体提供和创造“精细化、多样化、独特性”的教育方法；在强调个人特质要“匹配”专业或职业要求的观点上，鼓励和倡导每个人都“创造”最符合自己梦想的生涯方向、最适合自己特质的生涯形态和属于自己生涯的模式。

第二节　国内外生涯理论概述

西安交通大学
教授谈人生历程

19世纪末20世纪初，随着工业革命的深入，美国都市地区以惊人的速度飞快发展，农业人口和外国移民大量涌入美国城市。为了对寻

求职业的大量外国移民和年轻人提供教育方案以促进社会就业，1901 年，由帕森斯（Frank Parsons）领导的民众服务中心在波士顿成立，从此拉开了职业指导的序幕，职业生涯理论也随之产生并不断发展。下面介绍几种主要的生涯理论。

一、帕森斯的特质—因素论

特质—因素理论是由美国职业指导专家帕森斯提出的、最早的职业辅导理论，也是用于职业选择与职业指导的经典理论之一。

特质—因素理论的核心是人与职业的匹配，其理论前提是：每个人都有一系列特质，并且可以客观而有效地进行测量；为了取得成功，不同职业需要配备不同特质的人员；个人特质与工作要求之间配合得越紧密，职业成功的可能性越大。

尽管该理论还存在一些局限，但该理论在我们的职业选择过程中所发挥的指导作用是不容否认的。我们在进行职业选择时，要充分分析自己的特质，并充分了解相关职业的各种要求，在全面了解自我、了解职业的情况下努力做到人—职匹配，只是不能过于机械。

二、霍兰德的类型论

约翰·霍兰德（John Holland）是美国霍普金斯大学荣誉教授。他的生涯理论给我们提供了一个智性工具，统整了我们对职业意图、职业兴趣、人格与工作史的认识，也使得职业心理学的发展迈出了重要一步。

该理论主要解决以下三个问题。

（1）哪些个人与环境的特征，能够带来满意的生涯决定、生涯投入以及生涯成就？反之，又有哪些个人与环境的特征，会让我们无法做决定，或是做出不满意的决定，甚至做了选择后产生不了成就感？

（2）从长远来看，哪些个人与环境的特征，会影响一个人在工作上的稳定程度与改变的程度？

（3）什么是最有效的方法，能够帮助一个人解决生涯上的困难？

换言之，霍兰德类型论的主要作用是找出实用而又简便的方法，帮助人们选择工作、更换工作，并得到工作上的满足感。

三、舒伯的生涯发展理论

美国著名的心理学家、生涯管理专家舒伯在 1953 年提出生涯的概念，1980 年他又提出生涯发展理论。

舒伯根据“生涯发展形态研究”的结果，参照布勒（Bueller）的分类，将生涯发展分为成长、探索、建立、维持与衰退五个阶段，其中有三个阶段与英国著名职业指导专家金兹伯格（Ginzberg）的分类相近，只是年龄阶段与内容稍有不同，舒伯增加了就业以及退休阶段的生涯发展。

1. 成长阶段

成长阶段是出生至14岁。在该阶段，孩童开始发展自我概念，开始以各种方式来表达自己的需要，且通过对现实世界不断地尝试来修饰自己的角色。

2. 探索阶段

探索阶段是15～24岁。该阶段的青少年，通过学校活动、社团活动、打零工等方式，对自我能力及角色、职业做探索，因此选择职业时有较大弹性。

3. 建立阶段

建立阶段是25～44岁。经过上一阶段的尝试后，不合适者自然会谋求变迁或做其他探索，因此能较清晰地确定在整个生涯发展中属于自己的“位子”是什么，并考虑如何保住这个“位子”。

4. 维持阶段

维持阶段是45～65岁。个体仍希望继续维持属于他的工作“位子”，同时会面对新人员的挑战。

5. 衰退阶段

65岁以上是衰退阶段。由于人的生理及心理机能日渐衰退，个体不得不面对现实，从积极参与到隐退。在这一阶段，个体往往注重发展新的角色，寻求不同的方式来满足自己的需求。

在舒伯的生涯发展理论中，每一阶段都有一些特定的发展任务需要完成，每一阶段都需达到一定的发展水准或成就水准，而且前一阶段发展任务的达成与否关系到后一阶段的发展。

四、明尼苏达工作适应论

美国明尼苏达大学的罗圭斯特（Lofquist）和戴维斯（Dawls）及其同事将特质因素理论发展为工作适应理论。该理论不仅关注了职业的选择，更反映了人与工作、人与工作环境之间的关系，即个人的发展适应问题，也就是就业之后的适应问题。该理论认为，每一个体都寻求实现并保持与环境的一致感，当工作环境能满足个人需求，个人又能顺利完成工作要求时，符合程度会随之提高。事实上，工作适应论仍属于特质论的范畴，不过已将其重点扩及个人在工作情境中的适应问题，强调就业后个人需要的满足，同时亦考虑能否达到工作环境的要求。

第三节 生涯规划的目的与原则

如何抓住人生机遇

一、生涯规划的目的

（一）帮助发展健全的人格

人格也称个性，这个概念源于希腊语 Persona，主要指演员在舞台上戴的面具，后来心理学借用这个术语用来说明：在人生的大舞台上，人也会根据社会角色的不同来更换面具，这些面具就是人格的外在表现。面具后面还有一个实实在在的真我，即真实的人格。

从职业角度分析，人格特征往往具备属于自身的一种先天的竞争潜力，在适合个性发展的某一专业技能方面与他人相比具有比较竞争优势。假设一个人在未来的职业选择中，可以自由地把这种优势体现出来，同时结合自己的兴趣爱好，在可以预见的将来，相对他人来说，获得成功的概率要更大。当一个人处于这种工作状态下，其自身价值一旦得到充分发挥，便可反过来促进其人格的完善和发展。同时在这个过程中，还实现了人格发展与职业发展的正反馈机制，充分享受了健康和快乐的职业与人生。

（二）理想的自我实现

美国社会心理学家马斯洛（Maslow）提出了著名的需求层次理论：从低到高分别是生理需求、安全需求、社交需求（归属与爱的需求）、尊重需求和自我实现需求。

后两种需求属于较高层次的内在需求。人如何尊重自我和受到他人尊重，如何实现自己的人生理想，是古往今来杰出人物共同的奋斗目标。

德国哲学家康德曾经说过一句名言：人是目的，不是手段。意思是说人只有在寻求自身最高价值的过程中，才能获得一种充分完整的发展。如果一个人只是把自己当成生存的手段，那是一种对自我人格的不尊重，也就失去了作为人存在的意义和价值。

通过对研究对象长期跟踪和调查，心理学家发现，成功人士一般都有较高的自我要求和人生境界，都具有对自我尊重和自我实现的潜在心理需求。正是这两种需求动机，不断推动着他们向既定目标持续努力，从而产生更高的职业满足感。

（三）人的潜能开发

心理学中有一个著名的理论——冰山理论，说的是海上有一座巨大的冰山，露出海面的只占其很少的一部分，而山体的大部分则隐藏在海面以下。露出海面的那部分被称作人的“意识”，也可以说是人的“外在特征”，属于可见的知识和技能范畴，容易通过学习得到提高和改进。

而隐藏在海面以下的部分被称作人的“潜意识”，也可以说是人的“心理潜能”，属于个性特质、自我价值观和信念的范畴，这部分能力深藏在人的内心深处，是不太容易被觉知和感受的部分。

潜能从心理学角度来讲，是人的一种潜在的，还未被有效发挥出来的能力。有心理学家通过实验证明，人在现实中所展现的能力只占其全部能力的5%，仍有95%的能力处于待开发的状态。如果能对这部分能力进行有效开发，那么每个人都可以取得连自己都无法想象的成就。

二、生涯规划的制定原则

（一）利益整合原则

利益整合是指个人利益与组织利益的整合。这种整合不是单纯地要求牺牲员工的利益，而是强调处理好个人发展和组织发展的关系，寻找个人发展与组织发展的结合点。个体都是在一定的组织环境与社会环境中学习与发展的，因此，个体必须认可组织的目的和价值观，并把他的价值观、知识和努力集中于组织的需要和提供的机会上。

（二）公平公开原则

在职业生涯规划方面，个体所接收的有关职业发展的各种信息，包括教育培训、任职机会等，都应当是组织公开发布的（有公平的条件标准，并保持极高的透明度）。

（三）协作进行原则

协作进行原则，指职业生涯规划的各项活动都要由他人与自己共同制定、共同参与、共同实施完成。因此在职业生涯开发管理战略开始前和进行中，应建立相互信任的上下级关系。建立互信关系的最有效方法就是始终共同制定、共同参与、共同实施职业生涯规划。

（四）动态目标原则

职业生涯规划应当是动态的。在“未来职位”的供给方面，在工作中，除了要用自身的良好成长加以保证外，还要注重自己在成长中所能开拓和创造的岗位。

（五）时间梯度原则

由于人的发展具有阶段性，因此职业生涯规划与管理的内容要划分到不同的时间段内完成。每一时间段又有“起点”和“终点”，即“开始执行”和“完成目标”两个时间坐标。没有明确的时间规定，会使职业生涯规划陷于空谈甚至失败。

（六）发展创新原则

职业生涯规划和管理工作，并不是指制定一套规章程序，让自己循规蹈矩、按部就班地完成，而是要发挥自己的能力和潜能，以达到自我实现和创造组织效益的目的。

（七）全程推动原则

在实施职业生涯规划的各个环节上，要对自己进行全过程的观察、设计和调整，以保证职业生涯规划与管理活动的持续性。

（八）全面评价原则

为了对你的职业生涯发展状况和组织的职业生涯规划与管理工作状况有正确的了解，要由组织、员工个人、上级管理者、家庭成员以及社会有关方面对职业生涯进行全面评价。

第四节　生涯规划的方法与步骤

一、生涯认知

（一）确定志向

志向是事业成功的基本前提。俗话说：“志不立，天下无可成之事。”立志是人生的起跑点，反映了一个人的理想、胸怀、情趣和价值观，影响着一个人的奋斗目标及成就的大小。在制定生涯规划时，首先要确立志向，这是关键，也是最重要的一点。

（二）自我评估

自我评估的目的是认识自己、了解自己。因为只有认识自己，才能做出正确的选择，才能选取适合自己发展的生涯路线，对自己的生涯目标做出最佳抉择。自我评估不仅包括对自己兴趣、特长、性格的了解，还包括对自己的学识、技能、智商、情商的测试，以及对自己思维方式、道德水准的评价等。

认识自我的专业方法有很多，例如韦氏量表、瑞文智力测验，卡特尔的16PF的人格测试等，它们能帮助人们对自己进行客观地自我评估。

（三）机会评估

生涯机会的评估，主要是评估各种环境因素对自己生涯发展的影响。在制定个人生涯规划时，要分析环境条件的特点、环境的发展变化情况、自己与环境的关系、自己在这个环境中的地位、环境对自己提出的要求以及环境对自己有利的方面与不利的方面，等等。只有充分了解这些环境因素，才能做到在复杂的环境中避害趋利，使生涯规划具有实际意义。

二、生涯选择

（一）方向选择

选择的正确与否，直接关系到人生的成功与失败。据统计，在选错职业的人当中，有80%是事业上的失败者。由此可见，职业选择对人生事业的发展具有举足轻重的作用。那么，大学生应如何进行正确的职业方向选择呢？至少应考虑以下几点：①性格与职业的匹配；②兴趣与职业的匹配；③特长与职业的匹配；④内外环境与职业的匹配。

（二）设定目标

生涯目标的设定是生涯规划的核心。只有树立了目标，明确了奋斗方向，才能逐步走向成功。

目标的设定，就是对人生目标做出的选择。这种选择是以自己的最佳才能、最优性格、最大兴趣、最有利的环境等信息为依据的。一般来说，目标分短期目标、中期目标、长期目标和人生目标。短期目标一般为1～2年的目标，短期目标又分日目标、周目标、月目标、年目标；中期目标一般为3～5年的目标；长期目标一般为5～10年的目标。

一个人的目标是随着时间的变化而变化的，人在每一个阶段的目标也是不一样的。而且，目标不能太高，太高达不到，会使自己失去信心；目标也不能太低，轻易达到就不能使自己真正进步与成长。因此目标的设置标准是：跳一跳，够得着。也就是说要经过分析评估，才能设立既符合实际、又对自己有强大促进作用的目标。

（三）生涯路线选择

生涯路线是指一个人选择什么途径去实现自己的目标。发展方向不同，要求也不同。就如登山，要到达山顶，就要选择最佳的登山路线与方式。

因此，在确定了方向和目标之后，必须对生涯路线进行选择，以使今后的学习和工作沿着生涯路线与预定的方向和目标发展。通常进行生涯路线的选择时须考虑以下三个问题：

1. 我想往哪一路线发展？
2. 以我的能力，可以往哪条路发展？
3. 我可以发展的路线有哪些？

三、生涯管理——评估与回馈

俗话说："计划赶不上变化。"的确，影响职业生涯规划的因素很多，有些因素是可以预测的，而有些因素则难以预测。此状种况下，要使职业生涯规划行之有效，就要不断地对职业生涯规划进行评估与修订。其修订的内容包括：

1. 职业的重新选择；
2. 职业生涯路线的选择；
3. 人生目标的修正；
4. 实施措施与计划的变更等。

总结思考

1. 什么是生涯？
2. 什么是生涯规划？
3. 为什么要做生涯规划？
4. 生涯发展理论的内容是什么？
5. 什么是职业生涯？
6. 职业生涯规划是什么？
7. 生涯过渡理论的内容是什么？
8. 生涯规划的原则有哪些？
9. 生涯规划的目的是什么？
10. 生涯规划的基本步骤是什么？

第二章

探索自我

认识你自己。

——［古希腊］苏格拉底

学习导航

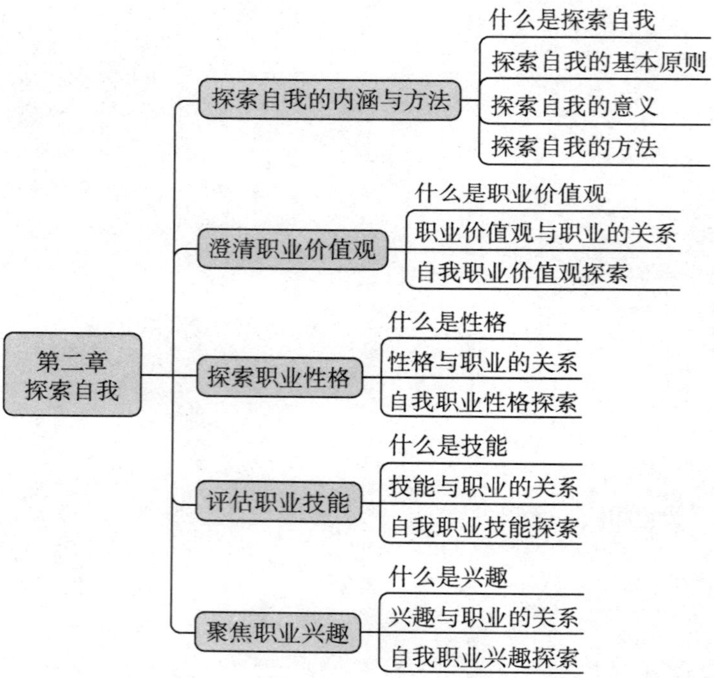

第二章
探索自我
探索自我的内涵与方法
什么是探索自我
探索自我的基本原则
探索自我的意义
探索自我的方法
澄清职业价值观
什么是职业价值观
职业价值观与职业的关系
自我职业价值观探索
探索职业性格
什么是性格
性格与职业的关系
自我职业性格探索
评估职业技能
什么是技能
技能与职业的关系
自我职业技能探索
聚焦职业兴趣
什么是兴趣
兴趣与职业的关系
自我职业兴趣探索

问题发现

困 惑

乔小琪和许多大学生一样，当初填报高考志愿、选择专业的时候还是懵懵懂懂的。父母说："一个女孩子学师范专业挺好的，当主科老师事情多，就当一个压力不太大的副科老师就行。"于是，乔小琪就选择了某省属师范大学的历史专业。上大学后，乔小琪发觉自己并不喜欢这个专业，而且自己也不愿意做安安稳稳的教师工作，她希望能到企业去做一番事业。

本科毕业后，乔小琪来到上海找工作，可由于专业限制，她最后找到一家培训学校做招生工作。这个岗位需要经常到各地招生，一开始小琪很喜欢这份有挑战性的工作，还可以顺便四处旅游。几年下来，小琪的工作渐渐有了起色，领导也很认可她，准备委以重任。可是小琪这时候觉得，自己已经厌倦了四处奔跑的日子，很想找一份独立自主且能自由支配时间的工作。

于是，小琪放弃了老板许诺的高层岗位和丰厚薪水，决定自己去创业。在评估了自己的资源后，小琪做起了电商，每天在朋友圈晒各种化妆品，宣传个人的保养知识，还建立了抖音账号，在团队领导的带领下定期宣传相关的内容。

一转眼，本科毕业十年了。在一次大学同学的聚会上，当乔小琪看到自己大部分做教师的同学过得很滋润也很有成就感时，她在一旁独自思考，自己是否要找一份更有价值感的工作……

点评

我们每个人都像乔小琪一样，需要经历一个自我探索的过程，才能知道最适合自己的职业是什么。但是，如果自我探索期太长，就会兜兜转转耽搁很多时间，错过很多发展机会。实际上，如果我们能尽早对个人性格、兴趣和价值观做好系统探索，就能更好地做出职业发展方向定位，为未来事业的成功做好准备。

学习目标

学完本章，你应当：

（1）了解在大学生涯规划与职业发展中探索自我的内涵与方法；

（2）了解价值观与职业的关系，培养对工作的健康合理的价值观，能够考虑长远的人生目标，追求有意义的人生；

（3）了解性格与职业的关系，学会进行自我职业性格的探索；

（4）了解技能与职业的关系，掌握自我职业技能探索的方法和途径；

（5）了解兴趣与职业的关系，掌握自我职业兴趣探索的方法与途径。

理论点拨

第一节　探索自我的内涵与方法

沟通视窗

一、什么是探索自我

探索自我是自我成长的重要环节，是指个人经由生活经验或者系统的方法来了解自己的兴趣、价值观、需要及各种可以帮助事业成功发展的素质的过程。这一过程兼有自我评价和自我建设的功能，着眼于在评价的基础上改进和提高，是一种积极的、发展的探索。

二、探索自我的基本原则

正确开展自我探索，需要遵循以下 3 个基本原则。

1. 客观性

尽管探索自我是自己对自己的观察、分析和评价，带有一定的主观性，但必须以客观事实为基础和依据。否则，探索得到的自我评价结果就会过高或过低，过高的评价会使自己脱离现实，意识不到自身的不足；过低的评价又会使自己丧失自信，看不到自身的长处。

2. 全面性

探索自我应当全面。既要看到自己的优点和长处，也要看到自己的缺点与不足；既要对自我某一方面的素质进行观察、分析和评估，又要对自身的整体素质进行综合评估；既要考虑整体，又要考虑其中占主导地位的关键因素。

3. 发展性

探索自我时，应以发展的眼光看待自己。自己在不断地发展进步，对自我的探索也应该随之更新。因此，探索自我不但应当对自己的现实素质做出客观、全面的评估，而且应当着眼于未来的发展变化，预见性地评估自己将来的发展潜力和前景。

三、探索自我的意义

1. 发展自我，扬长避短

探索自我，既要善于正确认识自己的优势，依靠这些优势使自己不断进步；又要勇于正视自己的不足，知道自己应该努力的方向，发扬长处，改进短处，不断提高自己的素质和能力。

2. 树立自信，准确定位

一个人，只有真正准确地认识自己，悦纳自己，才可能拥有真正的自信。反过来，只有拥有自信，才能更加客观、正确地认识、评价自己，才能找准自己的位置，给自己准确定位。

3. 规划未来，成功就业

个人职业发展的首要前提就是探索自我，只有正确认识、了解自我，才能找出自己真正感兴趣的领域，明确进入社会的起点；才能有针对性地明确职业目标、职业发展方向和路径；才能科学合理地进行职业生涯规划，实现目标的具体化和可操作化，最终实现职业目标。

四、探索自我的方法

探索自我的方法有很多，下面介绍一些常用的方法。

1. 自省法

曾子曾经说过："吾日三省吾身。"自省法是指个体通过对自己一些成长经历的回顾，来发现个人的职业兴趣和能力特点。通过与过去的自己对比，可以发现自己的成绩和进步之处；与理想中的自我相比，可以找出存在的差距，明确努力的方向。

2. 他人比较法

他人比较法是把他人在社会、学校以及在自己心中的感觉和形象，与"我"在自己心中的感觉和形象进行比较，进而得出评价结论。与他人进行比较时，要注意挖掘自身的相对优势，比如更高的觉悟、更强的能力、更高的本领、特长和发展潜力。不过，这种比较应以客观事实为依据，否则就会陷入盲目自大、自欺欺人的境地。他人比较法适合较长周期的自我探索与评估。

3. 360°评估法

360°评估法又称多渠道评估法、全视角评估法，是指由与受评者有密切关系的、来自不同层面人员以及受评者本人担任评估者，通过自下而上、自上而下、同级以及自我评价，从多个角度对受评者进行360°全方位的评价，再通过反馈程序，获得来自多层面人员对受评者素质、能力等的评估意见，比较全面、客观地了解有关受评者个人特质、优缺点等信息的一种方法。例如通过自我评价以及家人、亲戚、朋友、老师和同学等周围的人对自己的客观分析，来达到自我探索的目的（图2-1）。

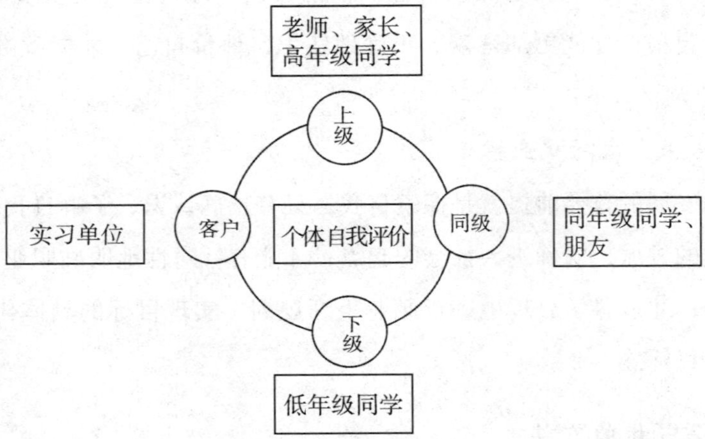

图2-1　360°评估法

这种探索自我的方法可以减少自我评估的盲目性，使评价结果更加全面、深刻，当别人对自己的印象都很一致时，这个反馈意见就非常值得重视。

4. 专业咨询法

寻找职业顾问或心理咨询方面的专业人士，请他们提供意见，也是常用的一种探索自我的方法。对大学生来说，学校的就业指导中心就可以提供这方面的咨询。在咨询过程中，咨询者能够获得大量的知识和信息资料，从而对问题有新的认识。

5. 橱窗展示法

橱窗展示法是一种借助直角坐标系的不同象限来表示人的不同部分的分析方法（图2-2）。它以别人知道或不知道为纵坐标，以自己知道或不知道为横坐标。橱窗展示法也是进行自我探索时常用的一种方法。

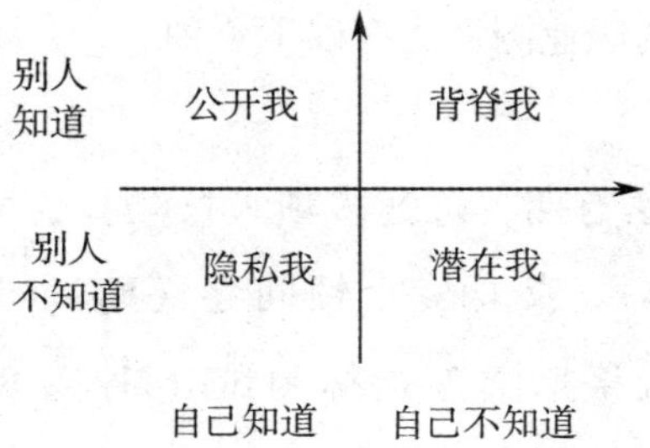

图 2-2　橱窗展示法

四个橱窗的含义是：

橱窗 1：“公开我”，指的是自己知道且别人也知道的部分，其特点是无所隐藏。例如相貌、身高、体重、性别、籍贯等。

橱窗 2：“隐私我”，指的是自己知道而别人不知道的部分，其特点是属于个人隐私，不外显。例如童年往事、痛苦辛酸的经历、身体的隐疾、心中的某些不快以及自己不愿袒露的缺点等。

橱窗 3：“潜在我”，指的是自己不知道且别人也不知道的部分，其特点是潜能巨大，可能连自己都察觉不到。例如一个从来没有上过讲台的人，可能一直不知道原来自己的演说口才是很棒的。

橱窗 4：“背脊我”，指的是自己不知道别人却知道的部分，其特点是自己看不到，别人却能看得清清楚楚，就像自己的后背。例如每个人都可能有一些口头禅，或者习惯性的动作以及一些特定的做事方法，正因为习惯成自然，自己反而没有察觉，除非别人告知。

通过 4 个橱窗可知，应该加强了解的是橱窗 3 和橱窗 4。科学研究发现，每个人都有巨大的潜能，人平常只发挥了大脑功能中极小的部分。著名心理学家赫伯·奥托（Herbert A. Otto）指出，一个人一生所发挥出来的能力，只占他全部能力的 4%，也就是说还有 96% 的潜能有待开发。由此可见，认识、了解“潜在我”，是探索自我的重点之一，把个人潜能开发出来，也是职场新人的头等大事。

对于“背脊我”，如果能够诚恳地、真心实意地征询他人的意见和看法，就不难了解“背脊我”。要做到这一点，需要有宽广的胸怀，客观的分析，有则改之，无则加勉，否则，是得不到别人真实想法的。

6. 职业测评法

这是大学生在进行自我探索时最常用到的方法。这种方法的特点是能够在较短的时间内测出一个人某方面的特点，并且是在与某一群体的比较中得出的。

目前国内外比较常用的职业测评法有以下4种。

（1）人格测试

最常用的人格测试方法有明尼苏达多项人格测验（Minnesota Multiphasicpersonality Inventory，简称MMPI）、艾森克个性问卷（Eysenck Personality Questionnaire，简称EPQ）、迈尔斯-布瑞格斯类型指标测试（Myers-Briggs Type Indicator，简称MBTI）等。

（2）兴趣测评

兴趣测评是帮助回答“我到底想要干什么”，“我到这里来到底为了什么”这一类问题的测试。最有名的兴趣测评工具是霍兰德职业兴趣量表。

（3）价值观测量

国内目前使用最多的价值观测量工具，是施恩的职业锚和舒伯的工作价值观测评。

（4）技能测评

目前最常用的技能测评工具是加利福尼亚职业信息系统，即EUREKA技能问卷。它是为帮助个人确定目前所具备的技能，并弄清个人在工作中喜欢使用哪项技能而设计的。

第二节　澄清职业价值观

马斯洛需求层次理论

很多人在职业生涯中有以下困惑：

“什么样的工作才是好工作？”“什么样的工作对我来说是最好的？”“在哪项工作中，我能真正愉快地投入并实现自己的价值？”这些问题的实质是个人的价值观问题。

一、什么是职业价值观

（一）价值观的含义

价值观是人们对政治、经济、道德、金钱等所持有的总的看法，也就是人们在生活和工作中所看重的原则、标准和品质。心理学上的价值观概念，是指一个人对周围客观事物（包括人、事、物）的意义、重要性的总的评价与看法。

价值观是通过与身边的人与环境的互动和体验得来的，价值观的形成，受到父母的价值观、社会价值观、民族和文化传统、教育经历、大众传媒、朋友和同伴、宗教信仰等因素潜移默化的影响。在特定的时间、地点、条件下，价值观具有相对的稳定性和持久性。而随着经济地位、人生观和世界观等的改变，以及受到大众传媒、公众人物观点与行为的影响和新思想、新生活方式等的冲击，人们会面对多种多样的价值观的碰撞。在这样的情况下，人们才更有必要不断思考、建立自己的价值观，让自己的生活更有方向。

（二）价值观的激励作用

马斯洛提出，人的需求可以分为5个层次：生理需求、安全需求、归属需求、尊重需求和自我实现的需求（图2-3）。只有当低层次的需求得到基本满足后，个人才能关注并致力于满足下一层次的需求。这些需求是强大的内在驱动力，人们所做的事情正是为了满足这些需求。它们在人们的生活中反映出来，就体现为个人的价值观。比如，有的人比较重视工作能够带来多少收入；有些人则更希望能做自己喜欢的工作，收入多少没关系。这两者的差别就在于其所追求的需求层次不同，前者更多停留在“生理”“安全”的层次，而后者已经是对“归属”“自我尊重”“自我实现”的追求层次了。

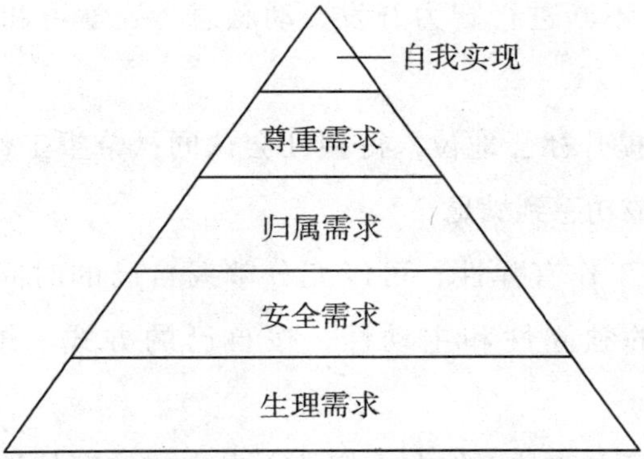

图2-3　马斯洛的需求层次模型

按马斯洛的理论，个体成长发展的内在力量是动机。而动机由多种不同性质的需求组成，各种需求之间，有先后顺序与高低层次之分；每一层次的需求与满足，将决定个体人格发展的境界或程度。其中，自我实现的需求是最高等级的需求。满足这种需求就要完成与自己能力相称的工作，最大程度地发挥自己的潜能，成为所期望的人物。

（三）职业价值观

1. 什么是职业价值观

职业价值观是个人追求的与工作有关的目标，即个人在从事满足自己内在需求的活动时所追求的工作特质或属性，它是个体价值观在职业问题上的体现。它是一种具有明确目的性、自觉性和坚定性的职业选择的态度，对职业目标和择业动机起决定性作用。哪个职业好？哪个岗位适合自己？从事某一项具体工作的目的是什么？这些问题都是职业价值观的具体表现。

2. 职业价值观的类型

在职业心理学领域，金兹伯格等人认为，职业价值观属于人格的范畴，在职业选择中起决定性作用。职业价值观反映了人们对职业的基本价值取向，是大学生价值观的重要组成部分，又是极其活跃、极不稳定的部分。职业价值观属于社会意识，它具有历史性、社会性和个别差异性。人们在选择职业时，个人的择业标准以及对具体职业的评价集中反映了他们的职业价值观。

美国心理学家米尔顿·罗克奇（Milton Rokeach）将人的职业价值观分为以下13种类型。

（1）利他主义：总是为他人着想，把为大众的幸福和利益尽一份力作为自己的追求。

（2）审美主义：能不断地追求美的东西，得到美感的享受。

（3）智力刺激：不断进行智力开发、动脑思考、学习和探索新事物，解决新问题。

（4）成就动机：提升社会地位，得到社会认同；希望工作能得到他人的认可，对工作的完成和挑战成功感到满足。

（5）自主独立：工作有弹性，可以充分掌握自己的时间和行动，自由度高；能够充分发挥自己的独立性和主动性，按自己的方式、想法去做，不受他人干扰。

（6）社会地位：所从事的工作在人们的心目中有较高的社会地位，从而使自己得到他人的重视和尊敬。

（7）权力控制：获得对他人或某事的管理权，能指挥和调遣一定范围内的人或事物。

（8）经济报酬：获得优厚的报酬，使自己有足够的财力去获得自己想要的东西。

（9）社会交往：能和各种人交往，建立比较广泛的社会联系和关系，甚至能和知名人士结识。

（10）安全稳定：希望不管自己能力怎样，工作中要有一个安稳的环境，不会因为奖金多少、工作调动或被领导训斥等而经常提心吊胆、心烦意乱。

（11）轻松舒适：希望将工作作为一种消遣、休息或享受的形式，追求比较舒适、轻松、自由、优越的工作条件和环境。

（12）人际关系：关心他人，喜欢与他人分享，能协助他人解决问题；希望和一起工作的同事和领导相处愉快、自然。

（13）追求新意：希望工作内容经常变换，不单调枯燥。

二、职业价值观与职业的关系

价值观是主要的行动驱动力。心理学家认为，当你的心理动机源于你自己定义的价值观系统时，你会变得更加快乐、健康和幸福。因此，职业价值观的确定对于职业生涯来说有重要的意义。

价值观决定了你对职业、公司、企业文化、家庭和社区投入程度的看法，这些看法又进一步影响你的决策。如果价值观和职业有紧密的联系，你会觉得在达到自己目标的同时，也为公司贡献良多，职业就变成既能让你成功，又能让你感到幸福的双重舞台。

当你有了价值观的排序，你会发现自己做决策也变得更加坚定和准确了。罗伊·迪斯尼（Roy Disney）曾经说过："如果你不知道你的价值观，你简直无法做决策。"你想追求高薪和名声，助人的机会，提高职业安全感，还是更加独立？最好的方式就是在你的核心价值观的帮助下做出评估。在价值观不变的前提下，你需要考虑的是在当下的环境中，到底什么对你更加重要。总之，价值观提供了"什么对我最重要"这个问题的准则。谈到你的职业生涯，没有什么比搞清楚这个问题再重要了。

人的不同价值观和类型，影响和决定着职业选择方向，在一定程度上也决定人们就业后的工作态度与劳动绩效水平。人们只有在职业活动中找到自己的价值所在，工作和生活才会因为获得满足而变得充实和有意义。

将职业价值观作为人和职业之间进行匹配的基础是幸福生活的开始。一个了解自己职业价值观的人，在择业时会选择与自己职业价值观相匹配的职业，在职业性质和内容方面，在劳动难度和强度方面都能使自己得到满足，自然会提高自己的职业满意度；相反，如果不了解自己的职业价值观，甚至所从事的职业与自己的职业价值观相悖，那么就不容易在职业生活中获得满足，幸福感也会受到严重影响。因此，树立正确的职业价值观十分重要。

三、自我职业价值观探索

（一）价值观定位图

在下面的价值观和价值观类型定位图（图2-4）里，定义了8种价值观类型和其中的某些价值观。仔细阅读每一个价值观类型的定义。

大部分的人可以把自己选出来的价值观放在定位图里进行正确归类，但是基于个人经验和不同的价值观定义，不同的人会把同一个价值观词汇放在不同的类型里。也就是说，如果你觉得哪个类型更加适合你对于这个价值观的定义，那就将其放到那个类型中。

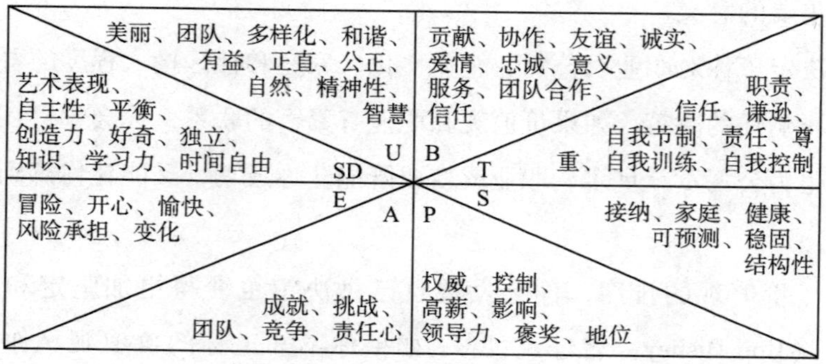

图2-4　价值观和价值观类型定位图

博爱型（Universality，U）：理解、欣赏、宽容，保护人类福祉，保护大自然。

仁慈型（Benevolence，B）：关心如何保护和提升他们身边人的福祉。

传统型（Tradition，T）：尊敬、忠诚和接纳文化对人类的要求。

安全型（Security，S）：渴望安全与和谐，追求社会、人际关系和自我的稳定性。

权力型（Power，P）：追求社会地位、名声、影响力、权威以及对人或资源的支配权。

精彩型（Excitement，E）：追寻愉悦和感官快乐，喜欢生活中的多姿多彩和不确定性。

成就型（Achievement，A）：渴求个人成功和成就，喜欢在日常生活中展现竞争力。

自主型（Self-Direction，SD）：追寻独立思考和行动，享受可以选择、创造和探索的可能。

如你所见，价值观强烈地影响着你的行为方式、所做的决定和行动。定义和定位你的价值观有助于你更好地理解自己的价值观，影响和推动你的职业决策。下面这个由4大区域、8个类型组成的价值观定位图提供了一个简单的方法，你可以从中圈出最符合你的价值观类型（图2-5）。

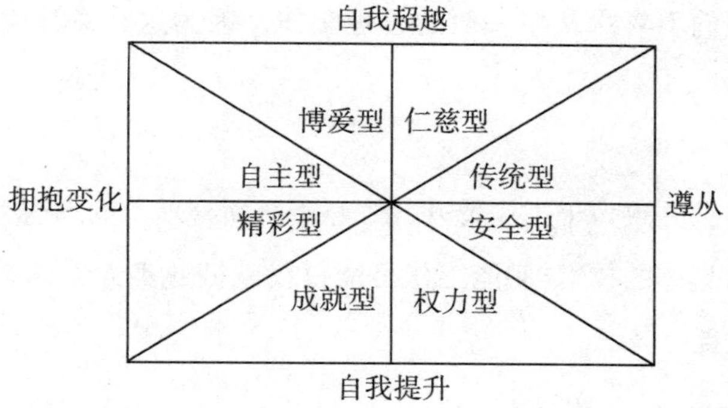

图2-5　价值观类型定位图

1. 自我超越

包括博爱型与仁慈型的价值观，这两种类型的价值观都体现出一种奉献精神。奉献精神驱动着这两种类型的人超越自我，致力于提升他人和自然的福祉。非营利组织、社工、义工等都是很好的职业选择。

2. 拥抱变化

包括自主型和精彩型的价值观。持这两种类型价值观的人展示出在未知的方向上追随自己的理性或情感兴趣的强烈愿望。很多创造型的人和喜欢智力挑战的人都在这个领域中。

3. 遵从

包括传统型与安全型的价值观。持这两种类型价值观的人有着对于保持自己的社会地位，希望自己和他人、组织和传统的关系总是清晰可见的强烈愿望。如果你是这种类型的价值观，稳定性对你来说一定非常重要，你也许需要清晰地知道你的工作责任和工作要求。

4. 自我提升

包括成就型和权力型的价值观。持这两种类型价值观的人强烈希望提升自己感兴趣的领域。如果你是这种价值观类型，你需要的是一份富有挑战性的工作，这样你才能获得成就感。

（二）职业锚

在职业价值类型的自我探索中，常常用到职业锚，以下是对八种职业锚类型的详细描述。

1. 技术/职能型

技术/职能型的人，追求在技术/职能领域的成长和技能的不断提高，以及应用这种技术/职能的机会。他们对自己的认可来自他们的专业水平，他们喜欢面对来自专业领域的挑战。他们不喜欢从事一般的管理工作，因为这将意味着他们要放弃在技术/职能领域的成就。

2. 管理型

管理型的人追求并致力于工作晋升，倾心于全面管理。如果这类人刚开始做的是技术类工作，那么具体的技术/职能工作可能仅仅就被此类人看作是通向更高、更全面管理层的必经之路。

3. 自主/独立型

自主/独立型的人希望能随心所欲地安排自己的工作方式、工作习惯和生活方式，追求能施展个人能力的工作环境，最大限度地摆脱组织的限制和制约。有时他们宁愿放弃升职或加薪的机会，也不愿意放弃自由与独立。

4. 安全/稳定型

安全/稳定型的人追求的是工作中的安全与稳定感。职业的稳定和安全，是这一类职业锚员工的追求、驱动力和价值观。他们的安全取向主要有两类：一种是追求职业安全，例如不要经常更换公司或工作岗位；另一种是注重情感的安全稳定，包括家庭的稳定和自己可以轻松地融入工作团队。

5. 创业型

创业型的人希望用自己的能力，去创建属于自己的公司或研发完全属于自己的产品（或服务），并愿意为此承担风险，克服面临的困难。他们想向人们证明公司是靠他们自己的努力创建的。他们可能现在正在别人的公司工作，但同时他们也在不断学习并评估将来的机会。一旦感觉时机到了，他们便会走出去开创自己的事业。

6. 服务型

服务型的人希望用自己的知识、技能帮助别人。这种类型的人富有同情心，他们把他人的痛苦视为自己的痛苦，不愿干哗众取宠的事，常把默默地帮助不幸的人视作快乐的事情。他们往往觉得只有对他人和社会有所贡献，自己的人生才有意义。

7. 挑战型

挑战型的人喜欢解决看上去无法解决的问题，战胜强硬的对手，克服困难障碍等。对他们而言，参加工作的原因是工作允许他们去战胜各种不可能。

8. 生活型

生活型的人喜欢可以平衡个人需要、家庭需要和职业需要的工作。他们对成功的定义，往往是广义上的成功，而不仅仅是工作上的成功，而且他们很注重自己的精神生活和独立世界。

第三节 探索职业性格

“性格决定命运”，这是人们常说的一句话。那么，什么是性格？性格为什么会有如此巨大的力量？性格对人们的职业生涯发展又有怎样的作用？

一、什么是性格

性格是指人的现实态度和行为方式中比较稳定的心理特征的综合，是人格的重要组成部分。具体而言，性格是一个人在生活中对他人、对事、对自己、对外在环境所表现出来的一致性应对方式，即是经常性的、习惯化的态度和行为方式。每个人在其成长过程中，受到生理、遗传、家庭教养、文化、学习经验等因素的交互影响，从而形成自己的性格特征。对自己性格的了解，必须经过多方面的、持续的、科学的观察、归纳和总结。

二、性格与职业的关系

（一）性格与职业发展

因为性格与职业选择发生错位而导致的职业失败，成为不少职场人士面临的严峻问题。性格并无好坏之分，但性格类型与职业类型的匹配度，决定了事业的成功与否。

首先，一个人的性格会影响职业的适应性。职业心理学认为，性格会影响一个人对职业的适应性，一定的性格适于从事一定的职业。例如，性格开朗的人适合教师、社会工作者等职业，冷静的人比较适合会计、科研等职业。

其次，从职业发展上看，性格比能力重要。其原因在于，能力是可以通过培训、锻炼而积累提高的，但如果性格与职业或岗位不吻合，改起来难度就比较大。所以，一些公司在招聘新人时，常将性格的测试放在首位，当性格与职业或岗位吻合了，才对其能力进行测验考察。

最后，认识自己的性格有利于反省自己，提高自己的性格修养，使自己更加适应职位，并推动自己改善人际关系。例如，有的人在工作中积极热情、乐于助人，但做事不持久，常表现得虎头蛇尾，这种人就应该注意锻炼自己坚持和持久的意志品质。

（二）性格类型与职业选择

职业心理学研究表明，性格影响着一个人对职业的适应性，一定的性格适合从事一定的职业，同时，不同的职业对人有不同的性格要求（表 2-1）。因此在选择职业时，还要考虑自己的职业性格，根据自己的性格特点选择最适合的职业，或改变自己的性格来适应职业的要求。

表 2-1　　不同性格对职业的影响

性格类型	性格特征	适合的职业
变化型	在新的或意外的情境中感到愉快，喜欢有变化和多样化的工作，善于转移注意力	记者、推销员、演员等
重复型	善于从事连续性工作，按固定的步骤办事，喜欢重复的、规律的、有标准的工作	纺织工、机床工、印刷工等
服从型	愿意配合别人或按别人指示办事，而不愿意自己独立做出决策，不愿承担责任	办公室职员、秘书、翻译人员等
独立型	喜欢计划自己的活动和指导别人活动或对事情做出决定，喜欢独立的工作情境	管理人员、律师、警察等
协作型	在与人协同工作时感到愉快，善于引导别人，并想得到团队成员的认可	社会工作者、咨询人员等
机智型	在紧张或危险情况下能自我控制，发生意外时不慌不忙，善于应对并能完成艰巨的任务	驾驶员、飞行员、侦查员、消防员等
表现型	喜欢表现喜好和个性，根据个人感情做出选择，通过工作来表达自己的思想	演员、诗人、音乐家、画家等
严谨型	注重工作过程中各个环节、细节的精确性，愿意按规矩和步骤工作，严谨、追求完美	出纳员、统计员、校对员、图书管理员等

人的性格类型与职业之间具有关联性。主要表现在不同的性格类型对不同的职业有不同的适应性，大学生应理性分析自己的性格特征，正确对待自己的性格与职业选择。

三、自我职业性格探索

性格类型的概念是由瑞士的精神分析学家——卡尔·荣格（C. G. Jung）于 1920

年在他的《心理学类型》一书中提出的。荣格认为，人的性格特征有3种维度和8种性格类型。20世纪50年代，美国的一对母女迈尔斯（Myers）和布瑞格斯（Briggs）在此基础上又发展出一种维度，并形成了MBTI性格类型理论。

（一）MBTI理论中性格的四个维度

MBTI性格类型理论中的四个维度分别是：

内倾（I）——外倾（E）　　感觉（S）——直觉（N）

思维（T）——情感（F）　　判断（J）——知觉（P）

1. 第一个维度：根据人的注意力集中所在和精力的来源，分为内倾与外倾两种类型（I/E）

内倾型：独自一个人感到振奋；避免成为关注的焦点；先思考、再行动；注重隐私、只与少数人共享个人信息；听的比说的多；不把热情表现出来；思考之后再反应，喜欢慢节奏；较之广博更喜欢精深。

外倾型：与他人在一起时感到振奋；希望成为关注的焦点；先行动、再思考；喜欢边想边说出声；易于被了解；愿与他人共享个人信息；说得比听得多；热情地交流；反应迅速，喜欢快节奏；较之精深更喜欢广博。

2. 第二个维度：根据个人收集信息的不同方式，分为感觉与直觉两种类型（S/N）

感觉型：相信确定而有形的事物；喜欢具有实际意义的新主意；崇尚现实主义与常识；喜欢运用和琢磨已有的技能；留心特殊的和具体的事物，喜欢给出细节；循序渐进地给出信息；着眼于现在。

直觉型：相信灵感和推理；喜欢新主意和新概念只出于自己的意愿；崇尚想象力和新事物；喜欢学习新技能，但掌握之后容易厌倦；常留心普遍和有象征性的事物；着眼于未来。

3. 第三个维度：根据个人做决策的不同方式，可分为思维与情感两种类型（T/F）

思维型：后退一步，客观地分析问题；崇尚逻辑、公平和公正；有统一标准；自然地发现缺点、有吹毛求疵的倾向；可能被视为无情、麻木、漠不关心；认为诚实比机敏更重要；认为只有合乎逻辑的情感才是正确的；受到获得成就欲望的动力驱使。

情感型：向前看，关心行动带给他人的影响；注重感情与和睦；看到规则的例外性；自然地想让别人快乐；易于理解别人；可能被视为过于感情化、无逻辑、脆弱；认为诚实与机敏同样重要；认为所有的感情都是正确的，无论有意义与否；受到理解与被理解的动力驱使。

4. 第四个维度：根据个人感到舒适的对待外界及处世的方式，可分为判断与知觉两种类型（J/P）

判断型：做完决定后感到快乐；主张“工作原则”，先工作再玩；确立目标并按时完成任务；想知道自己的处境；注重结果；通过完成任务获得满足；把时间看成有限的资源，认真对待时间期限。

知觉型：因保留选择的余地而快乐；主张“玩的原则”，先玩后工作；当有新的情况时便改变目标；喜欢适应新环境；注重过程；通过着手新事物而获得满足；把时间看成无限的资源，认为时间期限是活的。

（二）性格类型与职业偏好

性格类型就是一个人用得更自然、更容易、更快捷、更舒适的维度中的那种。

MBTI 理论的四个维度和每个维度的两个方面，一共可以组成 16 种性格类型，表 2-2 简要介绍了这 16 种性格类型以及它们对应的职业偏好和可能适应的职业环境。

表 2-2　　16 种性格类型与可能的职业兴趣和职业环境偏好

性格类型	可能的职业偏好	可能适应的职业环境类型
ISTJ 内倾感觉思维判断	会计、办公室管理人员、工程师 警察、法律工作者 生产、建设、保健	注重事实和结果 提供安全结构和顺序 能保持稳定的情绪
ISTP 内倾感觉思维知觉	科研、机械、修理 农业工程师和科学技术人员	注重迅速解决问题 关注目标和行动取向 不受规律限制 着眼于眼前的经历
ESTP 外倾感觉思维知觉	市场销售、工程和技术人员 信用调查、健康技术 建筑、生产、娱乐	注重第一手经验 工作具有灵活性 及时满足需要、技术取向
ESTJ 外倾感觉思维判断	商业管理、银行、金融 建筑生产、教育、技术、服务	注重正确高效地做事 注重任务取向、组织结构 提供稳定性和可预知性 实现可行的目标

续表

性格类型	可能的职业偏好	可能适应的职业环境类型
ISFJ 内倾感觉情感判断	保健专业、教学、图书馆工作 办公室管理、个人服务、文书管理	看重有条理的工作 注重安全与隐私 结构清晰、有效率、安静
ISFP 内倾感觉情感知觉	机械和维修、工厂操作、饮食服务、办公室工作、家务工作	善于合作，喜爱自己的工作 允许有自己的私人空间 灵活、具有审美能力、谦恭
ESFP 外倾感觉情感知觉	保健服务、销售工作、设计工作 交通工作、管理工作、机械操作、办公室工作	注重现实和行动取向 活泼、精力充沛、适应性强、和谐 以人为本、舒适的工作环境
ESFJ 外倾感觉情感判断	保健服务、接待员、销售 看护孩子、家务工作	喜欢帮助他人 有目标明确的人和组织 气氛友好的、善于欣赏的 有良心的、喜欢按实际条件办事
INFJ 内倾直觉情感判断	教学、图书馆工作 媒体专家 社会服务、研究和发展	关注人的思想和心理健康 协调、安静、有组织的 有情感、喜欢有反省的时间和空间
INFP 内倾直觉情感知觉	咨询、教学、文学、艺术 戏剧、科学、心理学 写作、新闻工作室	关注他人的价值 合作的氛围 允许有思考的时间和空间 灵活、安静、不官僚
ENFP 外倾直觉情感知觉	教学、咨询工作 广告、销售、艺术、戏剧 音乐	关注有潜能、丰富多彩、可积极参与的氛围 活泼的、不受限制的 提供变化和挑战、思想进取
ENFJ 外倾直觉情感判断	销售、艺术家、演艺人员 教学、保健、咨询	愿为帮助他人改变 社会化的、和谐的 有秩序、以人为本、鼓励自我表达
INTJ 内倾直觉思维判断	科学、工程师，政治、法律从业人员 学者、计算机专家	注重长远规划的实现 有效率的、以任务为重 允许独自一人思考 支持创造性和独立性、人员多产、有效率
INTP 内倾直觉思维知觉	科学、研究、工程师 社会服务、计算机编程 心理学、法律	喜欢解决复杂的问题 鼓励独立 灵活的、不受限制的、安静的 喜欢自我决定

续表

性格类型	可能的职业偏好	可能适应的职业环境类型
ENTP 外倾直觉思维知觉	摄影、艺术 市场营销、零售、促销 计算机分析、娱乐	可以独立处理复杂问题 灵活的、有挑战性的 求新取向、喜欢冒险
ENTJ 外倾直觉思维判断	管理人员 操作和系统分析 销售经理、市场营销 人事专员	结果取向的、独立的 喜欢解决复杂的问题 目标取向的、果断的

第四节　评估职业技能

一、什么是技能

在日常生活、学习和阅读中，人们常听到或看到“能力”“技能”这两个词，此外还有“能力倾向”，它们是同一个概念吗？有什么区别呢？

1. 能力

心理学认为，能力是一种个性心理特征，是顺利从事活动的一种必备的心理条件，包括知识与躯体行为。能力是先天就具有或通过学习而获得的。因此，能力的影响因素主要包括遗传、环境和教育等。

2. 技能

技能强调的是经过学习和练习发展起来的能力，是能够在从事活动时有效地加以运用的天资和知识的力量。影响技能的因素多存在于实践中。

3. 能力倾向

能力倾向区别于已发展起来的技能，是天生的但可能尚未开发的、可运用学习和发展技能的能力。能力倾向指的是一个人所具备的某些方面的潜能。

从以上定义看，能力按照其获得的方式（先天具有或通过学习而获得），可以分为“技能”和“能力倾向”两大类。在现实生活中，个人的能力水平往往是由技能和能力倾向两方面来决定的。不过在本书的编写过程中，为了对知识、素质和行为进行更好地拓展，并没有严格区分“能力”“技能”这两个概念，即它们代表着同样的内容。

二、技能与职业的关系

心理学家罗圭斯特和戴维斯在对个体的工作适应问题进行多年研究之后提出了著名的明尼苏达工作适应论，其主要观点是：当工作能满足个人需要时，个人会感到“内在满足”；而当个人能够满足工作提出的要求时，就能达到“外在满足”；当个人能够同时实现内在和外在满足时，个人与工作之间的关系就比较和谐，个人就能在该工作领域持久发展，并拥有较高的工作满意度；在衡量“内在满足”和“外在满足”这两个指标时，能力有着极为重要的地位和作用，“外在满足”可以通过衡量个人职业技能与工作技能要求之间的配合程度来进行评估，而“内在满足”则主要通过衡量个人价值观与组织文化以及奖惩制度之间的适配性来评估。显然，做自己能够胜任的工作，培养和发展自己的能力，发挥个人的潜能，常常是个人选择职业时希望能够得到满足的需要，亦即与能力相关的价值观。由此可见，能力与个人的职业满意度、工作适应性、稳定性和工作成就有极为直接的关系。

三、自我职业技能探索

识别自己的能力倾向，界定自己的技能优势，是进行职业技能探索的重要步骤，也是打动雇主的关键。

（一）识别能力倾向

能力倾向代表着天生的学习能力。如果说具有某一职业的能力倾向，就意味着虽然现在还不具备这项技能，但有掌握它的潜力，只要经过一定的开发、培训和练习，人就可以具备从事相应活动的技能。

人的能力倾向是客观存在的，并且总是在一定的质和量的界限中表现出来。因而对于人的能力结构和倾向，不仅可以定性分析，而且可以定量分析。由此，大量的心理测验被设计出来，用于检测与工作、职业有关的能力倾向。能力倾向测验，又称性向测验，它可以预测一个人将来在某方面“可能”取得的成就，挖掘其职业发展的潜能。

需要特别注意的是，与性格、兴趣和价值观一样，外部的、客观的技能测验不一定能完全反映真实的自我，检测的结果有时候可能并没有主观的自我审视有用或准确。正确的方法是，综合运用自我表达性的测验和评估性的测验，来改善对自我的认识。

（二）界定优势技能

界定自己的优势技能并不是件容易的事情。比如说，有些人如果从小被教导应该保持谦虚的态度，那这类人往往不敢放大自己的技能或优势；有些人做起某些事情来得心应手，就会觉得这并不算是什么特殊技能；有些人在工作中没有运用到某项技能，就认为自己不具备这种能力等。

通常，如果要一个人列出自己的技能清单，他往往写不出什么。但实际上，很多时候人们已经从生活、工作经历中掌握了多项技能，只是不善于总结、归纳，并将之运用到职业生涯发展中。

第五节　聚焦职业兴趣

诺贝尔物理学奖获得者、华裔科学家丁肇中说过：“兴趣比天才更重要。”职业兴趣在人的职业活动中发挥着非常重要的作用，它是个人成功的推动力。那么，究竟什么是兴趣？兴趣又是怎样影响人的职业生涯的？

一、什么是兴趣

兴趣是人们力求认识、掌握某种事物或从事某项活动的心理倾向，它表现为人们对某种事物或从事某种活动的选择性态度和积极的情绪反应。兴趣是人们认识事物和从事活动的巨大动力，是推动人们进行求知活动和学习的重要心理因素，它能使人集中精力，积极地从事某种活动，并从中获得愉悦感。

按照兴趣对象的性质，可以把兴趣分为物质兴趣、精神兴趣和社会兴趣。物质兴趣表现为对物质的迷恋和追求，比如收藏邮票、艺术品；精神兴趣主要指对文化、科学和艺术的迷恋和追求，比如旅游、绘画、摄影等；社会兴趣主要指对社会工作等活动的兴趣。

按照兴趣的产生方式，可以把兴趣分为直接兴趣和间接兴趣。直接兴趣是指人对事物本身或活动过程本身感兴趣，比如喜欢跳舞、踢球、唱歌等。间接兴趣是指人对活动的结果感兴趣，比如学习外语本身并不有趣，甚至很枯燥，但学好外语可以为将来的发展打好基础，是这些结果吸引人。通常来说，直接兴趣的作用比较短暂，而间接兴趣的作用比较持久。

二、兴趣与职业的关系

兴趣与职业生涯发展的关系主要体现在以下 5 个方面。

（一）兴趣是职业生涯选择的重要依据

人们在日常生活中往往喜欢从事自己感兴趣的活动，比如踢球、看书等，在职业选择中也是这样，具有某种兴趣（类型）的人会更加倾向于选择与此有关的职业，尤其在外界环境限制较小的时候，更倾向于选择自己感兴趣的职业。因此，对自己的兴趣或兴趣类型进行探索并得出正确的结论后，就可以将之作为职业生涯选择的重要依据。

（二）兴趣可以提高人的工作效率

兴趣可以调动人全身心的精力，让人以敏锐的观察力、高度集中的注意力、深刻的思维和丰富的想象力投入工作，促使个人能力得到极大发挥，从而推动效率的提高。根据研究，如果一个人所从事的工作与其职业兴趣相吻合，就能发挥其全部才能的 80%～90%，并能长时间地保持高效率地工作而不感觉疲劳；相反，如果对所参与的工作不感兴趣，则最多只能发挥其全部才能的 20%～30%，还很容易厌倦与疲劳。

（三）兴趣是职业生涯成功的重要因素

英国著名的人类学家古道尔（Goodall）从小就喜欢生物、热爱大自然。中学毕业后，因为对黑猩猩着迷，她深入热带雨林与黑猩猩一起“生活”了 10 年之久，获得了极为宝贵的第一手资料，为研究黑猩猩做出了贡献。达尔文先是跟随“贝格尔号”帆船进行了长达 5 年的环球考察，之后又进行了长达 30 年的研究，写出了划时代的巨著《物种起源》，开创了科学的生物进化理论。是什么使他们能够取得这些成就？是兴趣。可以说，谁找到了自己最感兴趣的职业，谁就等于踏上了通向成功的道路。

（四）兴趣影响工作的满意度和职业稳定性

兴趣影响工作的满意度和职业稳定性，是由兴趣的本质决定的。一般来说，如果从事自己不感兴趣的职业将很难获得较高的满意度，也更谈不上职业稳定。而一个人如果能够从事自己喜欢的职业，即使十分疲劳、辛苦，也总会兴致勃勃，心情愉快；即使困难重重也绝不灰心丧气，而是想尽办法克服。只有这样，才可能长期专注于某一个方向，获得稳定的职业生涯。

（五）兴趣是人生幸福感的来源

美国芝加哥大学心理学教授米哈利（Mihaly Csikszentmihalyi）花费30多年的时间对几百位各行各业的人进行了访谈，研究什么东西能真正令人感到幸福和满足。他发现，和人们通常想象的不同，不是在人们很放松、什么事也不做的时候，而是当人们专心致志地从事某种活动，甚至忘我地完全沉浸在这种活动中的时候，他们感到最为愉快和满足。

米哈利将这种状态称为“flow”（英文原意是“流动”，也译为“沉浸”或“心流”状态），因为这时候人们的体验好像是被一股潮流推动往前，一切就都很平稳而自然地发生了。在这种状态下，人们没有考虑到做这样的事情可能带来什么样的回报或担心自己的表现如何，而是整个人都忘情地投入其中，享受这个活动过程本身所带来的快乐。而且这种活动通常对人的体力或智力有一定的挑战，同时人们也在最大限度地使用自己的技能。

米哈利的这一发现说明：人们的满足感、幸福感往往来源于自己所从事的感兴趣的活动，而不是无所事事或单纯的享乐游玩。要做自己喜爱的事情，才能获得快乐。

三、自我职业兴趣探索

（一）职业兴趣类型

霍兰德（John L. Holland）是美国约翰·霍普金斯大学的心理学教授、著名的职业指导专家，他于1959年提出了具有广泛社会影响的职业兴趣理论。

该理论包含三个方面。①职业选择是人格（Personality）的一种表现，某一种类型的职业通常会吸引具有相同人格特质的人，这种人格特质反映在职业上就是职业兴趣。②大多数人的职业兴趣可以归纳为6种类型（表2-3）：实际型（Realistic type，简称R）、研究型（Investigative type，简称I）、艺术型（Artistic type，简称A）、社会型（Social type，简称S）、企业型（Enterprising type，简称E）与传统型（Conventional type，简称C）。③个人的职业兴趣往往是多方面的，很少只集中在某一种类型上。绝大部分的人或多或少地具备这6种职业兴趣，只是偏好程度有所不同。因此，为更加全面地描绘个人的职业兴趣，可以用最强烈的三种兴趣的字母代码来表示一个人的兴趣，这个代码被称为“霍兰德代码”（Holland code）。三个字母的不同顺序表示兴趣的不同强弱程度。比如，RAI和AIR的人具有相似的兴趣，但他们对同一类型事务的兴趣强弱程度是不同的。

表 2-3　　霍兰德职业兴趣类型

类型	喜欢的活动	重视	职业环境要求	典型职业
实际型（R）	用手、工具、机器制造或修理东西。愿意从事以体力劳动为主的工作，喜欢户外活动或操作机器，而不喜欢在办公室工作	具体实际的事物，诚实，有常识	使用手工或机械对工具、机器等进行操作，拥有较强的与“事物”打交道的能力	园艺师、木匠、汽车修理工、维修工、计算机硬件设计人员、兽医等
研究型（Ⅰ）	喜欢探索和理解事物，喜欢学习研究那些需要分析、思考的抽象问题，喜欢阅读和讨论有关科学的问题，喜欢独立工作，对未知问题的挑战充满兴趣	知识、学习、成就、独立	分析研究问题、运用复杂和抽象的思考创造性地解决问题的能力，谨慎缜密，能运用智慧和知识独立地工作，有一定的写作能力	科学研究和实验工作人员，如气象学者、天文学者、生物学家、化学家、物理学家、心理学家、工程设计师、大学教授等
艺术型（A）	喜欢自我表达，喜欢文学、音乐、艺术等创造性工作，乐于创造新颖、与众不同的成果，渴望表现自己的个性，实现自我价值	有创意的想法、自我表达、自由、美	有创造力，对情感有较强的表现能力，常以非传统的方式来表现自己；相当自由、开放	演员、导演、艺术设计师、雕刻家、建筑师、摄影师、厨师、广告制作人、歌唱家、作曲家、作家等
社会型（S）	喜欢与他人合作，关心他人，愿意帮助他人成长或解决困难、为他人提供服务	服务社会与他人，公正、理解、平等、理想	有较强的人际交往能力，有教导、医治、帮助他人等方面的技能，对他人表现出精神上的关爱，愿意担负社会责任	教师、医生、护士、牧师、心理咨询师、社会工作者等
企业型（E）	喜欢领导和支配他人，通过领导、劝说他人或推销自己的观念、产品而达到个人或组织的目标，希望成就一番事业	经济和社会地位上的成功，忠诚，有冒险精神、有责任感	有说服他人或支配他人的能力，敢于承担风险，把握目标导向	律师、法官、营销管理人员、项目经理、销售人员、政府官员、企业领导等
传统型（C）	喜欢固定的、有秩序的工作或活动，希望确切地知道工作的要求和标准，愿意在一个大的机构中处于从属地位，对文字、数据和事物进行细致有序的系统处理以达到特定的标准	准确、有条理、节俭	有一定的写作能力、组织能力和听取并遵从指示的能力，能够按时完成工作并达到严格的标准，有组织、有计划	秘书、办公室文员、文字编辑、会计师、行政助理、投资分析师、计算机操作员等

（二）职业环境类型

霍兰德认为，同一职业群体内的人有相似的人格特征，对情境和问题会有类似的反应，从而产生特定的职业氛围，即职业环境。它具有特定的价值观念、态度倾向和行为模式。因此，工作环境也可以分为 6 种类型，其名称及性质与兴趣类型的分类一致。具体职业通常也采用上述 3 个字母代码的方式来描述其工作性质和职业氛围。

（三）6 种职业类型之间的关系

霍兰德提出的六边形模型（图 2-6）可以解释 6 种职业类型之间的关系：在六边形中，任何两种类型之间的距离越近，其职业环境及人格特质的相似度就越高。例如，实际型与研究型在六边形模型中是相邻的类型，它们的相似度也是最高的，这两种类型的人都比其他类型的人更喜欢跟实际事物打交道，只是打交道的方式不同而已。其次，六边形上离得最远的类型共同点最少，甚至有截然相反的特质。例如，传统型与艺术型处于对角线的位置上，它们不仅缺少一致性还具有相反的特质，传统型的人喜欢循规蹈矩，而艺术型的人则追求自由与个性化。

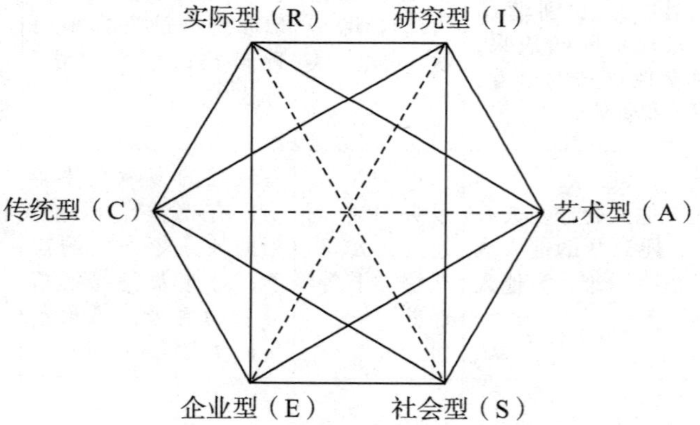

图 2-6　霍兰德职业兴趣类型

（四）个人与环境的适配性

六边形模型可以帮助我们对兴趣类型与职业环境类型之间的适配性进行评估。霍兰德提出：如果个人的兴趣类型与职业环境相匹配，就有可能增加职业满意度，带来职业成就感并提高职业稳定性。因此，占据主导地位的特质类型可以为个人选择职业和工作环境提供方向。

根据霍兰德的观点，一个人的职业兴趣会极大地影响职业的适宜度。当所从事的职业与其兴趣吻合时，他就可能发挥出最佳水平，易于做出成就；反之则可能感到既不适应也毫无兴趣，即使取得一定成绩也难以获得成就感。所以，我们可以使用霍兰德的兴趣类型来了解自己的兴趣类型，并根据它来探索及理解工作世界。通过自我探索活动或测评工具得出自己的兴趣代码后，就可以对照找出与之相匹配的职业，从而了解有哪些工作领域是适合自己的。

不过需要说明的是，在职业选择中，个体并非一定要选择与自己兴趣完全对应的职业环境。一则因为个体本身常常是多种兴趣类型的综合体，单一类型占据绝对支配地位的情况不多，因此在评价个体的兴趣类型时，通常是取得分前3位的兴趣代码进行组合，代码根据得分从高到低的顺序排列，例如，得分前三位的是R、A和C，分数最高的是R，其次是C，再次是A，则个体的兴趣类型为RCA；二则因为影响职业选择的因素是多方面的，不完全依据兴趣类型，还要参照社会的职业需求及获得职业的现实可能性。因此，个人在进行实际的职业选择时会不断妥协，寻求相邻的职业环境甚至相隔的职业环境，在这种环境中，个体需要逐渐适应。

对于大学生来说，由于还处在生涯发展的探索期，因此重要的不是得出某个确定的职业结果，而是将职业兴趣作为自己探索和定位未来职业的参考依据。如果以职业兴趣类型的特征来固化自己，反而会限制自己的进一步探索和发展。

总结思考

1. 探索自我的方法有哪些？
2. 你主要的职业价值观有哪些？
3. 你的性格类型是什么？
4. 你的主要能力有哪些？
5. 你的职业兴趣是什么？

第三章

走进工作世界

选择职业，就是选择将来的自己。

——［英］罗素

学习导航

- 第三章 走进工作世界
  - 了解职业
    - 什么是职业
    - 职业的基本特征
    - 职业的功能
  - 工作世界
    - 职业分类
    - 行业
    - 组织
    - 地域
  - 获取工作世界信息
    - 找到自己的社会支持系统
    - 进行生涯人物访谈
  - 个体职业发展
    - 个体职业上升通道
    - 个体职业发展规律
  - 未来的工作世界
    - 用工方式的改变
    - 组织变革

问题发现

你了解真实的工作世界吗？

就读于某艺术学院的小美学的是广告专业，她很喜欢这个专业，觉得既可以发挥自己的美术特长，又很符合自己向往自由的个性。2020 年小美毕业了，她如愿以偿地进入一家大型广告公司从事平面设计工作。但半年以后，在同学聚会中，她抱怨自己烦透了这份工作。同学很好奇，因为做广告设计一直是小美的理想呀！原来，小美走上工作岗位后，发现广告设计原来并不是纯粹的艺术创作，一件作品最终要设计成什么样子，不是由设计者决定的，而是由投放广告的企业决定的。她经常遇到自己呕心沥血地创作作品，却得不到企业方认同的情况；而企业方拍板的最终稿，小美又觉得完全偏离了自己的艺术思想。这让小美感觉到非常郁闷。

点评

小美对职业有自己的期待和理解，选择了自己喜欢的专业，又找到了专业对口的工作，为什么小美所认为的理想工作并不“理想”？我们该怎样了解真实的工作世界呢？职业到底要用到哪些知识和技能？薪酬如何，又会满足怎样的精神需求？从事这个职业还要投入什么？个体职业发展有何规律？未来的工作世界又将有何变化？

学习目标

学完本章，你应当：

（1）了解职业的含义、特征及相关概念；

（2）了解工作世界，掌握探索工作世界的方法；

（3）掌握个人职业发展规律；

（4）认识探索工作世界的意义，树立对待工作探索的积极态度。

理论点拨

第一节 了解职业

企业如何确定职位

对于我们来说，工作世界既熟悉又陌生。熟悉是因为从小就与工作世界发生着各种各样的联系，陌生是因为没有真正在工作世界里工作过。对工作世界的不了解，通常表现出两种极端状态：一无所知和想当然。这两种状态常常令我们在进行职业规划或求职时产生困惑，在生涯规划中难以决策，陷入被动。工作世界的现实情况和未来发展趋势，是同学们进行职业生涯规划的依据，那么到底什么是工作世界？大学生应该如何认知工作世界，分析职业环境？有没有可以遵循的方法或者参考的依据？如何在职业认知和环境分析的基础上进行正确的职业生涯规划？

一、什么是职业

职业是参与社会分工，利用专门的知识和技能，创造物质和精神价值，获得合理报酬，满足物质生活、精神生活的一种社会交换方式。职业包含以下几方面的含义。

1. 职业的经济性

从事职业活动的就业者能获得经济收入，并且相对稳定、持续。

2. 职业的技术性

从事职业活动的就业者需要具备相应的知识和技术。随着社会的进步和发展，许多职业对劳动者所具备的知识和技术水平的要求会越来越高。

3. 职业的社会性

人们的职业劳动不仅为个人谋生，同时也是尽社会义务。人和人之间是相互依存的，需要用自己的劳动成果与别人的劳动成果交换。通过交换，在满足自己需要的同时，也满足其他社会成员的需要，从而起到为他人服务的作用，对国家和社会也做出了贡献。

4. 职业的连续性

从事职业活动的就业者，其所从事的劳动是稳定的、螺旋上升式的，具有明显的连续性。

5. 职业的规范性

从事职业活动的就业者，其所从事的每一种职业都有特定的职业规范，有其应遵守的各种操作规则和章程。

二、职业的基本特征

根据职业的发展历史及其对人类社会发展的影响，可以总结出职业具有以下特征。

1. 产业性

一个国家或社会，就大的方面来看，可以分为三类产业，第一产业和第二产业都是物质生产部门，第三产业虽然不生产物质资料，却是社会物质生产和人民生活必不可少的部门。职业种类和职业数量是基于不同产业并随其变化而变化的。

2. 同一性

相同或相似的职业，其劳动条件、工作对象、生产工具、操作内容相同或相近。由于环境的同一，人们就会形成一样的行为模式，有共同的语言习惯和道德规范，因而形成了诸如行业协会、商会等组织。

3. 差异性

不同职业之间存在很大的差异，劳动条件、工作对象、工作性质、工作方式及报酬等都不相同。这体现了社会本身的多种分工和劳动者相互间的差异。随着社会的进步和发展，新的职业会不断涌现，各种职业间的差异也会不断变化。

4. 职位性

职位是一定的职权和相应责任的集合体。职权和责任是组成职位的两个基本要素。职权相同，责任一致，就是同一职位。在职业分类中，每一种职业都含有职位的特性。

5. 组群性

无论以何种依据来划分职业都带有组群特点。如科学研究人员中包含经济学、工学、医学等专业人员，再如咨询服务行业包括心理咨询工作者、职业咨询工作者等。

6. 稳定性

社会分工要求劳动者相对稳定，这样才能不断积累经验，不断丰富各个职业门类的知识。任何一个相对复杂的职业都需要具备一定的专业素质、能力素质、身体素质和道德素质的从业者，职业对从业人员的素质要求越高，该职业的稳定性也就越高。

7. 时空性

随着社会的发展和进步，职业变化迅速，除了弃旧更新外，同一种职业的活动内容和方式也会发生变化，所以职业的划分带有明显的时代性。

三、职业的功能

职业是人与社会联系的纽带，职业生活在人类社会生活中居首要地位。从其功能

（价值取向）而言，正如黄炎培先生所概括的，职业是为己谋生，为群服务。这是不可分割的两面。职业生活质量高，对社会的贡献就大，人生的价值就容易实现，因此，职业在人一生的发展过程中至关重要。

1. 职业的个人功能

职业作为人们参与社会生活、从事社会活动、进行人生实践的最重要场所，从多方面决定了个人特征和境遇。职业是个体实现个性功能的重要渠道，当一个人所从事的职业符合其个人的特点、兴趣时，这个人的工作积极性就会得到充分发挥，也会促进个性的充分发展。职业是个人为社会做贡献的重要途径，职业活动既是一个实现自身价值的过程，也是为社会创造价值的过程，个人对社会的贡献主要通过其职业活动来实现。

2. 职业的社会功能

职业是社会分工的结果，是社会存在的内容，职业是劳动者的社会角色。每个劳动者通过职业活动与社会发生关系，形成社会关系。职业作为一种社会存在，不仅是人的社会身份、等级、地位的体现，其本身也构成了人类社会存在的一个内容。

职业是社会发展的动力。职业的社会运动，包括个人改善职业的向上流动、与社会经济结构相联系的职业结构变动、不同职业阶层间的矛盾冲突及解决，等等，这些一起构成了社会发展与进步的动力。

3. 职业的经济功能

职业是个人获得经济收入的来源。人们通过职业活动获取相对稳定的报酬，以维持个人生存、家庭生活和职业发展。职业劳动创造社会财富，人们通过职业劳动为社会创造物质财富和精神财富，促进社会不断进步。职业分工是构成社会经济制度运行的主体，随着社会的不断进步，职业分工更加合理，社会经济制度也将越来越完善。

第二节　工作世界

城市发展对择业的影响

工作是指个人谋生的活动，通过个人付出劳动以换取经济回报。它有两个特征：付出劳动和获得经济回报。

工作不是孤立存在的，它存在于社会生产与生活中，并与社会某些方面发生着紧密联系，我们称之为工作世界。我们所说的工作通常最终会对应到一个具体的职位，而这个职位会存在于由职业、地域、组织、行业以及职位所构成的工作世界系统中。了解工作世界就是要系统地了解职业、地域、组织、行业以及它们相互交叉形成的职位。

一、职业分类

从人类历史发展来看，职业是随着科学技术和劳动分工的发展而不断产生的，随着社会发展逐渐形成并不断调整自己的专业内涵和外部特征。1939 年美国第一版《职业名典》问世的时候，收录了 17500 个职业，到今天职业的数量就更多了。如此众多的职业，必须根据某些共同特征进行分组和分类，才有助于我们了解职业，进而在此基础上对职业进行选择。我国在 1998 年底颁布了《中华人民共和国职业分类大典》，从中定义了从业人数比较多的 1938 个职业，后来又陆续增加了上百个新职业。随着互联网的发展，职业的个性化特征越来越明显，新职业的数量将会以前所未有的增速出现。

职业分类是以工作性质的同一性为基本原则，对社会职业进行的系统划分与归类。所谓工作性质，即一种职业区别于另一种职业的根本属性，一般通过工作内容、工作对象、从业方式等的不同予以体现。一方面是根据职业活动工作特征的相异程度进行职业划分；另一方面是根据职业活动工作特征的相同程度进行职业归类。

（一）美国的职业分类

美国一所大学通过对 500 多种常见职业进行分类合并，做出了一个大致与霍兰德兴趣类型接近的六类 23 种的职业分类。现实的职业群基本上被包括在这个庞大的“星空”图中，也被称为“职业星空”（图 3-1）。

这六类是：商业交际工作类别、商业操作工作类别、技术工作类别、科学工作类别、艺术工作类别、社会工作类别。23 种分别为：A 市场与销售；B 管理与规划；C 记录与沟通；D 金融交易；E 储存与分派；F 商业机器、电脑操作；G 交通工具的操作与修理；H 建筑与维护；I 农业与自然资源；J 手艺与相关服务；K 家庭、商业电器维修；L 工业电器的操作与修理；M 工程学与相关技术；N 医药学与技术；O 自然科学与数学；P 社会科学；Q 应用艺术（视觉）；R 创造、表演艺术；S 应用艺术（写作与演讲）；T 综合性健康护理；U 教育与相关服务；V 社会与政府服务；W 个人、消费者服务机构。

让我们举几个例子看看：F 商业机器、电脑操作；R 创造、表演艺术；U 教育与相关服务；N 医药学与技术。F 处在事务和技术象限内，靠近事务更多些，总体上倾向于与数据和物打交道。R 在艺术和科学象限内，非常靠近艺术，主要与观念相关，其次与人相关。U 在社会和管理象限，更接近社会一些，主要和人打交道。而 N 则在技术和科学象限靠近技术的一面，主要与物打交道，也有观念的部分。这四个种类从离中心位置的远近来看，顺序为 U—R—F—N，意味着教育与相关服务的类型特征最为明显，也就是说替代性最小，现实中则指有些人非常适合从事教育工作，而另外一些人则非常不合适；创造、表演艺术和商业机器、电脑操作的类型特征不是特别明显；而医药学与技术的类型特征最不明显，就是说这个类型的工作可能会与六个大的类型都产生密切关系。比如一个好的医生可能是一个好老师、一个精细的实务操作者、一个高效率的管理者、一个将手术艺术化的高明医生、一个卓有成效的研究者。

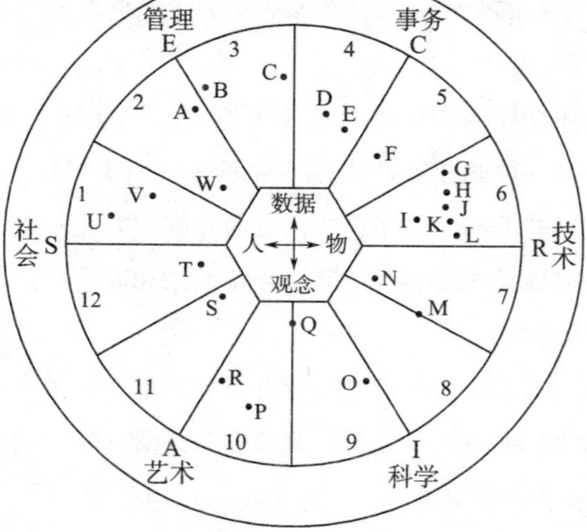

图 3-1　23 种职业群分布情况

（二）中国的职业分类

我国于 1999 年正式颁布了《中华人民共和国职业分类大典》，它将我国职业的总体结构分为大类、中类、小类和细类（职业）四个层次，依次体现由粗到细的职业类别。细类是我国职业分类结构中最基本的类别，即职业。根据我国国民经济发展现状，借鉴国际标准职业分类体系，我国职业划分为八个大类：第一大类为“国家机关、党群组织、企事业单位负责人”，第二大类为“各类专业、技术人员”，第三大类为“办事人员及有关人员”，第四大类为“商业及服务业人员”，第五大类为

“农林牧渔水利业生产人员”，第六大类为“生产、运输人员及有关人员”，第七大类为“军人”，第八大类为“不便分类的其他人员”。该大典中确定的 8 个大类包含 66 个中类、413 个小类和 1838 个职业。

从 2004 年起，国家根据社会经济发展需要，建立了新职业定期发布制度。2015 年 7 月修订颁布的《中华人民共和国职业分类大典》，将我国职业归为 8 个大类，75 个中类，434 个小类，1481 个细类（职业）。2020 年 7 月，国家发布了包括“区块链工程技术人员”“城市管理网格员”等在内的第三批新职业。

从中外的职业分类情况中我们能够看出，职业是依据其工作对象、工作内容或者工作所需要的技能等工作本身的特性为原则来分类的，这些职业特性与工作者的兴趣、能力类型密切相关，大学生在选择未来所从事的职业时，要充分挖掘职业信息，从职业的角度来思考问题。

二、行业

（一）行业及分类

行业是指为社会提供同类产品或者服务、从事相同性质活动的所有单位的集合，如各级各类学校构成了教育行业。根据国家统计局公布的《中华人民共和国国民经济行业分类标准》，行业划分有门类、大类、中类、小类，它可以用一串代码来表示。例如，我们熟悉的大学就属于“教育”门类——“教育”大类——“高等教育”中类——“普通高等教育”小类，它的代码是 P8141。

根据该标准，可分为 20 个门类，分别是：A. 农、林、牧、渔业；B. 采矿业；C. 制造业；D. 电力、热力、燃气及水生产和供应业；E. 建筑业；F. 批发和零售业；G. 交通运输、仓储和邮政业；H. 住宿和餐饮业；I. 信息传输、软件和信息技术服务业；J. 金融业；K. 房地产业；L. 租赁和商务服务业；M. 科学研究和技术服务业；N. 水利、环境和公共设施管理业；O. 居民服务、修理和其他服务业；P. 教育；Q. 卫生和社会工作；R. 文化、体育和娱乐业；S. 公共管理、社会保障和社会组织；T. 国际组织。

（二）行业前景分析

行业是职业的背景，职业的发展和行业的发展前景息息相关，因此在做职业探索时也要对行业背景有一定了解。有的职业属于某种特定行业，特别是专业性很强的工作，如飞行员，几乎都在航空运输业中就业；有的职业虽然属于某个特定行业，但在其他行业中也有广泛的应用，不过所处的位置和重要性不同，如学软件工程的学生在软件行业中就业会承担相应的技术性工作，但他们也可以在其他行业，如银行业的电脑部工作，此时他们承担的是辅助性的工作；还有一类职业，大多数行业都有，如文秘、人力资源等，这时就要考虑与行业的配合，在不同的行业其工作待遇、职业生涯发展路径大不相同。

1. 行业现状与发展趋势

这么多行业，每一个都处于不同的发展阶段。你需要分析一下，你所关注的行业到底处于发展初期、成长期、成熟期还是衰退期？你关注的行业在未来，特别是在不远的将来会有什么变化？对人才的需求是会增长还是减少？对人才的能力与素质要求有什么变化？这可以通过比较某一行业近几年公开的统计数据进行了解。

2. 国家政策影响

例如，支付宝在2003年投入使用，一直备受争议，发展不顺，但到了2011年，支付宝获得了由中国人民银行颁发的国内第一张“支付业务许可证”，从此支付宝迅速发展。截至2013年底，支付宝实名认证的用户数超过3亿。2013年，支付宝单日交易笔数的峰值达到1.88亿笔。第三方支付这个崭新领域，从无到有，有了政策支持后，在短短几年时间里，取得巨大业绩。

那么，你所关注的行业，现有什么样的国家政策？未来可能会有什么政策？对这个行业会有什么影响呢？

3. 行业人才需求与要求

你关注的行业，现在需要什么样的人才？将来需要什么样的人才？人才供给情况又是怎样的？有哪些具体的用人要求？

4. 典型企业动向

今天是一个迅速变化的时代，只有不断创新的企业才会不断获得新的生命力。你所关注的行业中有哪些标杆企业？它们现在的产品或服务有什么动向？

5. 行业专家观点

通过各种媒体特别是互联网，你可以了解许多有代表性的行业研究成果和相关领域专家的观点，他们的分析思路往往可以加深你对该行业发展趋势的认识。

6. 行业薪酬

通过互联网我们可以搜索到各个机构调查的行业薪酬状况和预测情况。你也可以自己开展一些小调查，了解一下在目标行业中工作的人士，看看真实的薪酬状况是不是如你在网络上所了解的那样。

三、组织

组织就是指用人单位，包括政府机构、事业单位、企业以及非政府组织。了解组织的文化、择才标准、发展趋势等，对于即将步入职场的大学生来说非常重要。

（一）组织类型

在我国，工作单位根据其基本职能可分为政府、企业、事业组织三大类。

1. 政府

政府是以某种合法程序产生的权力机构，其职能是管理社会和提供公共服务。管理社会是指通过立法为全社会建立运行规则，提供公共服务是指为全社会成员提供更加普遍和基础的公共产品和服务，如基础建设、安全保障、就业环境等。广义的政府是指国家的立法机关、行政机关和司法机关等公共机关的总和，代表社会公共权力，在我国包括各级人大、政府、法院和检察院等。狭义的政府是指国家权力机关的执行机关，即人民政府。在我国，政府更重要的职能是制定社会、经济发展目标和规划，采取措施保障国民经济健康、有效地运行，保障社会和谐、科学地发展。

2. 企业

企业的职能是创造社会财富。它是企业家运用各种生产要素（例如土地、劳动力、资本、技术等），从事生产经营和社会服务等经济活动，向市场提供某些商品或服务，是国民经济的基本单位。在我国，根据所有制性质，可以将企业分为以下几类：全民所有制企业、集体所有制企业、私营（个体）企业、混合所有制企业（中外合资经营企业、中外合作经营企业）和外商独资企业。

企业在本质上是“一种资源配置的机制”，其通过对社会经济资源的优化配置，来降低整个社会的“交易成本”。各种规模、类型的企业覆盖社会的方方面面，满足各种需求，实现社会生活的有效运转。

3. 事业组织

事业组织是指既不以赢利为主要目的，也不履行行政管理职能，而是承担某种社会责任，为社会提供某种服务的单位。

在我国，事业组织分为两大类。

一类是由政府主办的各类事业单位，它是国家为了履行社会公益职能，由国家机关举办或者其他组织利用国有资产举办的，从事教育、科技、文化、卫生等活动的社会服务组织，包括各类公立学校、公立医院、科研院所等。

另一类为民间组织。世界银行把任何目的只要是保护环境、援贫济困、提供基本社会服务或促进社区发展的组织，都称为非政府组织，即民间组织。

（二）选才标准

通常每个岗位都会有对应这个岗位的专业能力要求。所谓专业对口，是指专业能力符合工作岗位的需要，通常这方面的标准和要求比较容易掌握。但用人单位在选聘人才时，绝不会仅限于对其专业能力的考核。其实非专业因素在用人单位的择才标准中占有非常重要的位置。所谓非专业因素，是指除了专业知识、专业能力、专业资格以及专业经历以外的其他因素。那么，择才标准中的非专业因素都包括哪些方面呢？

1. 观念与品格

几乎所有的企业在招聘时都会问应聘者这样的问题："你为什么要来本单位工作?""请介绍一下你自己。"这实际上就是对大学生择业观、自我观的考查。在明确自己的价值观念的同时，如何与单位、社会的价值观相协调，是大家首先要思考的问题。

品格是一个人的基本素质，是做人的准则和范式，它决定了一个人回应人生处境的模式。可以说品格是道德范畴的价值观的表现，道德的核心是诚信。用人单位几乎无一例外地把诚信作为选择人才的核心标准。

2. 思维与学习方法

这主要是指对大学生思维方法和学习方法的考查。现代社会，知识的更替非常快，掌握良好思维方法和学习方法的人，可以更快地掌握新知识、新技术，快速适应新环境，更易立于不败之地。

3. 非专业能力

能力因素是大学生成功就业最基本、最直接的因素。社会科学出版社出版的《2014 年中国大学生就业报告》，参考美国的 SCANS（美国劳工部就业技能委员会）标准，将 35 项基本工作能力划分为五大类型，分别是理解与交流能力、科学思维能力、管理能力、应用分析能力、动手能力。

4. 非专业知识

一些用人单位到高校举行双选会，往往会对学生进行书面考试，考试的内容不仅包括专业知识，也包括诸如时事、社会知识、礼仪等非专业知识，且占的比重很大，可见用人单位对大学生非专业知识的重视。

非专业知识包括一般性社会知识、经济知识、管理知识、科技知识、写作知识等，这些知识既是大学生成为"社会人"的需要，也是大学生可持续发展的需要。

（三）组织文化

几乎每本管理学的教科书都会提到组织（或企业）文化，组织文化反映了组织的价值观念，通过组织结构、制度、人际关系、管理及物质化等外在形式表现出来（图 3-2）。

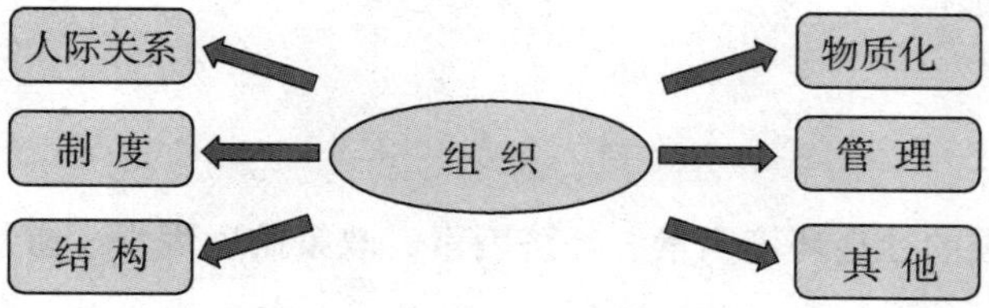

图 3-2 组织文化表现形式

1. 结构

你需要了解组织的结构是怎样的，这可以从工作指令的传递看出：工作指令通常是由单一部门发出的还是多个部门发出的？经过多少层级才会传递到执行员工那里？传递过程中，指令发生了什么样的变化？

组织的结构决定了组织的决策风格，更多的层级结构意味着员工拥有较小的决策权，也会减少同事之间、部门之间的接触，对员工的技术能力要求相对也单一，但在组织内部提供了更丰富的工作发展层级。

2. 制度

组织为了保持其正常运作，会制定很多的规章制度，比如考勤制度、绩效考核制度等，这些制度，明确了组织要求员工能做什么，不能做什么。

通过对组织规章制度的了解和分析，可以推断组织文化。比如，一个实行严格打卡考勤制度的企业比一个实行弹性工作制度的企业会更关注员工的服从性而非能动性；一个员工更具决策权力的企业比一个高度集权的企业更需要员工具备灵活决策能力。

3. 人际关系

组织中的人际关系包括同事之间、上下级之间、员工与客户之间、员工与供应商之间等的关系。

4. 文化的物质化

工作场所的地点、布局、设计、设备等也可以反映组织的文化。

5. 管理风格

组织的管理风格往往跟组织里的授权方式有直接而紧密的关系，也与领导者的个人性格、喜好有关。你可以通过刚才对组织文化的了解来分析推断一个组织的管理风格。访谈组织内的工作人员是个很有效的方法。

6. 其他

包括口号、标语、默认规则等。企业的价值观常常会通过口号或标语强调，并通过这种方式影响员工。

四、地域

通常一个地域的社会环境因素、经济因素、政策制度因素、自然环境因素和文化因素都会影响大学生对就业区域的选择。

区域的生活质量，地区的就业观念、高等教育水平等属于社会环境因素。区域经济发展不平衡、收入差异和城市竞争力等属于经济因素。社会保障、就业政策、户籍档案等属于政策制度因素。自然环境主要是指自然地理环境、气候、宜居性等。文化因素主要是指城市的文化底蕴和历史积淀，还有与大学生自身文化背景的相似程度。

中国地域广博，区域之间经济发展一直以来存在着较大的不平衡，主要表现为五个方面：沿海与内陆经济发展的不平衡，东中西部经济发展的不平衡，省区之间经济发展的不平衡，南北之间经济发展的不平衡，城乡之间经济发展的不平衡。

具体来说，不同的工作在不同的地域存在以下几方面差异（图 3-3）。

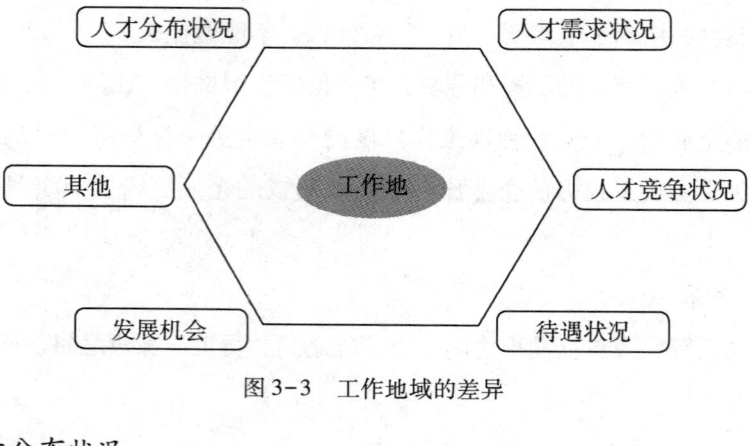

图 3-3　工作地域的差异

1. 人才分布状况

人才分布状况就是要了解当地人才密集的情况以及主要是哪种类型的人才。人才集中的地方，竞争激烈，但会带动就业者更快地成长。这可以通过了解当地常住居民的学历结构来获知。

2. 人才需求状况

人才需求状况就是要了解当地人才的需求状况，包括数量、要求以及类型。例如，广东省有世界性的电子产品制造基地，那么必然需要大量的电子、通信、计算机等相关专业的人才，这可以通过当地的人才引进政策反映出来。

3. 人才竞争状况

如果说人才需求状况是“求”，那么人才分布状况就是“供”，供求关系直接影响人才的竞争状况。这可以从获取职位的难易、工作发展机会的多少、薪酬收入的高低等方面反映出来。

4. 待遇状况

收入差异主要是指除物价变动因素外的平均工资，平均实际工资指数是反映实际工资变动情况的相对数。

5. 发展机会

长远来看，评估一个地区的工作发展机会主要是从当地经济发展的宏观趋势以及经济的主要类型来分析。

上述这些方面，实际是相互关联的，存在或正或负的关系，即相互带动或者此消彼长。这说明一个地区如果聚集了许多优秀的人才，当地经济往往就能更好更快地发展。反过来，如果一个地区的经济发展速度快、水平高，自然就会吸引外面的优秀人才进入，这也就是所谓的人才“马太效应”。但同时，人才的高度集中也会加剧职场上的竞争，机会多了，竞争也会更激烈。

第三节　获取工作世界信息

现在你对于如何分析工作世界已经有所了解，下面我们再来讨论探讨工作世界有什么样的途径和方法。

一、找到自己的社会支持系统

海斯人力顾问公司的管理合伙人戴尔·琼斯（Dale Jones）说过：“不要以为履历表才是求职的重点。事实上，真正的关键点是建立人际关系。”这里说的职场“人际关系”，就是指能对你的职业生涯提供支持的社会系统。

曾有人提出影响职业生涯发展的三大系统：个体系统、社交环境系统和社会环境系统。其中社交环境系统就是我们常说的社交圈，我们所说的社会支持系统就藏在其中。

每一个人都生活在复杂的社会交往系统中，例如家庭（族）、教育场所、工作场所、生活社区、专业领域（含业余爱好）以及随着网络发展而产生的虚拟社区等，这些构成了我们的社会支持系统。（图 3-4）

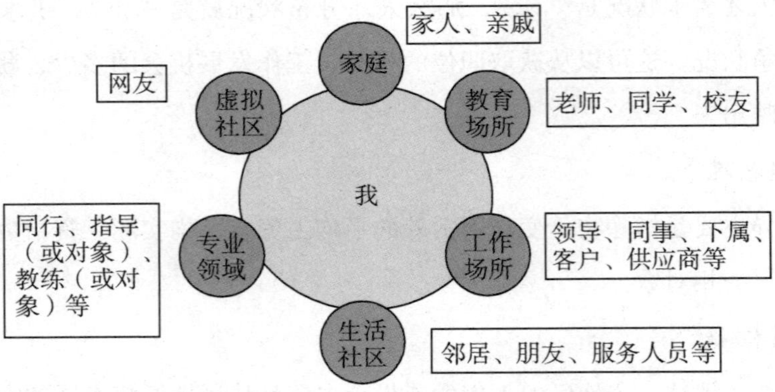

图 3-4　生活中的社会支持系统

你的社会支持系统到底在哪里？你有没有充分发掘其中的资源，进而去了解你的工作世界呢？（图 3-5）

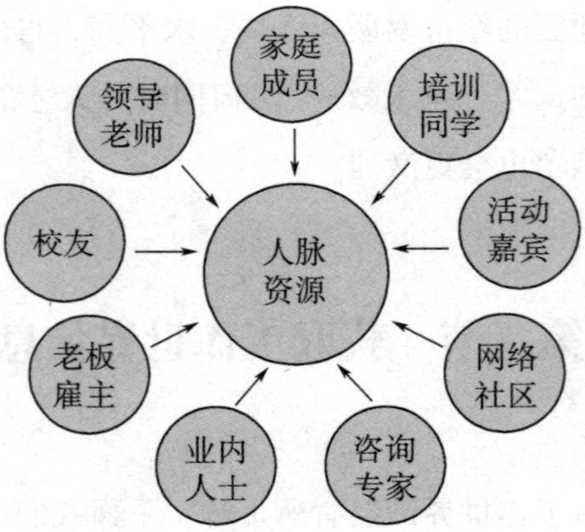

图 3-5　社会支持系统的构成

资源一：家族成员

要就业了，首先要让家族成员都知道，让他们平时留意多工作的机会；其次要了解家族成员的社会关系情况，如有机会可以让家族成员帮忙引荐。

家族职业树可以帮助你了解家人对你的工作期待以及你的自我期许究竟与家族工作有哪些关联。请你将家族中的亲属及他的工作填写在图 3-6 中的家族职业树上。

图 3-6　家族职业树

资源二：领导老师

找找自己院系的老师，他们都在本专业领域里工作了多年，往往跟众多企业有合作关系，也比较了解专业领域内相关企业的信息，可以为你牵线搭桥，提供企业信息，甚至推荐实习等。

资源三：校友

校友资源对大学生就业的重要性越来越明显了。要想办法取得与他们的直接联系，通过电话、邮件或面谈，在获取职业信息时建构你的就业关系圈。

资源四：老板雇主

珍惜每次兼职、实习的机会，虚心向雇主、主管学习和请教，也许你会由此被录用为正式员工，至少你会借此获得资深职场人士的宝贵经验。

资源五：业内人士

平时不要只顾着埋头读书，要积极参加一些专业性的协会、学会，通过学术性、专业性活动交往结识业内人士，向他们请教专业和职业发展的经验。

资源六：培训班同学

大学生在考证、充电过程中会参加一些培训班，这是一个结识职场人士的重要渠道，要主动与他们交朋友，说不准会带给你意想不到的惊喜。

资源七：活动嘉宾

学校常邀请企业嘉宾和职场专家来举办就业辅导讲座，要把握机会与他们建立联系，不要讲座一结束就迫不及待地离开。还有一种情况，就是适当参加一些与就业相关的比赛（如职业规划大赛），借机认识一些专家评委和企业代表。

资源八：网络社区

登录相关网站，进入该网站的人力资源社区和求职社区，在该栏目中可认识一些目标城市的人力资源从业人员，通过与他们交流获取相关的工作信息，并建立一定的联系。事实上，不少大型企业负责校园招聘的工作人员，常会在目标高校中开设 QQ 群，有的还将在校生聘为“校园招聘助理”，让其协助企业开展校园招聘工作。

资源九：咨询专家

对一些在就业渠道上毫无头绪的大学生而言，求助专业工作咨询师也许是个不错的选择。

二、进行生涯人物访谈

找到你的职场贵人后，下面该想想怎样让他更好地帮助你。找他/她来做个“生涯人物访谈”吧。你可以试着按下面的七步进行。

第一步：确定访谈的内容

需要先明确你希望通过访谈了解什么内容。你找他/她不是闲聊，而是有特定的目的，是想了解行业、企业方面的信息，还是工作、职位方面的信息？

第二步：寻找访谈的对象

在明确自己访谈目的的前提下，除了可以通过老师、家人、校友等社会支持系统找到这些被访谈者，还可以通过网络社区、辅导网站、专家博客等网上途径找到访谈对象。

这里要提醒一下，最好根据访谈的内容确定不同的访谈对象，而且访谈人物的结构应该合理，既有初入职场的人士，也有工作了一定年限的中高层人士。

第三步：确定访谈的方式

访谈的方式，包括面对面访谈、电话访谈和书面访谈等。至于采用何种访谈方式，要综合考虑自己和被采访者的实际情况。可以先与被采访者取得联系，再约定访谈方式。

第四步：访谈预约

预约时首先介绍自己，然后说明找到他的途径、自己的采访目的、感兴趣的职业类型以及进行采访所需要的时间（通常半小时为宜）。确定面谈后，就需要确认具体日期、时间和地点。如果不能面谈，就请教能否给出 5 ～ 10 分钟的时间进行电话采访（另约时间也行），或者能否接受你的书面采访（通过电子邮件等方式）。如果还是不行，就礼貌地征询能否推荐一位与他所从事工作相似的人，最后不管采访成功与否，都应对其表示感谢。

第五步：进行访谈

如果是面谈的话，一定要守时，不要浪费对方的时间；面谈前要征求访谈对象的意见，视情况对谈话进行录音、做书面记录或不记录；提问要灵活，可以适当增加或减少一些问题，不要按照清单顺序机械提问；尊重被访谈对象的感受，当涉及年龄、职务、收入、家庭等敏感话题时，尤要斟酌措辞；注意观察被访谈者的工作环境，感受真实的工作氛围。

第六步：结束访谈

访谈结束时，要礼貌地表示感谢，可以赠送自己的作品、所学专业的宣传资料或小礼物给对方；在访谈结束后的一天之内，发一个短信表示感谢，或写一封感谢信给被采访者，并简要总结自己的访谈收获，这样会让你在被采访者那里留下一个好印象。

第七步：整理访谈的结果

访谈结束后，要及时整理、分析和归纳访谈记录，并确定是否要进行后续或其他的访谈。整理访谈的形式之一是填写《生涯人物访谈问卷》。

第四节　个体职业发展

一、个体职业上升通道

根据美国麻省理工学院（MIT）斯隆管理学院教授、著名的职业生涯管理学家施恩（E. H. Schein）提出的员工职业发展三维圆锥模型，员工在组织内部的职业发展表现为垂直的、向内的和水平的三种路线（图3-7）。

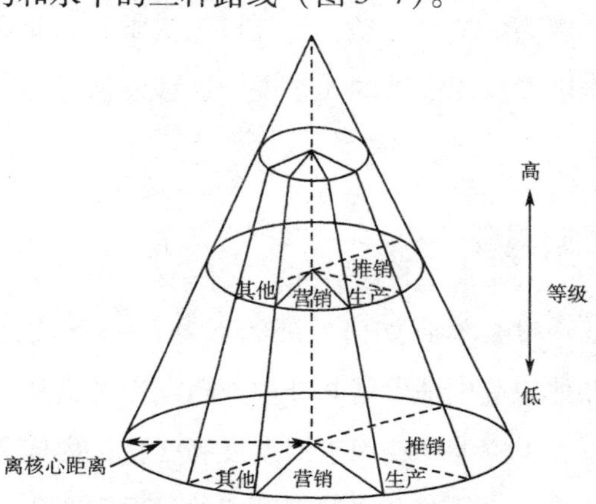

图3-7　职业发展三维圆锥模型

垂直的发展路线是指职务/职位的提升或晋升，其具体的表现形式是“职务/职位变动发展”，即根据企业组织发展的需要及组织设立的职业阶梯，员工不断地从下一层职务/职位提升或晋升到上一层职务/职位。

向内的发展路线是指获得个人影响力和权力。判断一个人向内的职业发展是否成功的标准是：个人是否进入了职业或组织的核心层。

水平方向的发展路线是指职责上的变化，比如技术人员去做采购，属于跨职能的调动，这种发展方向增加了职业的广度和视野，可以为综合职业发展打下基础。

首先，从纵向维度看，组织中的大多数员工在其职业生涯道路上沿着一个等级维度进行垂直移动。因此，组织要对员工进行“晋升道路”方面的规划，并通过相应的选拔、培训和岗位锻炼予以实现。

其次，从横向维度看，每个员工又可能沿着职能或技术维度进行移动。组织对员工的工作变动安排，也经常有“同一级别、不同职位”变动的情况。横向维度的发展不仅可以增加员工的兴趣和工作对员工的挑战性，同时也可以在一定程度上拓宽员工的职业生涯面，增加员工职业发展通道的宽度。

最后，从水平向心维度看，随着员工对组织及自己的专业领域了解得越来越多，他也会逐渐受到组织的信任，这种信任不仅体现为上述两种方向的职业发展，也可能体现为“沿着成员资格维度向组织核心移动”的过程。从这一角度看，沿着等级链向上运动也体现出某种程度的向心运动。

简言之，这三种维度的职业运动相结合构成了组织职业路径的“三维圆锥体”，它体现了一个员工在组织中不同阶段的地位变动、工作变动和角色变动，即在组织三维空间中的位移。显然，该模型中最值得关注的是水平向心维度的职业运动路径。尽管这种向心的维度只体现为虚拟的运动，却是员工实质的职业成长。因此，施恩教授认为，对许多沿垂直维度发展无出路的人来说，这种成长仍有可能，并且具有非同一般的潜在意义。

二、个体职业发展规律

说到职业，我们就一定会想到如何发展的问题，一个人的职业发展取决于两方面：内职业生涯发展和外职业生涯发展。外职业生涯发展指从事某种职业的时间、地点、单位、内容、职位、工资等外在因素的发展和变化；内职业生涯发展指从事某种职业时的观念、技能、才干、经验和资源等因素的发展和变化。

外职业生涯是我们表现出来的职业身份，例如工程师、记者、销售经理等，这些都是人的外职业生涯。外职业生涯是外显的，通常由别人决定，需要别人给予和别人认可，外职业生涯是可以被否定和收回的。

内职业生涯是从事一种职业所获得的人的内在的东西，比如你有很好的沟通能力，能在人群中有强大的影响力和领导力等。内职业生涯是内化了的东西，它与个人结合为一体，靠自己的努力和探索才能获得，不会一下子就消失。同时，内职业生涯是稳定的和不断发展的，在职业中聚焦内职业生涯可以让你更踏实而且稳步前进。

一个人的职业发展规律是什么样的？到底是先发展内职业生涯还是先发展外职业生涯，还是两个同时发展？内外职业生涯哪个超前会更有利呢？

内职业生涯的发展是外职业生涯发展的前提，内职业生涯的发展带动外职业生涯的发展。反过来外职业生涯的发展也会促进内职业生涯的发展。内职业生涯的发展是以外职业生涯的发展来展示的，如果内职业生涯发展得很好，外职业生涯没有任何变化，那就像是一个人练就了十八般武艺，你却让他一直在做扫地的工作，结果会怎样？如果外职业生涯发展得很好，但内职业生涯停滞，这时交给他一个非常重要的项目，结果会怎样呢？

（一）内职业生涯超前

内职业生涯超前恰当时人会感到很舒心，这个时候一个人对应该做的工作已经很了解，也具备完成这份工作的知识、能力、经验和观念，工作得心应手，也是人生感觉比较舒心和和谐的时期，这一般发生在一个人在一个新的岗位上已经努力工作 1 年多的时间前后。

内职业生涯超前较多时人会感到很烦心，对于事业进取型的人来说，这种情况会让一个人觉得工作没有创新，没有挑战，每天的工作都是重复，心理上会产生不平衡。这种状态一般会发生在一个岗位做了 2 年或者 2 年以上时，这种状况久了，有一部分人可能会通过生活的其他方面来调节工作中的乏味感，也有一部分人开始谋划如何才能升到新的岗位，接受新的挑战。

如果一个人的能力、经验远远超过他所在岗位的需要和要求，也就是内职业生涯超前很多，那么就有两种可能：一种是找机会升职，另外一种就是寻求新的发展空间，如果这两种都不能获得，那么就会产生严重的职业倦怠感，可能会工作不尽心，不负责任。最好的方式是尽快调整到内外职业生涯平衡的状态。

（二）外职业生涯超前

外职业生涯超前恰当时人会感到有动力。如果你当前的岗位是行政专员，在日常的工作过程中，上级发现你具备很好的协调能力，而且你在某项工作中显示出了推动他人完成任务的能力，同事也比较信任你，这时你的主管刚好被调离，出现一个空缺，你因此被提升到行政主管的岗位，得到提拔后，你会觉得工作更有动力了。这一般会发生在新人入职或老员工提升的半年时间之内。

外职业生涯超前较多时人会感到压力，假如一名从事技术工作的人员被提拔为项目经理，这时的工作任务不仅是解决具体的技术问题，还需要协调不同的资源、管理项目进度，与不同的人打交道。与人打交道的这部分工作是这个人之前很少接触的，他的直接经验也不多，所以这时工作起来一定有压力。遇到这种情况就需要充分调动自己的资源进行快速学习，聚焦新岗位的技能提升，经过一段时间就会度过压力期，获得快速成长。利用压力期学习、充电，促进个人成长是这个阶段的要点。

外职业生涯超前太多时人会感到无力。这种情况往往会发生在职场新人身上，由于人员选拔的失误，在真正的岗位上工作时他就会表现为能力不足或不适应。对于个人来说，这时就要及时调整外职业生涯定位，或者停下来把内职业生涯提升作为首要的大事来办。

在实际的职业生涯经历中，内外职业生涯的发展一定是交替进行的，不可能哪个永远超前，也不会有哪个永远滞后，只有协调好，职业生涯才会健康有序地发展下去。

外职业生涯修炼犹如翅膀的上面一弧，内职业生涯修炼又如翅膀的下面一弯，两者合为的生涯才能成功起飞。

第五节　未来的工作世界

迎接第四次工业革命

2020 年 7 月 6 日，人社部联合国家市场监管总局、国家统计局向社会发布了自《中华人民共和国职业分类大典（2015 年版）》颁布以来的第三批新职业。此次发布的 9 个新职业分别是“区块链工程技术人员”“城市管理网格员”“互联网营销师”“信息安全测试员”“区块链应用操作员”“在线学习服务师”“社群健康助理员”“老年人能力评估师”“增材制造设备操作员”。此次除了发布新增职业外，还发布了一些职业发展出的新工种，如互联网营销师职业下增设了“直播销售员”，这也让人们熟知的“电商主播”“带货网红”有了正式的职业称谓。除此之外，“互联网信息审核员”“小微信贷员”“劳务派遣管理员”“泥板画创作员”等 5 个工种也成了正式的职业称谓。

一、用工方式的改变

当前，经济全球化、科技发展、劳动力市场变化以及组织结构的变迁，使得企业用人观和用人方式也发生了许多转变。“零库存生产”的观念现在开始被迁移到“恰好就业”当中，于是一个新的概念“临时性劳动力”就出现了。所谓临时性劳动力是指不确定的、随情境和雇主的暂时需要变化而变化的劳动力。

1. 外包（Outsourcing）

外包指企业动态地配置自身和其他企业的功能和服务，并利用企业外部资源为企业内部的生产和经营服务。外包对员工的影响有两方面，一方面意味着工作或职位不会消失并将始终存在，只是雇主发生了变化；另一方面是工作或职位可能变动更快，员工必须灵活应对，因为职位不再具有永久性。

2. 员工租赁（Employee leasing）

员工租赁指组织将员工解雇，然后雇一个租赁公司来接管人事管理工作，租赁公司将被解雇的员工“租赁”给员工原来所在的单位。这种方式能使组织更轻易地剔除效率不高的员工，同时避免高昂的诉讼和培训费用。

3. 派遣服务（Temporary services）

在派遣关系中，实际做工作的人被称为“雇员”或“签约人”，帮助组织派遣工作的人被称为“雇主”，成为派遣公司服务对象的组织被称为“客户”。现在，专业的派遣人员越来越多地通过派遣服务机构来找工作。常见的保安公司就是通过这种方式把保安派遣到各个机构并提供安保服务的。

4. 过渡性或后备工作者（Interim or on-call workers）

过渡性或后备工作者指只在需要的时候才被聘用一天或几周的人员。这些人通常是在建筑和服务行业中从事专业性、服务性和体力性的工作，且都是短期的。

5. 实习生（Interns）和联合培训生（Co-ops）

实习生制度和合作教育计划为大学生提供了特别种类的临时性工作。当组织招聘学生任全职、永久性职位时，他们越来越多地将眼光投向实习生，在实习过程中“测试”和“考验”他们心目中的职位候选人。

了解了这些用工方式，你可以做相应准备，比如在大学时就参加用人单位的“实习生计划”；又如若暂时无法成为心仪单位的正式员工，那就先通过劳务派遣的方式去工作等。

二、组织变革

在未来的工作世界中，组织将变得更加灵活、全球化和透明。有人总结出推动组织变革的5种基本力量，以描述组织及人力资源管理的走向。

1. 社会变革与组织重构

对于利益相关者来说，未来组织将变得更加透明、灵活，组织形式将朝向多边力量均衡发展，并越来越以项目为基础。人才将会为了一致的价值目标而参与组织工作，而不再仅仅为了经济利益。超越传统的等级制度和工作合同，复杂的人际关系网络和频繁的外部合作将促进组织的横向管理与集体合作。

2. 包容性全球人才市场

随着人均寿命的增加，劳动力将由多代人组成。社会政策将会逐渐支持那些与传统全职工作不同的、没有划定明确界限的工作。工作岗位和人力资源的细分，使得组织的各项政策、行为、职责设计、薪酬和福利的差异变得更大。

3. 真正彼此连通的世界

借助个人移动设备与全球实时通信的普及和广泛应用，工作正变得日益虚拟化，它可以发生在任何时间、任何地点。跨界合作与社交网络增强了组织各方面的能力，也重新定义了职业生涯、学习深造以及职场的公平性和吸引力。

4. 技术变革迅猛发展

当前，机器人、无人驾驶、商品化传感器、人工智能以及物联网的普及应用，将对劳动生态系统进行重构，使得灵活、分散、即时的劳动力可以快速适应业务再造。

5. 人机交互协作

在分析、算法、大数据和人工智能逐渐取代传统工作岗位的同时，人机协作领域也创造了许多新的工作岗位。但人具有机器无可比拟的天赋，包括直觉、洞察力、探索和意外的创造等。未来，无论组织还是个体，都要应对和设计更多人机交互合作的形式，亲近技术，善用技术，创造更美好的生活，而不是拒绝机器与技术。

我们在考虑未来的职业时，已经不能只盯着“铁饭碗”了，思路上我们需要从“终身职业”转到“终身学习”，真正的“铁饭碗”其实是自己不断修炼的核心竞争力。

总结思考

为什么有的人非常害怕失去当前的职位呢？想想看你当前的职位是外职业生涯给予的还是内职业生涯给予的？是什么支撑着你在这个职位上的信心呢？

第四章

思考职业生涯决策

一个选择，决定一条通路；一个通路，决定一方土地；一方土地，开始一种生活；一种生活，形成一个命运。

——毕淑敏

学习导航

- 第四章 思考职业生涯决策
  - 什么是职业生涯决策
    - 职业生涯决策的概念与特点
    - 职业生涯决策的影响因素
    - 职业生涯决策的风格与类型
    - 职业生涯决策中的挑战
    - 职业生涯决策的相关理论
  - 职业生涯决策的要素与方法
    - 职业生涯决策的要素
    - 职业生涯决策的方法

问题发现

刘德华的选择

第一次面对人生抉择是中五毕业那年，我左手拿着无线艺员训练班的报名表格，右手拿着应届高等程度教育课程的报名表，顿时觉得自己的前途都掌握在自己手中。

继续学业，还是去读艺员训练班？再念两年中学毕业后又何去何从？是再念大学，然后硕士、博士这样一路念下去，还是选择艺员训练班有一技之长，将来无论条件符合与否，台前幕后也好，总算有门专业技术傍身？

一连串的问题此起彼伏地在我心中响起，魔鬼、天使各据一方，展开辩论大会。

反反复复地考虑后，我把自己的优点和缺点逐一写在纸上，自己给自己理智地分析利弊：一直念书适合我的性格吗？我喜欢艺术工作吗？我喜欢什么样的人生呢？平稳安定，还是多姿多彩、充满挑战？

直到那一天我才明白，人才是自己生命最大的主宰，向左走还是向右走都是自己决定的路，与天无忧。我的心作了我的指南针，只有它才明白我要去的方向，也是它让我选择了左手那张报名表格。

点评

人生充满选择，但关键处只有几步。生活就是由一系列选择组成的，在做出选择之前有一个很重要的心理过程——决策。日常生活中的很多决策往往是在不经意中完成的，不经过理性思考。但生涯决策并非一蹴而就的，它是一个高度复杂的过程，常常令人左右为难，人们很难用简单的方程式对它进行概括。人不可能一直保持理性，但学着把一些理性的方法引入生涯决策、培养自己的理性决策能力，人会因此受益终生。

我们在决策的时候要考虑哪些要素？我们应该学会什么样的决策方式？本章将带领你一起学习职业生涯决策的系统理论，了解决策过程，熟悉决策方法，从而为自己的未来做一个英明的决策。

学习目标

学完本章，你应当：

（1）了解职业生涯决策的含义、内容和构成要素；

（2）理解职业生涯决策的几种典型风格，学会分析辨别自己的决策风格；

（3）了解职业生涯决策的影响因素、决策的基本原则；

（4）掌握并学会运用职业生涯决策的几种常用方法；

（5）能在情感、态度与价值观层面树立以开放的心态不断修正生涯决策的意识。

理论点拨

第一节　什么是职业生涯决策

是否选择考研

人在一生中会面临很多决定和选择，职业生涯决策无疑是对人生产生深远影响且非常重要的一个。心理学家哈克特（Hackett）曾说："几乎不存在什么比选择一个职业或工作对人们的生活具有更重大而深刻的影响的决策了。"当今社会，人们对某种职业所代表的相对应的社会价值有着高度的认同，职业不仅是个人的谋生手段，也是个人实现自我价值的途径。特别是在信息一体化、经济全球化的今天，人们在选择职业时也有了更多的自主权，越来越多的个体在其一生中会变换一次甚至多次工作。可以说，职业生涯决策是贯穿个人一生的连续过程。

那么究竟什么是职业生涯决策？职业生涯决策有哪些类型？人们是如何做出职业生涯决策的？

一、职业生涯决策的概念与特点

（一）决策和职业生涯决策的概念

1. 决策的概念

所谓决策，是指为了达到一定目标，采用一定的科学方法和手段，从两个以上的方案中选择一个满意方案的分析判断过程，通俗地讲就是决策者为了达成某个目的，在对若干可行的方案进行各种考虑和比较之后，对应当做什么、应当如何做等做出的决定。

2. 职业生涯决策的概念

关于人的职业选择和职业生涯发展的决策被称为职业决策或职业生涯决策，它主要指生涯发展过程中人会面临许多抉择，个人要做出明智的决定，才能达成最大价值。

良好的生涯决策能力对一个人来说至关重要，个人决策的质量是评估生活有效性的指标之一。对于大学生来说，学会自主决策、正确决策，也是承担起自己人生责任的必经一步。

（二）职业生涯决策的特点

职业生涯决策作为一种重要的决策类型，具有以下特点。

1. 目的性

职业生涯决策是根据一定目的做出的。目的就是组织或个人在未来特定时限内完成任务所预计要达到的目标。根据预先确定的目的来拟订未来的活动方案，调整组织或个人在未来一定时间内的活动方向、内容，评价或检查活动的效果，才是一种理性的决策。

2. 选择性

职业生涯决策因“选择”而生，没有选择就没有决策。要想有所选择：一是必须提供可以相互替代的多种方案，使选择成为可能；二是要有选择的依据，提供选择的标准和准则。

3. 满意性

职业生涯决策依据的选择标准是满意化标准，而不是最优化标准。所谓最优化标准，就是要求决策者了解与活动有关的全部信息；决策者能正确地评估全部信息的有用性和可靠性，了解其价值，并据此制定出行动方案；决策者能够准确地计算每一个方案在未来的执行结果和风险。而我们所说的满意性只是一种相对的最优化标准。

4. 过程性

职业生涯决策是一系列决策的综合，包括前期的决策（即职业生涯规划）、中期的决策（即职业生涯规划的实践）和后期的决策（即现实的择业决策）。从决策目标确定，到决策方案的拟订、评估和选择，再到决策方案执行结果的评价，诸多步骤和过程构成了一项完整的决策。

5. 动态性

职业决策是一个不断循环的、动态的过程。决策的主要目的之一是使决策者的活动适应外部环境的变化。外部环境在不断地发生变化，决策者就必须不断分析、研究变化，从中找到可以利用的机会，并在必要时做出新的决策，以及时调整自己的活动，从而更好地实现自身与环境的动态平衡。

综上可知，生涯决策是一个系统的过程，不单单是一种结果。决策意味着与风险并存，但并不是说不决策就可以避免风险。生涯决策也是一个复杂的认知过程，该过程可帮助决策者组织有关自我和外部环境的信息，仔细考虑各种可供选择的生涯前景，并做出有关生涯发展的公开承诺。

二、职业生涯决策的影响因素

人的一生，无论是内环境还是外环境都会不断发生变化，所以影响生涯决策的因素也是多方面的。美国著名的职业辅导理论家克朗·伯兹（Krum Boltz）认为，影响个人职业决策的主要因素有四类。

（一）遗传和特殊能力

即个人得自遗传的一些特质，如种族、性别、外表特征、个人天赋等，这些特质在某种程度上决定了个人的职业表现或会影响个人的职业生涯。例如，性别仍然是当前影响大学生求职的重要因素之一。而身高、体形、健康状况等先天条件在诸如模特、文艺工作者、军人等职业的招聘当中也很重要。

（二）环境和重要事件

包括人类活动的影响和自然力量的影响。很显然，家庭的社会经济地位、家庭对于个人的期望、所在地区的教育水平等，都会在很大程度上影响个人的求学背景和发展机会。

（三）学习经验

这里所说的“学习”是广义的学习，即每个人在日常生活中不断积累的经验和认识。例如，一个孩子在与小伙伴玩耍，如果他愿意与伙伴们分享玩具，他就会发现别人更乐意跟自己玩。那这个孩子可能由此就学会了“分享”与“合作”。每个人在其成长过程中都积累了很多学习经验，个体的学习经验是独特的，而这对于个体的职业生涯选择又具有重要的影响。一个人是自信还是自卑、敢于冒险还是畏惧变化，他怎样看待他人，他更看重工作带来的成就感还是与家人的相处……这一切，无不与个人的学习经验有关。

（四）任务取向的技能

受到上述种种因素的影响，当一个人面临一项任务时，会表现出其特定的工作习惯、解决问题的能力、心理状态、情绪反应和认知过程，这些都被称为“任务取向的技能”。比如，面对未来找工作这件事情，大三时，同一个班里所有的同学都没有经验，都感到学校提供的各种信息和资源非常有限，但他们中的一些人会向自己的亲友、老师和高年级的同学请教，之后会开始探索和思考自己的兴趣、能力，并着手联系实习的机会。这样，当他们到了大四的时候，就已经对自己和劳动力市场都有了相当的认识，也积累了不少的信息和资源。而另外一些人则一味地拖延，不去面对困难，直到大四时才开始着急，或寄希望于自己的某个亲戚能够帮助自己找一份工作，或埋怨学校不帮助毕业生联系就业单位，最后草草找到一份工作了事。在这个过程中，不同的人所表现出来的不同心态、习惯和能力，其实反映了他们不同的任务取向的技能。

在克朗·伯兹所说的这四类影响职业决策的因素中，前两类因素（遗传和环境）通常不受人的控制，而后两类因素（学习经验和任务取向的技能）则是个人在成长过程中可以不断积累和更新的。克朗·伯兹认为：上述四种因素交互作用的结果，形成了个人对自我和世界的推论或信念。这些推论不一定完全正确，要视个人的学习经验是否丰富而定。

三、职业生涯决策的风格与类型

所谓决策风格，是指个体在长期的决策过程中形成的比较稳定的决策倾向，包括决策制定方式、对行动的迫切性、对待风险的态度与处理办法等综合特征，决策风格对决策效果有重大的影响。

1968 年，丁克里奇（Dinklage）通过访谈研究，将个人决策风格大体分为 8 类。

（一）痛苦挣扎型，又称犹豫型、烦恼型（Agonizing）

这种类型的行为特征是选择的项目太多，无法从中做出取舍，经常处于挣扎的状态，做不了决定。这种情境下，需要帮助当事人弄清楚决策时的障碍在哪里。有些人会花很多的时间和精力来收集信息，确认有哪些选择并向专家询问，反复比较之后却迟迟难以做出决定。如果出现这种情况，收集再多的信息并分析比较也无济于事。需要弄清的是他们被一些什么样的情结和非理性想法困住了，比如害怕自己做出错误的决定或追求完美等。

（二）冲动型（Impulsive）

与“痛苦挣扎型”相反，这种类型的行为特征是先做了再说，以后再想结果，决定的过程较为冲动。当决策者遇上第一个行动方案时，就立即做出反应。冲动的决策方式可能是出于对困难的逃避或者不愿意花时间精力去探索。这一类型有一个好处就是不必花太多时间去找数据分析，但是在一些对人生有重大影响的决策上面临的风险太大，可能会造成严重而持久的破坏。

（三）直觉型（Intuitive）

这种类型的行为特征是当事人将自己的直觉作为决定的基础，只考虑自己想要的，而不在乎外在因素。他们通常说不出什么理由，一味表示“就是觉得这个好”。直觉在人们对环境情况无法获得充分信息的时候虽然看上去“简单省事、当下有效”，但它有可能不符合事实，有时候我们的判断可能会因自身先入为主的偏见而产生较大的误差。因此，我们不能仅仅将直觉作为决策的依据。

（四）拖延型（Delaying）

这种类型的行为特征是习惯将对问题的思考和行动都往后推迟，“过两天再考虑”是他们的口头禅。当事人知道问题所在，但经常迟迟不做决定或最后一刻才做决定，这会不断延长做决定和行动的时间。拖延的真正原因可能来自人对现实责任的逃避。拖延型的人心中常常抱有这样的希望：也许事情过几天就自动解决了。然而问题并不会自动解决，有时候甚至会越拖越麻烦。

（五）宿命型（Fatalistic）

这种类型的行为特征是往往不能自己承担责任，而将命运委诸外部形势的变化，这反映出决策者内心的无力和无助感。这一类型有一个好处是能减少内心冲突，但当一个人将自己生活的主导权交给外界环境的时候，可以预见，这个人是很容易觉得无力和无助的。这样的人容易成为环境的“受害者”，怨天尤人，却没想到自己的处境正是自己放弃了个人对生命的“主权”而造成的。

（六）顺从型（Compliant）

这种类型的人倾向于顺从别人的计划而不是独立地做出决定，不会从自身的实际情况考虑。这一类型的决策方式看似维持了表面的和谐，但盲目地顺从很可能会引起将来对所依赖之人的抱怨。因此，顺从型的人固然在追随群体的过程中获得了一种虚假的安全感，却忽略了自身的独特性，这造成他们的选择在很大程度上并不适合自己。他们在不必费心思考的同时，也牺牲了对生命可能拥有的满足感。

（七）麻痹型，又称瘫痪型（Paralytic）

这种类型的行为特征是当事人害怕做决定的结果，也不愿意负责，选择麻痹自己来逃避做决定。有时候个体可能在理性上接受了应当自己做决定的观念，却无法开始决策过程。事实是，他们无法真正为决策和决策的后果承担责任，而这种害怕承担责任的心理可能又源于家庭在其成长过程中不当的养育方式。

（八）计划型（Planning）

这种类型的行为特征是做决定时会倾听自己内心的声音，同时考虑外在环境的要求，以做出适当且明智的决定。这是积极主动的决策类型，这类人遇到问题时会仔细分析并解决问题，其做出的决策往往具有可行性，满意度也较高。

这 8 种决策类型，还可以进行综合，成为决策的四分类法，如表 4-1 所示。

表 4-1　　　　　　　　　　　　决策类型四分法

项目		自己	
		未知	已知
环境	未知	困惑和麻木型决策 拖延型、麻痹型、痛苦挣扎型	直觉型决策 冲动型、直觉型
	已知	依赖型决策 顺从型、宿命型	信息型决策 计划型

四、职业生涯决策中的挑战

上面介绍了影响一个人职业决策的各种因素和人的决策风格类型，下面分析大学生在职业生涯决策中常遇到的各种挑战和困惑，为大学生职业生涯决策提供有效帮助。

（一）挑战的类型和来源

大学生就业难，既难在选择，也难在决策中会面临各种挑战。在现实生活中，我们经常发现，有几类同学在各种挑战面前往往无法做出选择或做出正确选择：第一类同学似乎有很好的知识储备，对自己的各种选择也很了解，但常常会做出错误的职业决定，他们总是不断地尝试“纠正”错误，而不懂如何减少错误；第二类同学做了大量的测验去了解自己的兴趣、价值观和技能，但不能对信息进行加工从而做出选择或正确的选择；第三类同学对自己的能力取向、兴趣取向都知之甚少，他们盲目相信周边权威人物的决定，往往无法做出正确选择；第四类同学对自我和职业都比较了解，但受“好工作就是待遇好、舒适的工作”“就业市场我没有选择他人的权利，只能被他人选择”等错误观念的影响，而在职业决策过程中消极退缩。

造成学生职业决策困难的原因主要有以下几个方面。

1. 自我认知存在缺陷

自我认知是指个体对自我，包括对职业兴趣、爱好、特长等的认知。自我认知是大学生进行职业决策的一个重要前提。自我认知较好的学生，对自身的兴趣特长等比较了解，对自己未来适合什么职业也有一定的认识，选择职业不会太盲目，所以困难会少一些。而自我认知较差的学生由于缺乏对自身有一个清晰的认识，在就业时就显得比较盲目，决策时遇到的困难也相对较大。

2. 缺乏足够的职业信息

进行职业选择时，首先要了解职业。对职业情况知之甚少是当前大学生普遍存在的问题，很多大学生缺乏足够的职业信息，不了解如何获得更多信息以及怎样获得帮助。在选择职业时，对相关的用人单位的组织结构、企业文化、培训和薪酬体系等一无所知，而很多用人单位则希望录用对其公司文化有所了解或有一定相关经验的人。当然，导致大学生职业信息缺乏的原因是多方面的。首先，与职业决策的特点有关，如今可供选择的职业类别或工作地区较广，每个职业类别所包含的具体单位和岗位又有不同的结构，存在大量的信息（比如环境、收入、自主程度、人际关系等），而且用人单位与求职者之间常常存在信息不对称的情况，用人单位比求职者拥有更多选择的权利，因此学生要全面了解这些职业信息会比较困难。其次，我国的教育基础虽然扎实，但是为学生提供职业经历的机会并不多，我们的学生对职业的了解和实践还很少。最后，就职业信息系统而言，我国尚没有建立完整的职业信息库，更没有建立基于计算机辅助系统的职业信息库。而国外已有很多可用于职业信息检索和收集的系统，如美国的指导信息系统（Guidance Information System），这个系统储存了美国各大学的资料、奖学金信息及1000多种职业的信息。

3. 职业观念存在冲突

观念冲突反映出我们的内心常处于一种冲突的状态，这种冲突状态来自进行职业决策时要考虑的重要因素之间的矛盾，如职业兴趣与能力之间的矛盾、自身特点与职业要求之间的矛盾等。职业选择本身就是一个多重趋避的过程，没有认清自己的愿望、需求，没有协调好职业、心理等各因素，没有平衡心理特征与职业要求的关系，常常是这些矛盾产生的原因。大学生长期在学校里学习，社会阅历少，对职业的认知往往仅凭表面的直觉，且容易受他人的影响，对职业的选择更缺乏科学的分析、思考，只看到工作的环境和条件，不能正确分析环境条件与职业发展的关系，因此会产生各种心理冲突，造成择业困难。

4. 缺少职业规划

很多同学在求职时定位不明确，在被问到选择什么样的职业时，大多数表示没有很明确的计划，不知道要从事哪种职业。部分同学在多家公司之间来回奔波，不停地投递简历、参加面试，花费了很多时间和精力。有的同学虽然顺利通过了多家用人单位的考核，但在最后决策时因心中没有衡量的标准，而顾此失彼。这都说明在找工作前，每个人都应该做好职业规划，对自己将要从事的行业、职业做一个明确的定位。

（二）挑战的应对之策

为了化解和减少大学生在择业过程中所面临的各种挑战和困难，高校和大学生都应该采取有效的对策和措施。

1. 提高自我认知水平，做到准确评估自我

大学生可以通过霍兰德职业兴趣测验，了解自己的职业兴趣；或是进行职业价值观测验，来了解自己的价值取向。为了提高效果，还可以借助 SWOT 分析方法，找出外部的机会和威胁，并择己所长，依据就业市场的状况和个人情况做出最佳决策。同时，通过老师、朋友、亲人的帮助，有针对性地进行职业访谈，咨询有丰富就业工作经验的教师和对该领域有研究的咨询机构，也能有效帮助大学生提高自我认知水平。

2. 掌握有用信息，拓宽就业渠道

大学生的生活环境和个体知识结构比较单一，生活经验较少，很多同学在进行职业决策时想当然多、科学决策少。因此大学生要尽可能多地增加社会阅历，给自己搭建各种平台，丰富自身的社会经验和职业经验。如改变搜索信息的方式和内容，扩大报刊、网络等信息的收集范围，尤其要重点关注国家相关主管部门、学校就业指导机构发布的信息；重视教学实践和社会实践，加深对职业和社会的了解；多参加学校组织的供需见面会、招聘会以及供需信息交流活动，或请亲友协助联系单位搜集信息。同时对搜集到的信息进行筛选、鉴别，以获取有价值的信息，促进就业成功。

3. 树立正确的择业观

大学生能否顺利择业，其职业价值观和择业心态是很重要的影响因素之一。大学生可通过参加职业辅导对个人的择业心理进行调适，树立正确的职业价值观，纠正不合理的心理倾向，以实现合理择业，顺利就业。要通过辅导和自我学习，分清什么是正确的择业观，最有效的就业渠道和方法有哪些，应该保持一种什么样的就业心态，等等。人的一生始终在不断调整，职业也会随时代的变化而不断改变，谁能抓住机遇，谁就有可能获得更好的发展。

4. 学会运用科学理论，做好职业规划

大学生可以利用“职业锚”构筑全程的职业规划。“职业锚”是指当一个人不得不做出选择的时候，他无论如何都不会放弃的职业中那种至关重要的东西或价值观。它是个人的动机、需要、价值观、能力相互作用和逐步结合的结果，有助于识别个人的职业理想模式和职业成功标准。大学生在进行“职业锚”探索的过程中，首先要

确立个人的生活理想和价值观，它对“职业锚”的探索具有导航作用；其次，采用问卷调查、个别访谈和心理测试等方式了解自己较为稳定的一些特质，如气质、兴趣、专业特长等；最后，要了解“职业锚”的基本类型，初步确定自己更适合哪种类型的“职业锚”，并努力向其靠近。

5. 学校要分时、分阶段加强对大学生的职业规划和就业指导

大学生职业规划和就业指导应该从入校就开始，贯穿大学四年的学习生活。在大学二年级这样一个转折时期，学校要针对职业决策困难的类型及特点设立不同主题的工作坊，及时帮助学生收集有关职业决策和生涯发展的信息，对学生进行专门的求职技能、技巧等方面的培训，帮助他们充分认识职业，掌握择业方法和技巧。在大学三年级这一职业决策的关键期进行全方位的素质拓展。比如，通过建立大学生职业测评系统帮助他们进一步认识自我，通过建立职业咨询档案进行追踪研究和个案研究。

除了理论知识的教授外，学校还可以通过各种形式的活动让学生亲身感受求职的过程，让他们积极参与，由老师点评。例如讲到面试时，可采用多种形式的模拟面试活动，让大家了解和模拟形式各异的面试，培养学生的应变能力。还可以邀请企业资深人力资源管理人员对大学生进行现场招聘演示，对大学生的应聘情况进行评价并予以指导。在毕业求职的高峰阶段，可根据具体情况集中对学生进行专门的就业指导，采取阶段性的“问题集中—专门辅导”模式，及时且有针对性地解决就业中存在的问题。

五、职业生涯决策的相关理论

从研究取向来看，学界关于职业生涯决策的相关理论可以概括为以下三种理论模型。

（一）标准化职业生涯决策模型

标准化决策理论又称经典决策理论，该理论认为决策者能够加工所有相关信息，能够做出完全理性的选择，在选择时遵循效用最大化原则。代表是伽列特（Gelatt）的生涯决策模式理论。

美国心理学家伽列特认为决策有两种，即终极性决策和调查性决策。终极性决策指与目的或目标一致或相关的决策；调查性决策指还需要进一步考察的决策。调查性决策最后将导致终极性决策。他认为预测系统和价值系统的内容比决策标准更容易观察到，而且远不如决策标准复杂，所以提高信息服务质量将会增加做出好决策的

可能。

伽列特认为决策是一连串的决定，任何一个决定都将影响后来的决定，亦会受先前决定的影响，因此决策是一个发展的历程而非单一的事件。这也说明生涯决策不是一次选择或一个结果，而是持续不断地做决定及修正的终生历程。决策的基准在于选择有利因素最多、不利因素最少的方案。

这个模式特别强调资料的重要性，伽列特将个人处理资料的策略分成三个系统。

（1）预测系统：预测不同的选择可能会造成的结果及估算出每个行动可能造成该结果的概率，以作为该采取哪个行动方案之参考。

（2）价值系统：个人对于各种可能的行动之内在喜好程度。

（3）决策系统：评判各种行动方案的标准，其选择的取向分为：

①期望取向：就是选择可能达成自己最想要的结果之方案，即与自己的职业观相一致，与自己的兴趣最相符的方案。但该方案也许是成功概率较小的方案，所以存在着较大的风险。

②安全取向：就是选择最安全、最保险的方案。这类方案适合追求稳定的人，但该方案也许与你的职业兴趣不一致。

③逃避取向：避免选择可能造成最不好结果的方案。这类方案适合追求稳妥，不爱挑战的人，选择的结果也许与你的期望有一定的差距。

④综合取向：考虑自己对于行动结果的需求程度、成功概率及避免最不好的结果，也就是选择自己需要而又最可能成功、不会产生坏结果的方案。

伽列特同时也提出了职业生涯决策的具体步骤：

（1）个体意识到做决策的需要，并根据自己的需要制定决策目的或目标；

（2）搜集与目标或目的有关的信息资料，以调查了解所有可能的行动方案；

（3）对搜集到的信息进行预测，估计可能的选择结果以及结果出现的概率；

（4）根据价值系统，估算个人对于每个行动方案是否满足需要和喜好程度；

（5）评估各种可能的方案，根据可能的结果及结果的价值，选择其中的一个方案做出决策并执行；

（6）若达成目标则终止决定，然后等待下一个决定的出现；

（7）若没有成功，则继续调查其他可行的办法。

（二）描述性职业生涯决策模型

描述性职业生涯决策理论描述或解释个体如何从实际生活的职业选项中做出决

策，代表性的研究有泰德曼（Tiedeman）的生涯决策历程理论。

美国学者泰德曼结合萨柏（Super）与金斯伯格（Ginzberg）的生涯发展观点，将整个职业决策过程分为两个阶段、七个步骤。

（1）预期和确定目标（Anticipation）阶段

个人在进行职业决策时，首先要确定职业目标，确定职业目标可按以下四个步骤进行。

①探索（Exploration）：考虑与自己的经验和能力有关的生涯发展目标。根据自己所学的专业及个人的兴趣、爱好和职业理想，考虑不同的选择方向及可能的目标。

②成形、具体化（Crystallization）：在上述基础上准备进行具体的定向。例如要列出所有可能目标对于自己来说存在的优点与不足，通过对各种选择方向或目标优缺点的斟酌，明确什么是自己最想要的、什么是阻碍自己目标实现的最大困难，这时要考虑个人确定职业生涯新方向的价值和目的。

③选择（Choice）：在生涯目标成形后做出决策，选定一个能解除目前困扰的目标，找到和确定自己所期望的具体职业。

④澄清、明确化（Clarification）：对最终选择的目标再审视，看是不是自己最想要的，并且可以通过发现问题，不断修正和调整要追求的目标。

（2）实施与调整适应（Implementation and Adjustment）阶段

将选择的方案付诸行动，落实于现实生活，然后对结果开展评估检验，并根据个人对结果的满意程度对方案做调整或改变。具体的实施分为三个步骤。

①入门、就职（Introduction）：开始执行自己的选择，在新环境中得到一个新职位，即就职或入职。人们在这个时候开始对自己的职业生涯目标和走上的职业岗位寻求认可，并争取他人的接纳。

②转化（Reformation）：开始工作后，每个人对其所从事的职业及现实环境会逐渐有一定的了解和把握，并开始调整步伐与心态，专心一致，肯定自己在新环境中的角色，全力以赴。这一阶段，个人与团体的互动和相互影响就需要个体根据环境变化重建或调整自己的目标。

③整合（Integration）：经过上述步骤，个体在了解自我和岗位表现被他人认定为成功的基础上，个人信念与集体信念之间达成平衡与妥协。这就是职业选择的完全实现。

（三）规范性职业生涯决策模型

规范性职业生涯决策模型是在试图弥补标准化职业生涯决策模型和描述性职业生涯决策模型不足的基础上发展起来的，这其中比较有代表性的理论是生涯决策的认知信息加工理论。该理论采取规范性观点，规定并提出了个体思考职业生涯决策的几种方式，这些方式将改善个体职业生涯决策的能力。

认知信息加工理论用金字塔模型非常形象地说明了职业生涯决策所包含的三个领域、四项内容（图 4-1）。

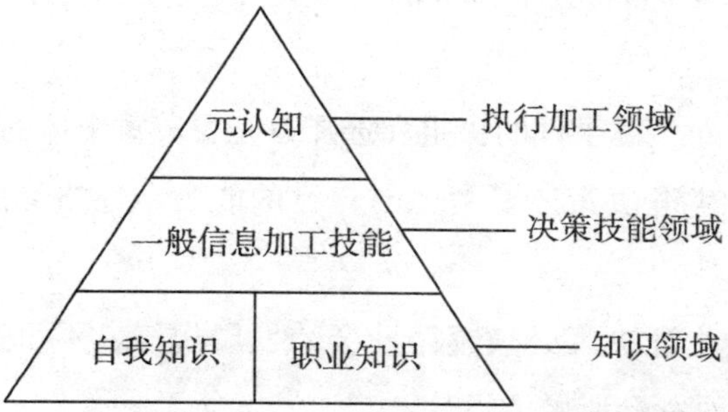

图 4-1　认知信息加工模型

1. 领域一：知识领域包括自我知识（对价值观、兴趣、需要和技能等方面的了解）和职业知识（对职业、教育、休闲、组织等方面的了解），它们就像计算机中的数据文件，存储在我们记忆当中，构成职业生涯决策的基础。

2. 领域二：决策技能领域关注的是“个体是如何做决策的”，它就像计算机中的程序，要从各种文件中获取数据，并按照预先设定的方式使用这些数据。

3. 领域三：执行加工领域是指元认知。元认知是一个人完成一项任务或达到一定目标而投身其中的记忆和思考，是一种思维过程。它就像操作计算机的人，控制和监督职业生涯的决策过程，主宰着我们思考生涯问题和制定决策。

第二节　职业生涯决策的要素与方法

用好决策工具

一、职业生涯决策的要素

任何一个科学的职业生涯决策，都需要考虑和分析决策的目标、选择、结果、评价，这也被称为职业生涯决策的四大要素。

（1）目标：指所要达到的目的，这是职业生涯决策存在的根本。

（2）选择：指在达到目标的过程中有多种途径，采取哪一种途径要做出选择。

（3）结果：指每一种选择衍生出来的附加物。

（4）评价：指对各种选择结果进行合理的评估。

二、职业生涯决策的方法

（一）生涯决策的基本原则

生涯决策是对生涯事件决定和选择的过程。对一项生涯事件的决定和选择，必须依据决策系统地思考。

（1）择己所爱：对生涯事件的决定和选择首先要尊重个体的兴趣和价值观。

（2）择己所能：生涯决策还要考虑与自己的能力、性格特质等的匹配，看其是否合适。

（3）择世所需：生涯决策必须遵循社会的发展规律，不可逆社会规律而行。人的价值最终要体现在对社会所做的贡献上。

（4）择己所利：决策也是利益选择的过程，两利相较取其大，两害相较取其轻。决策是一个优选的过程，也要遵循效益原则。

（二）有效生涯决策的基本步骤

上文提到的“职业生涯决策历程”学说的创立者泰德曼认为，职业选择是一种“鉴别”和“综合”的决策过程，它在人一生的职业生涯中反复进行，包括预期、实施与调整两个阶段和七个步骤，可以作为有效生涯决策的基本步骤。

（三）有效生涯决策的具体方法

掌握有效生涯决策的方法和策略，就能提高职业生涯决策的实效性并学会控制我们的职业生涯。有效生涯决策的方法很多，如 CASVE 循环法、职业生涯决策平衡单分析法、SWOT 分析法。其中，平衡单分析法在咨询来访中应用较多，同学们自己做规划时，较常用的是 CASVE 循环法和 SWOT 分析法。

1. CASVE 循环法

职业生涯规划决策是一种问题解决活动。你对有关职业问题的解答，就如同你对数学或科学问题的解答一样。你的职业生活质量是以你怎样进行职业决策和怎样解决职业问题为基础的。学习生涯决策技术中的 CASVE 循环，可以帮助你提高这方面的能力。CASVE 循环包括五个因素或阶段：沟通、分析、综合、评估和执行，CASVE 就是这五个词的英文单词首字母的组合。如图 4-2 所示，它可以在整个职业生涯问题解决和决策制定过程中为你提供指导。

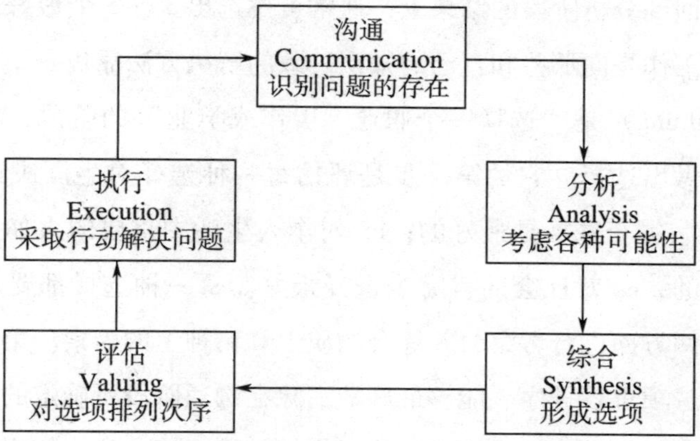

图 4-2　CASVE 循环

CASVE 循环分析法的操作步骤如下。

①沟通（Communication）是查找差距，“意识到我需要做出一个选择”的阶段。在这个阶段，我们收到了关于职业理想与现实之间存在差距的信息。这些信息可能通过内部或外部的交流途径传达给我们。内部沟通包括情绪信号，例如不厌烦、焦虑等；还有身体信号，如头痛、胃部不适等。外部沟通包括当前就业形势不容乐观等。我们通过各种感官和思考充分接触这些信息，发现差距，并开始探索它的成因，从而启动一个 CASVE 循环。

②分析（Analysis）是收集和准备大量信息，“了解我自己和我的各种选择”的阶段。在这个阶段，问题解决者只有花时间去思考、观察、研究，才能更充分地了解差距，了解自己做出有效反应的能力。这一阶段包括三部分：a. 分析问题产生的原因并对问题做出反省，避免冲动、盲目行事；b. 检查自我知识和职业知识领域，改善自己在兴趣、价值观、技能、职业、学习机会、工作组织、行业类型等方面的知识；c. 考虑和分析可能影响职业生涯决策的积极或消极的想法。在这一阶段，生涯问题解决者通常会改善自我认识，不断了解职业世界和家庭需要，把各种因素和相关知识联系起来。此外，在分析阶段，生涯决策者应尽可能地了解第一阶段就存在差距的原因。

③综合（Synthesis）是综合细化，开始“扩大并缩小我的选择清单”的阶段。在这一阶段，主要是综合和加工上一阶段提供的信息，从而制定出消除问题或差距的行动方案。其核心任务是，确定自己可以做什么来解决问题。首先，需要搜索寻找解决问题的各种可能性，发散性地思考每一个可能解决问题的方法，甚至采用“头脑风

暴”的方式进行创造性思维。然后，缩小有效方法的数量，为了缩减可能的选项，问题解决者必须回到分析阶段的结果上，通常可挑选出 3 ～ 5 个最好的选择。简单来说，综合阶段的工作是向那些和自己的知识一致的解决方法靠拢。

④评估（Valuing）是“选择一个职业、工作或学业”的阶段，在这一阶段，要找出最优选项并做出选择。它的第一步是评估每一种选择对生涯决策者和他人的影响：a. 对个人而言哪个选择是最好的；b. 对个人生活中重要的人如父母、亲友而言哪个选择是最好的；c. 对社会而言哪个选择最好。每一种选择都要从对自己和对他人的代价和益处两方面进行考察，并综合物质上和精神上的因素。第二步就是对综合阶段得出的各种选项进行排序。能够最好地消除在沟通阶段所确定的存在于现实与理想状态之间的差距的那个选择被排第一位，次好的排在第二位，依次类推。此时，好的职业规划决策者会选出一个最佳选项，并且做出承诺去实施这一选择，职业生涯问题到此就解决了。

⑤执行（Execution）是“实施我的选择”的阶段，即设计一项计划来实施某一选择，这是把思考转换为行动的阶段。很多人都觉得在执行阶段制定行动计划是令人兴奋的和有价值的，因为终于可以开始采取积极行动去解决问题了，包括培训（如正规教育或培训经历）、实践检验（如兼职、志愿工作等）与求职。

⑥沟通再循环。CASVE 循环是一个不断重复的过程，在执行阶段之后，生涯决策者又回到沟通阶段，以确定已经做出的选择是不是最好的，是否能最有效地消除理想与现实间的差距。依据是否需要做出决策以及是否容易获得信息资源等，个体决定是否重复这五个要素。

CASVE 决策技术，无论是对解决个人职业规划问题，还是解决团体问题都非常有用。用系统的方法思考这 5 个步骤，能使你成为一个更有效率的人。

2. 职业生涯决策平衡单分析法

（1）职业生涯决策平衡单简介

詹尼斯和曼恩（Janis & Mann）设计的职业生涯决策平衡单（Decision-making Balance Sheet）目前被广泛应用于问题解决和职业咨询中，用以协助咨询者系统地分析每一个可能的选项，判断分别执行各选项的利弊得失，然后依据其在利弊得失上的加权计分排定各个选项的优先顺序，以执行最优先或偏好的选项。职业生涯决策平衡单是将重大事件的决策思考方向集中到四个主题上。

自我物质方面的得失（Utilitarian Gains and Losses for Self），包括：经济收入；工作的困难程度；工作的兴趣程度；选择工作任务的自由度；升迁机会；工作是否稳定、安全；休闲时间；其他。

他人物质方面的得失（Utilitarian Gains and Losses for Others），包括：家庭经济收入；家庭或社会地位；与家人相处的时间；家庭的环境类型；可协助组织或团体；其他。

自我精神方面的得失（Self-approval or Disapproval），包括：因贡献社会而获得自我肯定感；工作任务合乎伦理道德的程度；工作涉及自我安慰的程度；工作的创意发挥和原创性；工作能提供符合个人道德标准的生活方式的程度；达成长远生活目标的机会；其他。

他人精神方面的得失（Approval or Disapproval from Others），包括：父母；朋友；配偶；同事；社区邻里；其他。

（2）“职业生涯决策平衡单”操作步骤

决策者在进行职业生涯决策时根据自身的情况，可以考虑对不同的项目加以评价，从而得出不同选项决策目标的相应分数。职业生涯决策平衡单（表4-2）使用步骤如下。

①建立职业生涯决策平衡单，列出可能的职业选项。首先需在职业生涯决策平衡单中列出3～5个有待深入比较、分析的潜在职业选项。

②判断各个职业选项的利弊得失。决策平衡单中为决策者提供思考的重要得失，集中于4个方面，分别是：自我物质方面的得失、他人物质方面的得失、自我精神方面的得失、他人精神方面的得失。依据重要的得失方面，逐一检视各个职业选项，并以“＋5”至“－5”的11点量表（＋5，＋4，＋3，＋2，＋1，0，－1，－2，－3，－4，－5）来衡量各个职业选项。

③各项考虑因素的加权计分。在各个方面的利弊得失之间，决策者会因个体所处情境不同而有不同的考量。因此，在详细列出所考虑的因素之后，还需根据各因素的考量程度的不同，进行加权计分，按照重要程度从轻到重，分别以1～5倍进行加权，即最看重的因素得分乘以5，依次递减，最不看重的因素得分乘以1。

④计算出各个职业选项的得分。决策者须逐一计算各个职业选项在“得”（正分）与“失”（负分）中的加权计分与累加的结果，并计算各个职业生涯选项的总分。

⑤排定各个职业选项的优先顺序。最后，依据各职业选项在总分上的高低，排列优先次序。职业选项的优先次序即可作为决策者职业生涯决策的依据。

表 4–2　　职业生涯决策平衡单加权记分表

选择项目 / 加权分数 / 考虑因素	权重	职业选择 1		职业选择 2		职业选择 3	
	－5～＋5	加权分数（＋）	加权分数（－）	加权分数（＋）	加权分数（－）	加权分数（＋）	加权分数（－）
自我物质方面的得失							
1. 收入							
2. 工作的难易程度							
3. 升迁的机会							
4. 工作环境的安全							
5. 休闲的时间							
6. 生活变化							
7. 对健康的影响							
8. 就业机会							
9. 以上仅供参考……							
他人物质方面的得失							
1. 家庭经济							
2. 家庭地位							
3. 与家人相处的时间							
4. 以上仅供参考……							
个人精神方面的得失							
1. 生活方式的改变							
2. 成就感							
3. 自我实现的程度							
4. 兴趣的满足							
5. 挑战性							
6. 社会声望的提高							
7. 以上仅供参考……							
他人精神方面的得失							
1. 父母							
2. 师长							

续表

选择项目 / 加权分数 / 考虑因素	权重	职业选择1		职业选择2		职业选择3	
	−5～+5	加权分数（+）	加权分数（−）	加权分数（+）	加权分数（−）	加权分数（+）	加权分数（−）
3. 配偶							
4. 以上仅供参考……							
总分							

3. SWOT 分析法

（1）SWOT 分析法简介

SWOT 分析法是在反馈评估中最常用的评估工具之一，又称为态势分析法，它最初由美国哈佛商学院的安德鲁斯（Kenneth R. Andrews）教授于 1971 年在其《公司战略概念》一书中提出，后由旧金山大学的管理学教授韦里克（H. Weihric）于 20 世纪 80 年代优化完善。SWOT 四个英文字母分别代表：优势（Strength）、劣势（Weakness）、机会（Opportunity）、威胁（Threat）。所谓 SWOT 分析，也即态势分析，就是将与研究对象密切相关的各种主要内部优势、劣势、机会和威胁等，通过调查列举出来，并依照矩阵形式排列，然后用系统分析的方法，把各种因素相互匹配起来加以分析，从中得出一系列相应的结论，而结论通常带有一定的决策性。

从整体上看，SWOT 分析可以分为两部分：第一部分为 SW，主要用来分析内部条件；第二部分为 OT，主要用来分析外部条件。利用这种方法可以从中找出对自己有利的、值得发扬的因素；以及对自己不利的、要避开的东西，发现存在的问题，找出解决办法，并明确以后的发展方向。运用这个方法，可以对个体所处的情境进行全面、系统、准确的研究，从而根据研究结果制定相应的发展战略、计划以及对策等。

（2）SWOT 分析的内容

SWOT 分析是检查你的技能、能力、职业、喜好和职业机会的一种有用的工具。SWOT 分析主要包括以下几个方面的内容。

①分析环境因素

运用各种调查研究方法，分析个体职业生涯所处的各种环境因素，即外部环境因素和自身内部因素。外部环境因素包括社会环境、经济环境和职业环境，它们是外部环境对你有利和不利的影响因素，属于客观因素；自身内部因素就是你的优势和劣势，属主动因素，包括专业、知识面、个人形象、各种职业需要的能力和工作经历等。在调查分析这些因素时，不仅要考虑到历史与现状，更要考虑未来的发展。

②构造 SWOT 矩阵

将调查得出的各种因素根据轻重缓急或影响程度等进行排序，构造 SWOT 矩阵。也就是把识别出的所有优势分成两组，分的时候注意两个原则：它们是与职业生涯中潜在的机会有关，还是与潜在的威胁有关。用同样的办法把所有的劣势分成两组，一组与机会有关，另一组与威胁有关。在此过程中，将那些对职业生涯发展有直接的、重要的、大量的、迫切的、久远的影响因素优先排列出来，而将那些间接的、次要的、少许的、不迫切的、短暂的影响因素排列在后面（表 4-3）。从 SWOT 矩阵模型中，我们可以清楚地看到自己的竞争力和发展机会，制定出恰当的职业生涯目标，同时清晰地认识到自己的不足和面对的外在威胁，从而为提升自己提供良好的现实依据。

表 4-3　　SWOT 矩阵

内部个人因素	优势（S） (1) (2) (3) 利用优势和机会的组合	机会（O） (1) (2) (3) 改进劣势和机会的组合	外部环境因素
	劣势（W） (1) (2) (3) 消除劣势和威胁的组合	威胁（T） (1) (2) (3) 观察优势和威胁的组合	

个体在进行 SWOT 分析时，可以采取多种方法来确定自身的优势与劣势、机会与威胁。目前最常使用的是关键提问法，即连续不断地向自己进行关键问题的提问，从答案中进一步了解自己。

③制定行动计划

在完成环境因素分析和 SWOT 矩阵的构造后，便可以制定出相应的行动计划。制定计划的基本思路是：发挥优势因素，克服劣势因素，利用机会因素，化解威胁因素；考虑过去，立足当前，着眼未来。

（3）SWOT 分析的步骤

一般来说，制定行动计划的步骤可以归纳为以下 4 个（以处于职业生涯建立期的大学生求职为例）。

①评估自己的长处和短处。请列出你喜欢做的事情和你的长处。同样，通过列表你可以找出自己不是很喜欢做的事情和你的弱势。找出你的短处与发现你的长处同等重要，因为你可以基于自己的长处和短处做两种选择：一是努力去改正你常犯的错误，提高你的技能；二是放弃那些你不擅长却要求很高的职业。列出你认为自己所具备的很重要的强项和对你的职业选择产生影响的弱项，然后再标出你认为对自己很重要的强项和弱项。在分析之后做个 SWOT 矩阵表，并填入相应的内容。

②找出你的职业机会和威胁。请列出你感兴趣的一两个行业（比如保险业、金融业或者电信业），然后认真地评估这些行业所面临的机会和威胁。

③提纲式地列出今后 5 年内你的职业目标。仔细对自己做一个 SWOT 分析评估，列出你从学校毕业后 5 年内最想实现的 4 ～ 5 个职业目标。这些目标可以包括：想从事的职业，将管理多少人，希望自己拿到的薪水级别。

④提纲式地列出一份今后 5 年的职业行动计划。请你拟出一份为实现上述第三步而列出的针对每一目标实施的行动计划，并且详细说明为了实现每一个目标，你要做什么，何时能完成。如果你觉得自己需要一些外界的帮助，请说明你需要何种帮助和你如何获取这些帮助。如果你的个人 SWOT 分析表明，要实现你理想的职业目标，你需要进修更多的管理课程，那么你的职业行动计划应说明你何时进修这些课程。你拟订的详尽的行动计划将帮助你做决策，就像公司事先制定的计划会为职业经理提供行动指南一样。

SWOT 分析法的优点在于考虑问题全面，是一种系统思维，而且可以把对问式的“诊断”和“开处方”紧密结合在一起，条理清楚，便于检验。

（4）SWOT 分析法应用举例

①案例背景。小康，男，硕士研究生，某师范大学心理学专业毕业。在校期间他专业成绩优秀，曾多次获得奖学金，发表论文若干，且一直担任学生干部。但是他性格急躁，容易冲动，而且没有丰富的工作实践经历，唯一的工作经历是大二时在一家大型电子公司的人力资源部门实习了半年。现在他想谋取一份人力资源管理岗位的工作。

②SWOT 分析。下面我们以此个案为例来详细阐述如何在个人职业生涯决策中运用 SWOT 分析结果。根据 SWOT 分析法，我们首先可以对此个案进行自身优势、劣势的分析，以及周围职业环境的机会、威胁分析（表 4-4），然后在这些分析结果的基础上制定出各种相关策略，整合后最终确定小康较理想的职业选择。

表 4-4　　　　SWOT 矩阵

内部个人因素	优势（S） （1）丰富的专业知识和技能 （2）特定的可转移技巧（如沟通、团队合作等） （3）受欢迎的人格特质（如职业道德高、自我约束力强、较能承受工作压力、创造性强、乐观等） （4）广泛的人际关系网络 （5）在专业组织中具有影响力	机会（O） （1）专业领域急需此类人才 （2）专业晋升的机会 （3）专业发展带来的机会 （4）职业道路选择带来的独特机会 （5）地理位置的优势 （6）强大的关系网络	外部环境因素
	劣势（W） （1）缺乏工作经验和专业知识 （2）成绩优秀，但专业不对口 （3）对自我的认识和对工作的认识都十分不足	威胁（T） （1）同专业的大学毕业生带来的竞争 （2）具有丰富技能、经验和知识的竞争者 （3）拥有较好的寻找工作技巧的竞争者 （4）公司不再招聘与你同等学力的员工 （5）缺少培训、再学习造成的职业发展障碍 （6）工作晋升机会十分有限或者竞争激烈	

在明确自身的优势和劣势、外在威胁和机会后，我们可以根据这些信息确定个体发展道路（表4-5）。

表 4-5　　　　小康在职业决策过程中 SWOT 矩阵分析结果的运用

外部环境分析（O. T.） 内部环境分析（S. W.）	机会（O） （1）人力资源管理部门逐渐受到企业的重视 （2）心理学在人力资源管理中的重要性逐渐凸显出来	威胁（T） （1）人力资源管理专业方向的毕业生较多 （2）人力资源管理工作在很多企业中仍然处于刚起步阶段，工作机制还不完善 （3）许多企业看重工作经验
优势（S） （1）有学生干部经历 （2）有大型公司半年实习经历 （3）具备心理学的专业知识背景	优势机会策略（S. O.） （1）学习心理学知识，将心理学知识运用到人力资源管理中 （2）发挥担任学生干部的特长	优势威胁策略（S. T.） （1）强调自身心理学背景优势 （2）强调大型公司半年的实习经验 （3）强调较强的学习能力和适应能力
劣势（W） （1）没有丰富的工作经历 （2）专业不对口 （3）性格急躁，容易冲动	劣势机会策略（W. O.） （1）利用较强的学习能力，自学人力资源管理课程，加强英语学习 （2）继续加强自己在师范院校中所积累的口语交流、文字书写等优势	劣势威胁策略（W. T.） （1）克制自己的冲动个性 （2）结合两个不同的专业，培养自己宽阔的视野和创新能力 （3）积极寻找重视员工潜能的企业

分析后的整体结论：小康在中大型的外资企业人力资源管理部门工作最具有职业优势。

4. 其他方法

除以上三种常用的决策方法外，还有“5W”法、伽利特的决策流程图、成本收益法、匹配分析法、交叉定位法等方法。

无论你选择哪种决策方法，都要牢记职业生涯问题是持续的，任何一次决策都是下一个决策循环的开始。如果你确实存在决策方面的困难，你可以寻找职业生涯顾问或者职业指导专业人员帮助你练习和提高职业生涯决策技能。

总结思考

1. 你掌握职业生涯决策的概念和意义吗？
2. 你了解影响职业生涯决策的主要因素吗？
3. 你了解和学会分析自己的决策风格了吗？
4. 你熟悉做出一项决策的步骤和基本过程吗？
5. 你学会使用职业生涯决策 CASVE 模型的主要技巧了吗？
6. 你学会将 SWOT 分析法应用于职业生涯决策了吗？
7. 你学会将职业生涯决策平衡单法应用于职业生涯决策了吗？
8. 你学会将 5W 决策法应用于职业生涯决策了吗？
9. 以上决策方法对你有什么启发？

第五章

做好大学生涯规划

世界上最快乐的事莫过于为理想奋斗。

——［古希腊］苏格拉底

学习导航

- 第五章 做好大学生涯规划
  - 大学学习与生涯发展
    - 了解大学生活
    - 专业与职业
    - 明确在校期间的目标和任务
    - 制定合理的大学生涯规划
  - 做好学业规划
    - 继续深造
    - 选择就业
    - 自主创业
  - 做好课外学习规划
    - 选择课外学习的路径
    - 有效参与社团活动
    - 主动开展社会实践

问题发现

关于一段对话的思考

——“请问你在干什么?”

——“放羊。”

——“放羊干什么?”

——“让羊吃饱。”

——“吃饱干什么?”

——“让羊快快长大。”

——“长大干什么?”

——“生下更多小羊。”

——“生小羊干什么?”

——“卖掉赚钱。”

——“赚钱干什么?”

——“娶媳妇。”

——“娶媳妇干什么?”

——“生儿子。”

——“生儿子干什么?”

——“放羊!”

点评

曾经由于条件的限制，有的人一辈子只做一项工作，只过一种生活，于是渐渐养成了这样的思维习惯：学习一种自认为成功的个人发展模式，让自己甚至自己的后代也延续这一模式，然而这一模式在今天已不再适用。实现个人价值的道路有千万条，但哪条道路才是最高效、最适合自己的？作为大学生的我们似乎更应该考虑这个问题，大学四年看似很长，其实它只有1460天，这1460天是同学们人生中最美好也是实现个人价值最关键的日子，要想最大限度地发挥这1460天的效用，我们需要做好自己的大学生涯规划，选择适合自己的价值实现路径。

学习目标

学完本章，你应当：

（1）能够对大学生活有初步的认识，可以从理论上了解大学生活；

（2）了解专业与未来职业发展的关系，为将来择业奠定良好基础；

（3）充分掌握课程内容，做好自己大学阶段的规划。

理论点拨

第一节　大学学习与生涯发展

一、了解大学生活

进入大学，同学们离开家开始独立生活，而这一时期也没有来自社会的经济和职业压力，因此大学四年也许是你这一生最自由、最能为自己做点什么的时光。如果有些事正需要你去做，能帮助你充实这段时光，你希望是什么？

正如我们在本章一开始强调大学四年有多少天——我们中间大部分人一方面觉得这段时间很美好很重要，并希望在这段时间可以有好的结果；另一方面却很少意识到时间真的很短。所以当我们从眼花缭乱的大学生活里逛一圈回来的时候，往往会发现那时已经是大二下学期了或者大学时间已经过半，可很多需要我们做或想做的事情还没有完成。面对这种窘境，一部分人选择降低要求并不断说服自己，“这样就可以了”；另一部分人则选择放弃梦想，随波逐流。

相对中学来说，大学更加开放、多元、自由。课前课后的时间不再由学校和父母安排，生活费也可以自由支配，可以自己决定课余时间读什么书、什么时候开始学习，可以自己决定参加什么社团并与不同系、不同年级甚至不同社会群体的人交往。

同时，大学也提出了更多标准以及更高的要求。除了把书读好，大学期间我们还要努力提高自我管理能力、社会交往能力、独立理财的能力。我们不仅要在大学完成学业，也需要完成进入社会的准备。

二、专业与职业

（一）专业与职业的关系

专业是指教育机构培养专门人才的专业门类。大学设置专业是大学培养人才的重要特征。专业是学业门类，职业是工作门类，专业与职业之间大体有四种关系。

1. 专业包容职业

如果你未来所从事的职业基本是在自己所学的专业领域内，个人的职业发展也一直可以在所学的专业领域内实现，那么就能够做到学以致用。

2. 以专业为核心，职业包容专业

这是指以专业为核心发展职业，个人的职业发展以所学专业为核心，向外扩展。在这种情况下，所选择的职业与学习的专业虽然方向一致，但职业发展超出了所学专业领域，这就要根据自己的职业需要，在学好专业的基础上通过拓展专业以外的知识与技能，来不断满足职业的需要。

3. 专业与职业交叉

这是指以专业为基础发展职业，个人的职业发展在所学专业基础上有重点地沿某一方向拓展。所学专业在个人职业发展中仍有重要意义，需要在学好本专业的基础上，主动学习要从事的职业所需要的其他的专业知识与技能。

4. 专业与职业分离

要从事的职业与所学专业基本无关，就是我们常说的专业不对口。及早了解目标职业的信息，调整专业或辅修其他专业，提早做好职业准备，显然有助于同学们在今后不同的职业道路上顺利发展。

5. 专业与职业群

一个专业可以对应一个职业群甚至是几个相关的职业群。职业群之间一般由基本操作技能相联通，并由与工作内容、社会作用以及从业者所应该具备的素质相接近的若干个职位构成。对职业群进行横向划分可使相同的职业存在于不同的产业或行业中，如人力资源专业所对应的职业群广泛分布于国民经济的各个产业和行业中。对职业群进行纵向划分可使同一职业存在于同一行业若干个不同的岗位及其可能晋升的职务中。例如，人力资源专业的职业发展路线为：人力资源助理→人力资源专员→人力资源主管→人力资源经理→人力资源总监。

（二）了解专业与职业的关系

1. 了解与专业相关的职业

做好这点，就要做调查研究。调研途径包括：（1）请教自己的专业老师或找职业咨询（指导）师咨询；（2）去人才市场找与专业相关的职业岗位应聘或做调查；（3）通过采访本专业的校友或学长，可以了解就业渠道信息和求职的经验；

(4) 通过官方网站或权威的图书资料获取可靠的信息，尽可能清楚地了解专业的学科特征，了解学科门类中其他相关专业的基本情况以及本专业人才培养规格的要求。

2. 了解学科特色

首先要清楚了解所修专业属于哪一学科门类和哪一级学科类别。其次要对学科的基本特色有所了解，对其相近学科和本学科的前沿知识与发展动向有所了解，有效把握所学专业在学科中的位置和生存发展空间。

3. 了解专业人才的培养目标

通常，各院校会根据自身的学术水平、社会影响、社会需求等对毕业生有一个基本定位，专业人才培养目标都是根据这个定位来确定的。首先要明确本专业人才对口的主要行业领域，其次要明确本专业所培养的是哪种类型的人才：是基础理论型人才还是应用推广型人才？是单一型人才还是复合型人才？

4. 了解专业与个人职业发展的关系

首先确定个人的职业发展方向和阶段目标，也就是职业定位，然后再考虑与专业的关系，要根据对自身性格、兴趣、爱好、能力、知识、职业倾向等职业发展影响因素的认识和了解，明确自己首选的职业与专业属于哪一种类型。

三、明确在校期间的目标和任务

大学生千万不能因为考上大学就有“船到桥头自然直”的想法和进入名牌大学就功成名就的心态，要及早对自己的大学生涯进行规划和安排。

(一) 大一——探索期

1. 阶段目标

适应大学生活，树立规划意识。

2. 实施策略

(1) 适应大学生活，树立新的奋斗目标。

(2) 完成从中学生到大学生的角色转变。

(3) 开始对自我和职业进行探索，树立职业规划意识。

(二) 大二——提升期

1. 阶段目标

确定主攻方向，培养自己的综合素质。

2. 实施策略

（1）虚心请教师长和校友，根据自己的发展意愿选定主攻方向。

（2）建立合理的知识结构，注重专业能力的培养，积极参加英语、计算机等工具性证书的考试。

（3）积极参加学生会或社团工作，培养自己的组织协调能力和团队合作精神，提升自己的综合素质。

（4）尝试兼职、实习等，积累一定的实践经验。

（三）大三——准备期

1. 阶段目标

提升求职技能，做好就业准备。

2. 实施策略

（1）在加强专业知识学习的同时，取得与职业目标相关的职业资格证书。

（2）增强兼职、实习的职业针对性，积累应聘和面试经验。

（3）扩大校内外交际圈，加强与校友、职场人士的交往，提前参加校园招聘会并与用人单位的招聘人员进行沟通。

（4）学习求职技巧，学会制作简历，写求职信，了解面试技巧和职场礼仪。

（四）大四——冲刺期

1. 阶段目标

充分掌握就业资讯，实现毕业目标。

2. 实施策略

（1）留意学校就业中心的通知和其他重要招聘渠道的消息，不要遗漏关键的招聘信息。

（2）登录招聘单位网站或通过咨询、访谈等方式了解招聘单位的相关信息，为面试做好准备。

（3）选择研究价值高的毕业设计（论文）题目，以证明自己的专业能力。

四、制定合理的大学生涯规划

为什么要做规划？因为选择比努力更重要。选择什么？选择行进的方向、选择要走的道路以及要使用的方法。

（一）大学生生涯发展阶段常见问题

1. 自我认识不全问题

大部分学生只分析了个人的兴趣、爱好、特长、性格、价值观、个人的优缺点和个人的健康状况，而没有注意个人的情商。情商（EQ）又称情绪智力，是近年来心理学家们提出的与智力和智商相对应的概念。它主要是指人在情绪、情感、意志、耐受挫折等方面的品质。以往人们认为，一个人能否取得成就，其智力水平是第一位的，即智商越高，取得的成就可能就越大。但现在心理学家普遍认为，情商水平的高低对一个人能否取得成功也有重大的影响作用，有时其作用甚至会超过人的智力水平。

2. 心理问题

一项以全国12. 6万大学生为对象的调查显示，20. 23%的人有不同程度的心理障碍。另有统计表明，近几年高校中因各种心理疾病而休、退学的人数已占总休学、退学人数的50%左右。常见的大学生心理问题包括环境适应问题、学习问题、人际关系问题、恋爱与性心理问题、性格与情绪问题等。

3. 目标设定问题

目标是一个人存在的轴心，脱离了轴心生命便没有了意义。因此，大学生应该清楚地知道自己的目标是什么，怎样达到，何时达到以及如何进行目标效果评价等。当然目标应具有长期性、挑战性，一个个目标的确立和完成，就构成了充实的大学生活。

大学生根据自己的专业知识，设立基于现实的目标非常重要。大学生由于缺乏对行业、工作岗位等详细信息的了解，体验不到真实的职业环境，目标的订立未免会有些理想化，且具体行动往往又脱离实际。职业规划中有远大的理想固然是好，但如果一味追求速成，则会导致择业时眼高手低，甚至择业失败。

4. 规划的反馈修正问题

一部分学生在制定自己的大学生涯规划时，缺少反馈修正这个步骤，前一天晚上没有评估自己的计划执行情况并布置第二天的任务；应该坚持每晚反省当天的行为。除此之外，还存在计划与备选方案关联不足的问题。有的大学生以为备选方案多多益善，这样表面看起来是保险，实际上是浪费时间。

因此，大学生应根据自我发展与社会需求的变化，与时俱进，不断修正、优化职业生涯规划，主动适应各种变化，积极发展职业生涯规划。

（二）大学生活分阶段规划策略

大学是很多学生进入社会前的最后一个学习阶段，因此要根据大学四年不同阶段的特点，制定科学的学习策略，明确每个阶段的任务，制定合理的大学生涯规划。

第 1 学期：大学适应阶段。

这一阶段的学生初入大学，对周围的一切都充满好奇，与以前相比，现在的生活、学习方式发生了很大变化，人际关系也更加复杂。

策略：这一阶段的大学生要正视自己已经进入大学的现实，要努力熟悉新的环境，迅速完成角色转变并设立目标与要求。这个阶段的学生一定要多听老师的教导，有问题要及时向老师和学长请教，多结交朋友，有选择地加入社团，尽快认识、了解大学生活。

第 2 ～ 3 学期：大学探索阶段。

这一阶段的学生已经逐步适应大学生活，对大学的学习、生活方式有了一定的了解，跟老师、同学们建立了一定的联系，此阶段适应良好的学生的大学生活往后会更加顺利，如果在此阶段还未适应，应积极想办法调整。

策略：这一阶段的大学生要把握本专业课程学习的特点与要领，多与老师交流，找到适合自己的学习方法。与此同时，也可以尝试扩大自己的人际关系圈子，找到学习以外的兴趣爱好，丰富自己的生活，利用更广泛的学习和生活资源，加强基础课程的学习，研究探索是否辅修其他专业。这一阶段的大学生要开始试着进行生涯规划了，前提是明确自身特点、选好目标。

第 4 学期：大学转换阶段。

这一阶段的学生已经熟悉了大学生活，但对自己的未来还是感到迷茫，甚至有时会不知所措。

策略：这一阶段的大学生要平衡自己学习和娱乐的时间，积极主动地投入到学习中，应该结合自己已完成的目标和执行力来适时地调整自己以后的目标和计划，而不是随波逐流，得过且过。如果学习上出现问题，就要找老师或学长学姐请教；如果是生活方面的问题，可以找家人来帮助自己。要不断地调整完善，直至找到适合自己的学习、生活方式。

第 5 ～ 6 学期：大学定向阶段。

这一阶段的学生升入大三，开始有了时间上的紧迫感，专业课的学习逐步深入，很多学生开始有了非常明确的目标，并为自己的目标而奋斗。

策略：这一阶段的大学生要逐渐缩小对学习与生活的探索范围，确定学习与生活的重点是什么，根据规划的目标不断努力。在实践方面，要多与老师交流并接触更加专业的内容，多参与实验、项目和社会实习等，适当地参加社会实践增长社会阅历，为将来走向社会打下基础。

第7～8学期：大学冲刺阶段。

这一阶段的学生升入大四，面临着毕业，面临着就业，憧憬着能够顺利进入社会。此阶段的学生一般分为两类，一类人道路明确，另一类人还是一片迷茫。

策略：这一阶段的学生无论是选择就业、考研、出国还是创业或者其他，都要在本阶段确定。如果选择进入社会，就要全面了解未来的职业市场，做好即将走向社会的准备；如果选择继续学习，就要在更早的阶段打好知识基础；如果没有实现继续学习的目标，就要进行适时的调整，考虑是继续等待机会还是着手准备就业。这一阶段的学生要充分利用各种信息渠道收集相关信息，学好制作简历和参加面试的技巧。同时，还要以一个积极向上的态度去迎接未来可能会遇到的挑战。

第二节　做好学业规划

新农人油同学的创业故事

目前大学生毕业之后的出路主要有继续深造、直接就业、自主创业等，很多大学生常常在这几个选择之间举棋不定，无法制定合理的大学生涯规划。一个总体的指导原则是：不管选择继续深造、就业还是创业，一定要有利于自己未来职业发展目标的实现，而不是盲目地跟随他人，大学生涯目标不是最终目标，而是职业发展过程中的一个阶段目标。

一、继续深造

纵观近几年的考研数据，越来越多的学生将考研作为大学学习的最终目标。他们中有的人是真心想继续深造，有的则是随大流，看其他同学考研自己也考，还有的是不想太早进入社会，想给自己一个缓冲期。既然原因各不相同，那就要做好正确的规划，以求实现终极目标。

（一）选择继续深造的优势与劣势

1. 优势

（1）深入学习专业知识。选择继续深造将会丰富自己的知识体系，对所学专业有更加深入的了解。

（2）具备科学研究的能力。研究生除了具备较强的学习能力外，还应该具备科学研究的能力。

（3）获得更高层次的学历。高层次的学历能为就业增添更有分量的砝码。

（4）朋友圈更广。选择深造后会遇到新的同学、新的朋友，这也就拓展了个人的朋友圈。而随着学历水平的升高，此时的交际人脉也同样得到了提升。

2. 劣势

（1）提高了时间和物质成本。深造是需要花费时间的，并且要投入金钱，而且有时付出与回报不一定成正比，选择深造就要考虑这些需投入的成本。

（2）缺乏社会经验。深造意味着还需要继续学习，毕业之后相比同龄人缺少的是社会经验。而现在越来越多的企业、单位为节约成本，更乐于招聘有工作经验的人，这对于选择深造的同学来说又是一道就业门槛。

（二）为继续深造做好准备

所谓继续深造就是在所学的专业方面进行更深层的继续学习，以达到更高的知识层次，为将来就业做更加充分的准备。

1. 兴趣

做任何事情都需要兴趣，如果自己对专业学习感到一种无形的压力，那么选择继续深造就需要慎重考虑一下了，毕竟兴趣才是最好的老师。

2. 专业基础知识

想要继续深造就得在大学阶段做好基础知识的储备，为深造阶段的学习打下坚实的基础。

3. 科研实践能力

研究生阶段的学习也不同于大学阶段，除学习理论知识外还需要具备一定的科学研究能力。

4. 强大的心理素质

继续深造就意味着未来的一段时间还需要在校学习，相比很多选择就业的同学来说，这会缺少相应年数的工作经验。然而无论学习多少年，终归是要踏入社会的，再加上难以预测的就业形势，产生的就业压力可能就要比之前更大一些，因此要做好足够的心理准备。

二、选择就业

做好大学生涯规划的最终目的是促进大学生更好地就业。很多人在高考之后选择专业时，会将专业的就业率作为一个重要的参考条件。热门专业往往都是高就业率专业。

（一）选择就业的优势与劣势

虽然每个人的最终选择都是就业，但是与继续深造、自主创业相比，大学生毕业就选择就业，也存在不同的优势与劣势。

1. 优势

（1）增长社会经验。大学生在踏入社会之前，最缺乏的就是社会经验。只有通过几年的社会历练才能更好地适应社会生活，心智也才能越来越成熟。

（2）积累金钱资本。就业可以积累一定的金钱资本，为以后的其他选择打下一定的基础。有些家庭困难的学生也可以通过就业缓解家庭的经济压力。

（3）社交圈子变广。就业后会遇到不同的社交圈子，人脉关系也会变得更广。

（4）减少时间成本。与继续深造相比，就业节省了时间，个人能够更早地接触社会，增加社会经验。

2. 劣势

（1）专业知识相对薄弱。一旦选择就业，就会面临社会生活，进行系统学习的时间就会减少，因此专业知识薄弱也是就业者的一个劣势条件。

（2）专业与职业不匹配。因为就业者的专业知识基础相对薄弱，就会产生新的劣势问题。很多大学生急于就业，想早点找到工作，却忽略了专业和职业的匹配度，专业和职业不匹配，最终会影响个人的职业发展。

（二）为就业做好准备

就业不仅是简简单单地找到工作，既然选择就业，就要认真地为就业做好准备，以更好地实现自己的职业目标。

1. 提高实践能力

就业不同于继续深造，它更加看重就业者的实践能力。想要更好地就业，就要在大学阶段有意识地增强自身的实践能力，积极参与社会实践、专业实习等，为就业打下坚实基础。

2. 搜寻最新的本专业就业资料

既然选择就业，就要比其他人更早地做准备工作。合理利用现有的资源，积极搜寻与本专业相关的就业资料，做到心中有数，以备万全。

3. 保持继续学习的能力

就业并不代表放弃学习，反而相比于继续深造，就业更要保持继续学习的状态。无论在就业前还是就业后，都要不断学习，增长相关知识。

三、自主创业

随着社会的发展，自主创业也成了现如今大学生职业规划的选择之一。自主创业不同于其他的选择，国家为大学生创业提供多种政策扶持。因此相比于其他的选择，大学生自主创业的门槛低、发展前景好，越来越多的大学生积极投身到自主创业的热潮中。

（一）选择自主创业的优势与劣势

1. 优势

（1）国家政策扶持。选择自主创业，离不开国家、社会的大力扶持。

（2）培养创新精神。所谓自主创业就是自己开辟一番事业，做自己感兴趣的事情，自主创业能够培养年轻一代的创新精神。

（3）丰富社交圈子。自主创业是就业的一种特殊形式，创业者会进入新的社交圈子。这些社交圈子不同于学生阶段的朋友圈，一切都是崭新的，处理好新圈子的各种关系对未来的职业发展会有很大帮助。

（4）年轻。年轻对于自主创业者来说就是最大的资本。自主创业是存在风险的，年轻时失败了可以从头再来，年轻人敢拼搏有闯劲，年轻人的创造力是最大的。

2. 劣势

（1）风险较高。风险和机会是并存的，自主创业面对的机会相对较多，但由于自主创业很多时候涉及的都是未知领域，因此相比其他方式，自主创业遇到的风险也会高出许多。

（2）时间成本更高。自主创业经营的是自己的事业，因此付出的时间精力也会更多。

（二）为自主创业做好准备

自主创业不同于以上两种职业规划，很多时候探索的是未知领域，因此与其他两种方式相比，自主创业需要做的准备会更多，涉及的范围也会更广。

1. 学习相关政策

自主创业受国家政策的影响较大。要想成功创业，就要紧跟时代导向，多了解相关的国家政策，这样才能为自主创业做好客观条件上的准备。

2. 学习相关知识

自主创业相比其他职业规划形式，不仅需要相关的专业知识，还需要很多其他知识。既然选择自主创业，就要随着形势的变化和需要不断学习新知识。

3. 有一定的创业资金

资金是众多创业资源中的一项重要资源，是创业项目得以开展的重要保障。

第三节　做好课外学习规划

何同学关于理想的答案

一、选择课外学习的路径

大学的学习方式不同于高中，除去课上跟随老师学习专业知识外还需要合理利用课外时间进行学习。课外学习路径有很多种，大学生应选择适合自己的课外学习路径，丰富自己的知识体系，并做好课外学习规划。

（一）传统课外学习路径

传统的课外学习路径就是传统的课外学习方式，包括大学生去教室、图书馆、自习室等利用纸质的书本和材料进行学习。相较于新型学习路径，传统学习路径可能需要大学生花费较多的时间用于资料的搜索整理，因此要掌握适当的学习方法，注意提高学习的效率。

（二）新型课外学习路径

新型的课外学习路径就是相对于传统的课外学习路径而言的学习方式。互联网的产生给课外学习的方式带来了巨大的变革。大学生可以通过网络进行学习，并使用网络搜寻自己需要的资源。同时，微课、直播课、慕课等网课形式多样，大学生可以通过网络有选择地进行课外学习。但这些新型学习路径也存在一定的弊端，互联网上纷繁复杂的内容容易对学生造成影响和干扰，使学生课外学习的效果大打折扣。因此我们应该警惕新型学习路径的弊端，做到趋利避害。

二、有效参与社团活动

学生社团是高校学生依据兴趣爱好自愿组成，并按照一定章程自主开展活动的学生组织。学生社团是大学生进行自我教育、自我管理、自我服务的一种实践形式。社团活动不仅可以加强同学之间的交流与合作，还可以锻炼大学生做事的本领。优秀的社团和丰富的社团活动，对大学生的成长和成才起着非常重要的作用。

学生社团种类繁多，大致可以分为以下七种类型。

1. 理论学习型

此类社团是一种以理论学习为主要活动内容，以思想宣传为主要目标的学生组织，比如古代诗词研究会。

2. 人生发展型

由于此类社团与大学生自身发展密切相关，因而对很多大学生都有较大的吸引力，比如心理协会、创业协会等。

3. 知识普及型

此类社团主要通过开展各种活动来普及某一类科学文化知识，比如图片社、集邮协会等。学生通过参加这些社团开展的活动，不仅可以获得知识，还可以达到娱乐的目的，因此这些社团深受广大学生喜爱。

4. 专业实践型

此类社团通过组织专业实践活动来加深学生对课堂所学理论知识的理解和应用，比如建模协会、市场营销协会、农村发展研究协会等。

5. 文体娱乐型

这类社团开展活动的主要目的在于丰富大学生的业余生活，帮助大学生提高自身文化艺术修养和身体素质。笛子协会、吉他协会、足球协会等都属于此类社团。

6. 社会公益型

此类社团是以服务社会、传递爱心为宗旨的团体，如爱心社、绿色协会、青年志愿者协会等。

7. 游览旅游型

此类社团主要是大学生利用业余时间尤其是寒暑假，通过旅游参观的形式，增加见闻阅历，丰富知识面的学生社团，如自行车协会、登山协会等。

社团活动虽然可以带来众多好处，但我们的时间和精力毕竟是有限的。只有合理选择、真情投入相应的社团活动，才能充分锻炼自己，提高自身的综合素质。

三、主动开展社会实践

社会实践是大学生自我锻炼、自我提升的一个重要途径和方式。社会实践的范围非常广，既包括学校组织的暑期实践活动也包括各种兼职、见习、实习等。社会实践是每个当代大学生在大学阶段都应当从事的一项活动。

大学生社会实践的类型可以大致分为以下几种。

1. 专业实践与调研活动

社会实践是大学生学习专业知识，提高各方面能力的有效途径。将社会实践与专业知识相结合，既丰富了实践的内容也增强了大学生的专业学习热情，促进了大学生的成长成才。

2. 课外科技创新活动

大学生可以参与“挑战杯”系列竞赛、电子设计大赛等科技竞赛活动。通过这些活动，大学生可以提高自己的科学素养，培养崇尚科学、求真务实、开拓创新的科学品质和团队协作的精神，提高自主创新能力。

3. 勤工俭学活动

大学生在校期间可以参加勤工俭学活动。尤其是对经济困难的学生而言，勤工俭学既可以帮他们获得一定的收入，还能使他们加深对一线岗位的理解，提升个人的职业能力。

4. 青年志愿者活动

文化、科技、卫生“三下乡”和科教、文体、法律、卫生“四进社区”等青年志愿者活动，是新形势下大学生社会实践的有效载体。“三下乡”和“四进社区”活动，既培养了大学生的劳动观念和服务意识，也为社会经济发展做出了贡献。

5. 与就业相关的活动

面对严峻的就业形势，有意识地提前进入企业生产一线观摩见习，可以增长大学生的见识，提高其实践能力，为未来的职业发展打下良好的基础。

总之，大学生应大胆地走出校园，投身社会实践，深入社会、了解社会，为将来更好地服务社会奠定坚实的基础。

总结思考

1. 每个人都是第一次上大学，产生不适感是难免的，你能很好地度过过渡期并适应自己的大学生活吗？

2. 你能在学习的不同阶段，针对学业能力及职业生涯发展阶段的特征，做出有针对性的规划吗？

3. 如果选择继续深造，根据自身的情况你需要做何准备？

4. 如果选择就业，根据自身的情况你需要做何准备？

5. 如果选择自主创业，根据自身的情况你需要做何准备？

6. 学完本章后，你将会如何做自己的课外学习规划？

7. 如果让你选择加入一个社团，你会选择哪种？为什么？

第六章

提升职业素养

竭尽全力做好每一件事，尊重所有的人，穿着整洁，诚实率直，坦诚公正，永远保持乐观向上的积极态度。此外，最为重要的是，忠心耿耿。

——［美］托马斯·约翰·沃森

学习导航

- 第六章 提升职业素养
  - 职业化
    - 职业化的含义
    - 职业化三要素
    - 职业化的作用
  - 职业素养
    - 什么是职业素养
    - 什么是职业道德
    - 什么是职业意识
    - 什么是职业行为习惯
  - 职业思考力
    - 职业思考力的含义
    - 提升职业思考力

问题发现

有责任感可以创造奇迹

几年前，美国著名心理学博士艾尔森（Elson）对世界100名各个领域中的杰出人士做了问卷调查，结果让他十分惊讶——其中61名杰出人士承认，他们所从事的职业，并不是他们内心最喜欢的，至少不是他们心目中最理想的。

这些杰出人士竟然在自己并不喜欢的领域里取得了辉煌的成就，除了聪颖和勤奋之外，还依靠什么呢？

带着这样的疑问，艾尔森博士又走访了多位商界英才。其中纽约证券公司的金领丽人苏珊的经历，为他寻找满意的答案提供了有益的启示。

苏珊出生于一个音乐世家，从小就接受了良好的音乐教育，她期望自己一生都能够驰骋在广阔的音乐天地中，但她阴差阳错地考进了大学的工商管理系。尽管苏珊不喜欢这一专业，可还是学得格外刻苦，每学期各科成绩均是优秀。毕业时她被保送到美国麻省理工学院，攻读当时许多学生可望而不可即的MBA。后来，她又以优异的成绩拿到了经济管理专业的博士学位。

如今她已是美国证券界的风云人物，在被采访时依然心存遗憾地说："老实说，至今为止，我仍不喜欢自己所从事的工作。如果能够让我重新选择，我会毫不犹豫地选择音乐。但我知道那只能是一个美好的'假如'，现在我只能把手头的工作做好……"

艾尔森博士直截了当地问她："既然你不喜欢你的专业，为何你学得那么棒？既然不喜欢眼下的工作，为何你又做得那么优秀？"

苏珊的眼里闪着自信，她十分明确地回答："因为我在那个位置上，那里有我应尽的责任，我必须认真对待。""不管喜欢不喜欢，那都是我自己必须面对的，都没有理由草草应付，都必须尽心尽力，尽职尽责，那不仅是对工作负责，也是对自己负责。我认为有责任感可以创造奇迹。"

点评

先敬业才能专业，企业的优秀人才都拥有基本的敬业精神。工作没有想不想做，愿不愿意做，只有需要做和不需要做。把需要做的工作保质保量按时完成，是最基本的敬业表现。

职业素养是个人在工作中需要遵守的行为规范。工作中个体行为的总和构成了自身的职业素养。个体行为是外在表象，职业素养是内涵，是职业内在的规范和要求，是一个人在职业过程中表现出来的综合品质。

学习目标

学完本章，你应当：

（1）了解职业化与职业素养；

（2）学会如何提高职业素养；

（3）掌握提升职业思考力的基本方法。

理论点拨

第一节 职业化

一、职业化的含义

（一）职业化

职业化是一种工作状态的标准化、规范化和制度化，即要求人们把社会或组织交代下来的岗位职责做到完美，准确扮演好自己的工作角色。

“职业化”是国际化的职场准则，是职业人必须遵循的第一规则，是职场人士的基本素质，也是职场人必须遵守的道德与行为准则。想成为职场中的成功者，想要取得职业生涯的辉煌，就必须懂得和坚守这个准则。

职业化的全新定义可以归纳为“一个中心，三个基本点”。一个中心是以客户满意为中心，三个基本点是为高标准的产出负责、只有团队协作才能为客户提供满意的服务以及为自己的职业生涯负责。

以客户为中心的第一层含义是能够对客户产生影响。意味着我们有能力使客户满意，客户接受我们为他提供的服务。提升客户的竞争力，使客户的价值得到提升。以客户为中心还意味着我们必须关注整体，关注那些限制整体发展的因素。以客户为中心的第二层含义是互赖，就是在我们的职业圈子里创造互赖的关系，这样才能协调好各个环节，使其功能发挥达到最佳状态。

第一个基本点是职业人要为高标准的产出负责，这意味着工作一定要有衡量的尺度和标准，一是所提供的工作成果要符合标准，二是要关注客户的感受。同时还要做到：行为思考的出发点是客户最感兴趣的；有义务保守与客户合作的所有秘密。

第二个基本点是团队协作。作为职业人，我们必须记住一点，只有团队协作，才能够提供高标准的服务。

第三个基本点是职业人必须为自己的职业生涯负责。要提升客户的竞争力，首先要提升自己的竞争力。

职业化包括职业化素养、职业化行为规范和职业化技能三部分内容。

（二）职业人

说到职业人，很多人会认为在职人员就是职业人，事实并不是这样。有些企业的员工队伍存在很多问题，比如人员流动性大、稳定性差、缺乏职业规划、缺乏上进心、缺乏团队合作精神，员工能够适应工作，却很难提供更高的工作价值等。

其实，职业人是参与社会分工，自身具备较强的专业知识、技能和素质等，并能够通过为社会创造物质财富和精神财富，获得合理报酬，在满足自我精神需求和物质需求的同时，实现自我价值最大化的一类群体。用通俗的话说，就是“干什么像什么”。对企业而言，培养职业人队伍是塑造一个企业的核心价值的关键。

现代职业人概念建立在“人本主义”基础上，人是目的，一切为了人，为了人的一切；而为了达成目的，在职业活动中又发挥着“工具”的功能，但这种功能已不是物的替代，而是人借职业活动来实现自己的全面自由的发展，提升自己的生活质量，驾驭自己的人生方向，实现自我价值。

对于职业人的标准，各行各业不同，但基本上都认为最重要的还是能在工作中有积极的态度，有良好的职业意识，掌握一定的职业技能，做事合乎职业规范，有优秀的职业道德，能很好地规划自己的职业轨迹，对未来的事业有拼搏的精神，并且可以专业地将工作做到位、做好。

二、职业化三要素

职业化有其内在构架，也被称为“职业化金字塔”。如图 6-1 所示，每个人的职业化金字塔都由三部分构成：职业能力、职业结果和职业品牌。

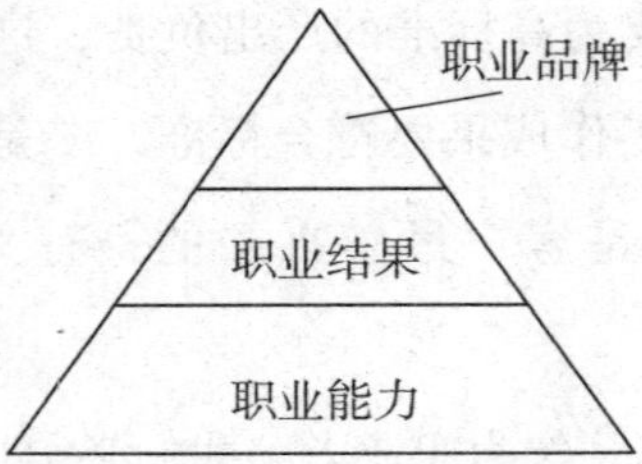

图 6-1　职业化金字塔

1. 职业能力

在职业化金字塔中，最下端的部分是职业能力，是指一个人从事某种职业所必须掌握的知识和技术。

2. 职业结果

职业化金字塔的第二层是职业结果，是指职业者在职业生涯中取得的业绩。只有职业能力不断提高，职业者才能在职业生涯中取得良好业绩；良好的职业结果意味着职业者有进一步发展的潜力，可以获得更多的发展机会。

3. 职业品牌

职业化金字塔的顶层是职业品牌。好的品牌才能带来好的效益，职业者一旦拥有自己的品牌，就意味着在某个职业领域已做得非常出色，有不可替代的作用。

拥有自己品牌的职业者容易得到更多机会，这些机会有助于职业者塑造自己的品牌，而品牌又能为其吸引更多的机会和资源。毫无疑问，职业品牌才是职业者的核心竞争力。

三、　职业化的作用

1. 职业化创造工作价值

职业工作价值等于个人能力和职业化程度的乘积，职业化程度与工作价值成正比，即工作价值 = 个人能力 × 职业化的程度。

如果一个人有 100 分的能力，而职业化的程度只有 50%，那么其工作价值显然只发挥了一半。如果一个人的职业化程度很高，那么其能力、价值就能够得到充分、稳定的发挥，而且是逐步上升的。

2. 职业保障才是真保障

对职业者来说，最常面对的是就业保障和职业保障的选择问题。①就业保障是一种外在的保障，是国家、行业、企业等给予就业者的保障。②职业保障是一种主动的保障，是指职业者通过加强自身能力，提高安全系数，让自己变得更安全。这种保障是真正的保障，是职业者应该重视和选择的。

职业者要想在激烈的人才竞争中立于不败之地，进而获得更多的职业安全感，唯一能做的，就是不断地学习和进步，增强自身的职场竞争力。

所以职业化有两个重要意义，一是个人取得成功的必要素质；二是组织竞争力得以提升的基础。

第二节　职业素养

一、职业素养

职业素养指专业知识、专业技能和专业能力等与职业直接相关的基础能力和综合素质。是职业的内在规范和要求，是在职场中表现出来的综合品质，包含职业道德、职业意识、职业态度、职业习惯、职业行为和职业能力。

职业素养是人类在社会活动中需要遵守的行为规范。个体行为的总合构成了自身的职业素养，职业素养是内涵，个体行为是外在表现。职业素养的高低是一个人职业生涯成败的关键。

从个人的角度看，如果一个人缺乏良好的职业素养，就很难取得突出的工作业绩；从企业角度看，员工职业素养高，可以帮助企业节省成本，提高效率，从而提高企业的市场竞争力；从国家的角度看，国民职业素养的高低会直接影响国家经济的发展。

美国著名心理学家麦克利兰（Mc Clellan）于1973年提出了一个著名的“素质冰山模型”，所谓“冰山模型”，就是将人员个体素质的不同表现形式划分为水面的“冰山以上部分”和深藏的“冰山以下部分”。

其中，“冰山以上部分”包括基本知识、基本技能，是外在表现，是容易了解与测量的部分，称为职业化显性素养。而“冰山以下部分”包括社会角色、自我形象、特质和动机，是人内在的、难以测量的部分，它们不太容易受外界的影响而改变，却对人的行为与表现起着关键作用，称为职业化隐性素养。

素质冰山模型认为，支持一个人取得业绩的能力素质模型由6个要素构成。

①知识：个人在某一特定领域所拥有的事实型和经验型信息。

②技能：个人结构化地运用知识来完成某项具体工作的能力。

③社会角色：个人基于态度和价值观的行为方式与风格。

④自我概念：个人态度、价值观和自我印象。

⑤特质：个人身体特征对环境和各种信息所表现出来的持续反应。

⑥动机：个人对某种事物的持续渴望，进而付诸行动的内驱力。

二、职业道德

（一）职业道德的含义

所谓职业道德，就是同人们的职业活动紧密联系的符合职业特点所要求的道德准则、道德情操与道德品质的总和，它既是对本职人员在职业活动中行为的要求，同时又是职业对社会所负的道德责任与义务。

职业道德是社会上占主导地位的道德或阶级道德在职业生活中的具体体现，是人们在履行本职工作中所遵循的行为准则和规范的总和。

（二）职业道德的标准

1. 爱岗敬业：树立正确的职业理想，忠于职守，脚踏实地，不怕困难，钻研业务，提高技能，勇于革新。

2. 诚实守信：讲信用，重信誉，平等竞争，以质取胜，反对弄虚作假。

3. 办事公道：公平、公开、公正，秉公办事，主持公道。

4. 遵章守纪：自觉遵守各项规章制度，忠实履行职责。

5. 勤政廉洁：秉持为企业高度负责的精神，廉洁自律，兢兢业业，努力工作。

6. 坚持原则：正确对待手中的权力，正确行使职权，敢于同违章违纪行为做斗争。

7. 创新观念：不断学习新的专业知识和管理经验，奋发向上，开拓进取，勇于面对挑战。

（三）职业道德的主要内容

职业道德的内涵包括以下八个方面：

1. 职业道德是一种职业规范，受到社会的普遍认可。

2. 职业道德是长期以来自然形成的。

3. 职业道德没有固定的形式，通常体现为观念、习惯、信念等。

4. 职业道德依靠文化、内心信念和习惯，通过员工的自律实现。

5. 职业道德大多没有实质性的约束力和强制力。

6. 职业道德的主要内容是对员工义务的要求。

7. 职业道德的标准多元化，代表了不同企业可能具有不同的价值观。

8. 职业道德承载着企业文化和凝聚力，影响深远。

每个从业人员，不论是从事哪种职业，在职业活动中都要遵守职业道德。要理解职业道德需要掌握以下四点。

①内容方面，职业道德总是要鲜明地表达职业义务、职业责任以及职业行为上的道德准则。它不是一般地反映社会道德和阶级道德的要求，而是要反映职业、行业乃至产业特殊利益的要求；它不是在一般意义上的社会实践基础上形成的，而是在特定的职业实践的基础上形成的。

②表现形式方面，职业道德往往比较具体、灵活、多样。它总是从本职业交流活动的实际出发，采用制度、守则、公约、条例，乃至标语口号之类的形式，这些灵活的形式既易于为从业人员所接受和实行，而且易于形成一种职业道德习惯。

③从调节范围来看，职业道德一方面可以调节从业人员内部关系，加强职业、行业内部人员的凝聚力；另一方面，它可以调节从业人员与其服务对象之间的关系，以塑造本职业从业人员的形象。

④从产生的效果来看，职业道德既能使一定的社会或阶级的道德原则和规范“职业化”，又能使个人道德品质“成熟化”。

（四）职业道德的特点

通过上述分析不难看出职业道德具有以下特点。

1. 职业道德具有适用范围的有限性

每种职业都有其特定的职业责任和职业义务。由于各种职业的职业责任和义务不同，所以形成了各自特定的职业道德的具体规范。

2. 职业道德具有发展的历史继承性

由于职业具有不断发展和世代延续的特征，不仅其技术可以得到世代延续，其管理员工的方法、与服务对象打交道的方法，也有一定的传递性。

3. 职业道德表达形式多种多样

由于各种职业道德的要求都非常具体、细致，因此其表达形式多种多样。

4. 职业道德兼有强烈的纪律性

纪律也是一种行为规范，但它是介于法律和道德之间的一种特殊的规范。它既要求人们能自觉遵守，又带有一定的强制性。就前者而言，它具有道德色彩；就后者而言，它又带有一定的法律色彩。因此，职业道德有时又以制度、章程、条例的形式来体现。

（五）职业道德的社会作用

1. 调节职业交往中从业人员内部以及从业人员与服务对象之间的关系

职业道德的基本职能是调节。它一方面可以调节从业人员内部的关系，即运用职业道德规范约束从业人员的行为，促进职业人员的团结与合作；另一方面，职业道德又可以调节从业人员和服务对象之间的关系。

2. 有助于维护和提高本行业的信誉

一个行业、一个企业的信誉，也就是它们的形象、信用和声誉，是指企业及其产品与服务在社会公众中的信任程度。企业要提高信誉主要靠产品和服务质量，而从业人员高水平的职业道德是产品和服务质量的有效保证。

3. 有助于提高全社会的道德水平

职业道德是整个社会道德的主要内容。职业道德一方面涉及每个从业者如何对待职业，如何对待工作，同时也是一个从业人员的生活态度、价值观念的表现；是一个人道德意识，道德行为发展的成熟阶段，具有较强的稳定性和连续性。另一方面，职业道德也是一个职业集体，甚至一个行业全体人员的行为表现。如果每个行业、每个职业集体都具备优良的道德，那么对整个社会道德水平的提高肯定会发挥重要作用。

三、职业意识

（一）职业意识的含义

职业意识是职业人所具有的意识，以前叫做主人翁精神。具体表现为：工作积极认真，有责任感，具有基本的职业道德。

职业意识是人们对职业劳动的认识、评价、情感和态度等心理因素的综合反映，是支配和调控全部职业行为和职业活动的调节器，它包括创新意识、竞争意识、协作意识和奉献意识等。职业意识是职业道德、职业操守、职业行为等职业要素的总和。

（二）职业意识的内容

1. 诚信意识

市场经济是信用经济，一个企业、一个职业人的市场信誉是可以用价值（金钱）来度量的（信誉度）。正是基于诚信的价值，名牌、品牌是可以作为无形资产进行产权交易的。

2. 顾客意识

顾客是商品的接受者、选择者和购买与否的决定者，顾客是商家的衣食父母，对待顾客的态度，实质上就是对待自己“饭碗”的态度。

以客户为中心，不是片面地理解成“一切围绕客户转”，而是要全面理解为“想方设法地为客户创造价值”，比如提供更好的产品和服务，让客户在消费行为中感到身心愉悦。

3. 团队意识

团队与社会、集体是统一的，但有时又是矛盾的、对立的，所以要正确处理团队与社会、集体之间的关系。一个企业就是一个独立的社会经营团队，是由员工组成的一个利益共同体，它既由大家来维护、创造，又给每个人带来经济利益与精神生活。

4. 自律意识

自律，就是要在思想、品德、行为上从严要求自己。它是与监督相对立，更强调自我约束和自觉规范的一种意识。

5. 学习意识

学习力是人的终极能力，所有其他能力的形成都必须建立在强大的学习力基础上。人与人之间最大的竞争，本质上就是学习力的竞争。

时代在进步，社会发展突飞猛进，新的知识不断出现。每个人要想使自己有所成就，就必须具备良好的学习心态和意识，不断充电、吸氧、与时俱进，这样才能保证自己跟上时代步伐，才有可能实现人生价值、获得职业生涯的成功。

四、职业行为习惯

职业行为习惯具体表现在：①清楚掌握公司的各种行为规范与办公流程；②及时主动反馈工作当中遇到的瓶颈与问题；③做定期的工作计划、工作笔录与工作总结；④仔细倾听上级的工作布置与安排，不懂就问；⑤服从工作布置与安排，勇于承担责任与风险；⑥工作期间对自己的工作做定期的汇报；⑦及时回复上级命令或指示，不能等上级来过问。

（一）习惯的含义

1. 习惯的定义与特点

习惯就是人的行为倾向。也就是说，习惯一定是行为，而且是稳定的甚至是自动化的行为。习惯的特点有：①习惯是自动化的行为方式；②习惯是在一定时间内逐渐养成的，它与人后天条件反射系统的建立有密切关系；③习惯不仅仅是自动化了的动作或行为，也可以包括思维的、情感的内容；④习惯可以满足人的某种需要，因此习惯会起到积极和消极两方面作用。

2. 习惯的力量

习惯无处不在，人在每天的活动中，大约有40%的行为与习惯有关。

3. 习惯产生的三条基本规律

（1）找出一种既简单又明显的暗示。

（2）清楚地说明有哪些奖赏。

（3）产生一种渴求来驱动习惯回路。其中最重要的是触发渴求的方式，让创造新习惯变得容易。

（二）良好的职业行为习惯

1. 守时

守时是最基本的职业行为习惯。守时绝不是生活和工作中的小事，而是一个关系到与人共处中是否择善而行的准则，是关系到做人做事的原则问题。在人际交往中，守时是双方对彼此的认同，更是信誉、道义建立的基础，是一种承诺和责任，是人际交往的认同书。

2. 快速响应

快速响应是制造业中的准时制。快速响应原是美国纺织服装行业的一种供应链管理方法。它是美国零售商、服装制造商以及纺织品供应商开发的整体业务概念，目的是减少原材料到销售点的时间和整个供应链上的库存，最大限度地提高供应链管理的运作效率。快速响应现已被应用到商业的各个领域，企业快速响应时间越短，越能把握更多商机，从而给企业带来更大的利润。

3. 做事的条理性

现代企业越来越重视员工做事的条理性，并将其作为一项主要的指标来考核新员工。怎样才能做到有条理呢？

首先，遇到事情要分析目标是什么，做这件事有哪些方法，哪种方法最好，需要注意哪几个方面。

其次，统筹规划，理出做事的提纲。把我们要做的事情一件件记下来，然后分清主次，哪些先做，哪些后做。这样在执行的时候就会有据可循，形成有条理和分类清晰的工作习惯。

最后，一件事情做完了，要有总结，包括在做事的过程中遇到什么问题，犯了什么错误等。通过总结分析，为以后积累经验。

4. 事毕回复

所谓事毕回复，就是说该回复的事就要及时回复。事毕不回复，就像任务完成了99%，只剩下1%没有落实，但就是因为这一丁点儿的不到位，也许就与圆满成功失之交臂。事毕回复是一种务实的作风，是一种不尚空谈、注重细节的直接体现，反映的是当事人的工作态度和职业习惯。

第三节　职业思考力

一、职业思考力的含义

（一）职业思考力的定义

职业思考力又称岗位思考力，指的是一个人为完成本职工作所必须具备的相应的知识结构，并在此基础上达到岗位竞争所需要的思维深度、思想高度、思维广度和思维速度的能力。

工作岗位为自我实现搭建了一个活动平台，一个人可以将自己的想法和创造潜能在工作中充分发挥出来，进而将内在的思考转化为现实的价值。因此，职业思考力属于思维的一种对象化能力。

（二）职业思考力的特征

1. 综合性

一个人要做好本职工作并承担相应的岗位职责，首先必须具备满足岗位需要的知识量和信息量，包括该岗位需要的专业知识、本企业和本部门的相关知识、行业知识，等等。例如，一个营销人员除了要具备营销专业知识外，还要掌握产品知识、市场信息、心理学、社会学、公共关系学等多方面的知识。岗位需要所体现的知识和信息量、价值观念和思考方法的统一和整合，反映了岗位思考力的综合性特征。

2. 具体性

岗位思考力是在工作关系中体现出来的一种思考、判断、规划的能力，这种能力的发挥与具体的环境、条件、人、工作要求相对应。岗位特征和具体的工作关系决定了岗位思考力的具体特征，这种具体性使得岗位思考力具有深入、精细、严谨、系统和完整的特征。

3. 创造性

思维方式决定行为方式，可以说，岗位思考力水平制约着岗位行动力水平。岗位思考力与岗位行动力和岗位创造力不可分割，岗位思考力+岗位行动力＝岗位创造力。由于岗位职责在一定程度上能够产生工作压力，这种压力能使岗位思考力顺利转化为岗位行动力，所以岗位思考力具有创造性特征。

二、提升职业思考力

（一）六顶思考帽

六顶思考帽是英国学者爱德华·德·博诺（Edward de Bono）开发的一种全面思考问题的模型（也称六帽沟通术）。它提供的“平行思维”工具，可以避免将时间浪费在互相争执上。强调的是“能够成为什么”，而非“本身是什么”，是寻求一条向前发展的路。

1. 六种基本思维模式

六顶思考帽是指用六种不同颜色的帽子代表六种不同的思维模式。人人都有能力使用这六种基本思维模式。

（1）白色思考帽：白色代表客观中立。戴上白色思考帽，人们关注的是客观事实和数据。

（2）绿色思考帽：绿色代表芳草茵茵，象征勃勃生机。绿色思考帽代表创造力和想象力。它具有创造性思维、求异思维、头脑风暴等功能。

（3）黄色思考帽：黄色代表价值与肯定。戴上黄色思考帽，人们会从正面考虑问题，表达乐观的、满怀希望的、建设性的观点。

（4）黑色思考帽：黑色代表否定、怀疑、质疑。戴上黑色思考帽，人们可以合乎逻辑地进行批判，尽情发表不同意见，找出某个问题逻辑上的错误。

（5）红色思考帽：红色代表情感。戴上红色思考帽，人们不仅可以表达自己的情绪，还可以表达自己的直觉、感受、预感等。

（6）蓝色思考帽：蓝色思考帽负责控制各种思考帽的使用顺序，规划和管理整个思考过程，并负责做出结论。

2. 六帽沟通术的五大步骤

（1）明确你要沟通的目的

在这个过程中你要了解沟通的对象，以及沟通对象提出的问题。是要帮助他解决一个问题，还是想建议他采取一个行动，这里有一个问题界定的过程。

（2）建立六帽序列

根据你的目的和最终你要达到的结果来设计你的六帽序列，六帽序列设计的前提是对六帽中的每一帽有一个深刻的认知。

（3）六帽序列之问题转化

将对六帽的认知，通过问题很自然地表现出来。六帽只是告诉你一个思维方向，提什么样的问题，如何提全看你个人的转化能力。

（4）开始使用，有效倾听

在这里你还可以采用一些可以帮助双方建立信赖感的小技巧，比如有效倾听、适度的赞美和肯定；通过使用这些小技巧，你将获得极大的信息量，也会感到无限的乐趣和成就感。

（5）纠偏，深度沟通

在发问的过程中，你要的答案别人未必能完整地给出来，所以，沟通要以结果为导向，通过重复发问来达到纠偏的目的；只有不断地提问与纠偏，你的沟通目的才更容易达成。

（二）科学的工作方式

1. PDCA 循环

PDCA 循环是美国质量管理专家休哈特（Shewhart）提出的，后由戴明（Deming）采纳普及，又称戴明环（Deming Cycle）。它将质量管理分为四个阶段：

①P——plan，计划，指根据任务的目标和要求，制订科学的计划；

②D——do，执行，指实施计划；

③C——check，反馈，指检查计划实施的结果与目标是否一致；

④A——action，行动，指方案修正后再执行。

每一件事情，通常我们会先做计划（P），计划完了以后去实施（D），在实施的过程中做检查（C），检查执行结果是否达到了预期，分析影响的因素、出现问题的原因，并找到解决的措施，然后再把检查的结果进行改进、实施和改善（A）。

PDCA 循环可以使我们的思想方法和工作步骤更加条理化、系统化、图像化和科学化。它具有如下特点。

（1）大环套小环、小环保大环、推动大循环

PDCA 循环作为质量管理的基本方法，不仅适用于整个工程项目，也适用于整个企业和企业内的各科室、工段、班组乃至个人。各级部门根据企业的方针目标，都有

自己的 PDCA 循环，层层循环，形成大环套小环，小环里面又套更小的环的模式。大环是小环的母体和依据，小环是大环的分解和保证。各级部门的小环都围绕着企业的总目标朝着同一方向转动。通过循环把企业上下或工程项目的各项工作有机地联系起来，彼此协同，互相促进。

（2）不断前进、不断提高

PDCA 循环就像爬楼梯一样，一个循环运转结束，生产的质量就会提高一步，然后再制定下一个循环，再运转、再提高，不断前进，不断提高。

（3）门路式上升

PDCA 循环不是在同一水平上循环，而是每循环一次，就解决一部分问题，取得一部分成果，工作就前进一步。每进行一次 PDCA 循环，团队都要进行总结，提出新目标，再进行第二次 PDCA 循环，使品质提升的车轮不停地滚滚向前。PDCA 每循环一次，品质水平和治理水平均会更进一步。

2. 科学工作方法之五大步骤

（1）明确目标要点

①工作需要做到什么程度，尽可能用数字表示；

②工作所需的时间、资金，也就是成本要明确；

③工作期限。工作何时开始，何时结束，各阶段要完成什么任务；

④所有参与此项工作的人。主要负责人是谁，每个参与人负责哪部分工作。

（2）收集相关资料

①资源资料；

②市场资料；

③竞争对手的资料；

④人的资料（包括个人习惯、能力、状态等）；

⑤协作资料。

在所有资料中，有关人的资料非常重要。只有考察清楚竞争对手的行为模式、习惯反应，了解合作伙伴的行事风格、对突发事件的反应等，才能获得更加有效的工作成绩。

（3）做出判断

因为是在分析资料的基础上做出判断，制定行动方案，所以，资料的准确性是方案得以成功实施的前提。因此，验证资料的准确性是很重要的一步。在这一步，需要判断所收集的资料是否具有科学性和代表性。

（4）制订计划

目标确立、资料齐全无误之后，就可以制订计划了。在这一步骤中，先介绍“工作包”的概念。所谓工作包，就是把工作分解成几块，分清它们的先后次序、相互关系以及由谁负责。工作包的方式实现了分工协作、合理配置资源的目的。“甘特图”是一种直观表现工作包的工具，它用图示的方法来表现各个阶段的工作进度。

（5）计划的实施及修正

计划制订之后就要实施，并根据实施情况加以修正。这两个步骤的关键在于执行到位。在执行计划的过程中，要注意信息的反馈：这个阶段的计划执行到何种程度了？是什么因素导致计划不能顺利实施？原计划无法实施时需要做什么样的调整？然后根据反馈信息做出是否需要修正计划的决策。

（三）结构化思维

1. 结构化

结构化是一种清晰的层级结构。首先，结构化代表的是系统化，结构化的框架应该是一个整体；其次，结构化代表层级分明，在整体的框架下，层次清晰、结构有序。

2. 结构化思维

指从整体思考到局部，是一种层级分明的思考模式。简单来说就是借用一些思维框架来辅助思考，将碎片化的信息进行系统地思考和处理，从而扩大思维的层次，以及更全面地思考。

结构化思维既包括全局思维，又包括组合归类思维，还包括逻辑推理思维。结构化思维的本质就是逻辑，它是将零散的思维、灵感、知识、信息、数据等用一种框架收拢起来，让繁复的问题简单化，并能提炼成为一种分析的方法，甚至一种量化的工具，使我们可以透过现象看到事物的本质。

3. 结构化思维的作用

（1）帮助我们更全面、更系统地思考，将复杂的问题简单化

结构化思维本质上是思考有层级，通过结构化思考，我们既可以通过层层自上而下的思考，使我们的思考更加全面；也可以通过层层自下而上的思考，使我们的思考更加清晰。

（2）提高沟通效率

如果一个人沟通能力差，本质就是思维出了问题，几乎不存在思维清晰但是沟通不清的人，因为思维也是沟通的一部分。结构化思维能够帮助我们摆脱表达杂乱无章、重

点不突出的窘境。

（3）提高工作效率

结构化思维能够帮助我们在生活中形成严谨的思考习惯，把生活安排得井井有条。在处理工作任务和复杂问题时，能从多个侧面清晰而全面地进行思考，从而提高工作效率。

4. 培养结构化思维

（1）自上而下地找结构：思考一个框架，然后将信息或解决方案放入框架。

（2）自下而上地归纳总结成结构：当你不清楚用什么框架的时候，有四种方式可以把信息结构化。

①头脑风暴法，在一张空白 A4 纸上，把脑海中关于这个问题的所有想法都列出来。

②连线分组法，将类似的进行连线分组，总结一下每组的共性。

③提炼结构法，看一下这些分组，是否存在某种规律，比如时间顺序、空间顺序、重要性顺序，等等。

④完善观点法，确定结构之后，看每个结构之下是否还需要补充其他的信息，最后完善思路。另外还需要完善一下自己的主题。

总结思考

1. 什么是职业化？
2. 什么是职业意识？
3. 职业素养包括什么？
4. 良好的职业习惯有哪些？
5. 职业思考力的特征是什么？
6. 六顶思考帽的内容是什么？
7. 什么是 PDCA 循环？
8. 科学工作方法之五大步骤是什么？
9. 水平思考的流程是什么？
10. 什么是结构化思维？如何培养结构化思维？

第七章

提升团队合作能力

单个的人是软弱无力的，就像漂流的鲁滨孙一样，只有同别人在一起，他才能完成许多事业。

——［德］叔本华

学习导航

- 第七章 提升团队合作能力
  - 团队和团队精神
    - 团队的含义
    - 什么是团队精神
    - 团队精神的内容
    - 团队精神的重要性
  - 团队建设
    - 团队建设的五个阶段
    - 团队建设的五大要素
  - 团队合作能力
    - 团队合作能力的定义
    - 提高团队协作能力的关键因素
    - 团队合作精神的培养路径
    - 提高职场情商
  - 解决团队问题的方法
    - 解决问题的八个步骤
    - 如何避免团队的冲突

问题发现

团结制胜

2004年6月，拥有历史上最豪华阵容的湖人队，在NBA总决赛中遇到了14年来第一次闯入总决赛的活塞队。赛前，很少有人相信活塞队能够坚持到第七场。从球队的人员结构来看，包括科比、奥尼尔、马龙、佩顿在内，湖人队是一个由巨星组成的“超级团队”，每一个位置上的成员几乎都是全联盟最优秀的，再加上由传奇教练迈克尔·杰克逊对其的整合，在许多人眼中，这是20年来NBA历史上最强大的一支球队。要在总决赛中将其战胜只存在理论上的可能性，更何况这是一支缺乏大牌明星的平民球队。

然而，最终的结果却出乎所有人意料，湖人队几乎没有做多少对抗便以1:4败下阵来。当时就有人预测湖人队要输了，因为湖人队的豪华组合过分强调个人在团队中的作用，每个人都想寻求机会来证明自己，在比赛中单打独斗，全然没有配合，如同一盘散沙，所以其战斗力也大打折扣。

点评

美国著名管理学家约翰·马克斯韦尔（John Maxwell）有一句名言：“世界杯中大部分甚至全部打进的球、好看的球，都是队员配合的结果，都是团队协作的结果。即使是最有名的球星也需要配合。”人是社会化的动物，一个人不可能做好所有的事情，只有懂得与他人合作，才能更好地成就自己。一个由相互联系、相互制约的若干部分组成的整体，经过优化设计后，它的整体功能就能够大于部分之和，产生1＋1＞2的效果。

学习目标

学完本章，你应当：

（1）了解团队和团队精神；

（2）了解如何培养团队精神；

（3）掌握提升团队合作能力的基本方法；

（4）学会解决团队矛盾的方法。

理论点拨

第一节　团队和团队精神

团队和群体的区别

一、团队的含义

（一）团队的概念

团队是由一些因共同目标而结合起来，需要相互支持、相互协作的个体组成的。团队的组成基于大家有一个共同的目标，从而被赋予必要的技术组合、信息、决策范围和适当的酬劳。他们为实现共同目标而相互协作并着眼于取得工作成果。

团队具有三层含义：①形成共识、目标一致；②清楚的角色认知和分工；③合作精神。

一个团队的力量一定是由方方面面的人合作产生的合力，而且合力大于所有参与者的力量总和，即“1＋1＞2”。

（二）团队成员的角色

从团队成员性格和行为的角度，可以将团队成员分成如下八种类型。

1. 实干者

角色描述：实干者非常现实、传统甚至有点保守，但他们努力、计划性强，喜欢用系统的方法解决问题；实干者有很好的自控力和纪律性，对团队忠诚度高，为团队整体利益着想且较少考虑个人利益。

典型特征：有责任感、高效率、守纪律，但比较保守。

作用：由于其可靠、效率高及处理具体工作的能力强，因此在团队中的作用很大；实干者是根据团队需要而不是个人兴趣来完成工作的。

2. 协调者

角色描述：协调者能够引导一群拥有不同技能和个性的人向着共同的目标努力。他们办事客观，不带个人偏见；除权威之外，更有一种个性的感召力，在团队中能很快发现各成员的优势，并将之妥善运用于实现目标的过程中。

典型特征：冷静、自信、有控制力。

作用：擅长领导一个具有各种技能和个性特征的群体，善于协调各种错综复杂的关系，喜欢平心静气地解决问题。

3. 推进者

角色描述：说干就干，办事效率高，自发性强，目的明确，有高度的工作热情和成就感；遇到困难时，总会想办法解决；推进者大都性格外向且干劲十足，喜欢挑战，是一个具有竞争意识的角色。

典型特征：有挑战性、好交际、富有激情。

作用：是行动的发起者，敢于面对困难，并义无反顾地加速前进；敢于独自做决定而不介意他人的反对。推进者是确保团队快速行动的最有效成员。

4. 创新者

角色描述：创新者拥有高度的创造力，思路开阔，观念新，富有想象力，是"点子型"的人才。他们爱出主意，其想法往往比较偏激且缺乏现实基础。创新者一般不受条条框框约束，不拘小节。

典型特征：有创造力、奉行个人主义。

作用：提出新想法和开拓新思路，在项目刚刚启动或陷入困境时，创新者显得非常重要。

5. 信息者

角色描述：信息者对工作经常表现出高度热情，是一个反应敏捷、性格外向的人。他们的强项是人际交往，在交往的过程中获取信息。信息者对外界环境十分敏感，一般能最早感受到变化。

典型特征：外向、热情、好奇、善于交际。

作用：有与人交往和发现新事物的能力，善于迎接挑战。

6. 监督者

角色描述：监督者严肃、谨慎、理智，不过分热情，也不易情绪化。他们往往与群体保持一定的距离，在团队中不太受欢迎。监督者有很强的批判能力，善于综合思考，谨慎决策。

典型特征：冷静、不易激动、谨慎、判断精准。

作用：监督者善于分析和评价，善于通过权衡利弊来选择方案。

7. 凝聚者

角色描述：是团队中最积极的成员，他们善于与人打交道，善解人意，处事灵活，很容易把自己融入团队中。凝聚者对任何人都没有威胁，是团队中比较受欢迎的一类人。

典型特征：合作性强、性情温和、较敏感。

作用：凝聚者善于调和人际关系，有他们在，人们能协作得更好，团队士气更高。

8. 完美者

角色描述：具有持之以恒的毅力，做事注重细节，追求完美；他们一般不去做那些没有把握的事情；喜欢事必躬亲；他们无法忍受那些做事随随便便的人。

典型特征：埋头苦干、守秩序、尽职尽责、易焦虑。

作用：对于那些重要且要求高的任务，完美者在其中起着不可估量的作用；在管理方面崇尚高标准严要求，关注准确性、细节；做事坚持不懈。

二、团队精神

团队精神是所有团队成员都认可的一种集体意识。团队精神是高绩效团队中的灵魂，是大局意识、服务意识和协调意识“三识”的综合体。它反映团队成员的士气，是团队所有成员价值观与理想信念的基石，是凝聚团队，促进团队进步的内在力量。团队精神尊重每个成员的兴趣和成就，要求团队的每一个成员，都以提高自身素质和实现团队目标为己任。团队精神是组织文化的一部分，良好的管理可以通过合适的组织形态将每个人安排到合适的岗位，充分发挥集体的才能。团队精神的核心是合作协同，反映的是个体利益和集体利益的统一，进而保证组织的高效率运转。

三、团队精神的内容

1. 目标导向功能

团队精神能够使团队成员齐心协力，朝着一个目标努力；对团队成员来说，团队要达到的目标即是自己努力的方向。

2. 团结凝聚功能

任何组织群体都需要凝聚力，传统的管理是通过组织系统自上而下的行政指令进行的，淡化了成员个人感情和社会心理等方面的需求。而团队精神则通过对成员群体意识的培养，引导成员产生共同的使命感、归属感和认同感，逐渐强化团队精神，进而产生一种强大的凝聚力。

3. 促进激励功能

团队精神要靠队员之间正常的竞争达到激励目的。这种激励不是单纯停留在物质层面，而是要得到团队和团队成员的认可。

四、团队精神的重要性

1. 推动团队运作和发展

在团队精神的作用下，团队成员产生了互相关心、互相帮助的交互行为，表示出关心团队的主人翁责任感，并努力自觉地维护团队的集体荣誉，自觉地以团队的整体声誉为重来约束自己的行为，从而使团队精神成为公司发展的动力。

2. 培养团队成员之间的亲和力

一个具有团队精神的团队，能使每个成员保持高涨的士气。这有利于激发成员工作的主动性，同时也使个人得到更全面的发展。

3. 有利于提高组织整体效能

通过发扬团队精神，加强建设能进一步节省组织内耗，提高组织效能。如果总是把时间花在怎样界定责任，或应该找谁处理等问题上，就会损伤企业的凝聚力。

第二节　团队建设

创业团队组成的关键要素

一、团队建设的五个阶段

一个团队从无到有，再到一个高效的团队，通常需要经历5个主要的阶段。

1. 组建期

在一个组织中组建团队一般有两种可能：一是建立以团队为基础的组织；二是在组织有限的范围内或在完成某些任务时采用团队的形式。第二种的特点是团队的目的、结构、领导都不确定，整个团队对于规范还没有形成共同的看法。在心态和行为方面则可能表现为：在完全了解形势之前，不会轻易投入。

在此阶段，管理人员必须立即掌握团队，让成员快速进入状态，降低不稳定的风险，以确保团队组建能有效进行。当团队成员开始把自己看作团队的一员时，这个阶段就结束了。

2. 激荡期

团队组建后，隐藏的问题会逐渐暴露，继而进入激荡期。此时团队内部冲突加剧，虽然说团队成员接受了团队的存在，但对团队加给他们的约束，仍然会有抵制。成员们为获得有控制权的职位而钩心斗角，对于团队的发展方向也会争论不休；外部的压力也会渗透到团队内部，增加团队内部的紧张气氛。在这一阶段，抗拒、较劲、嫉妒是常有的现象，那些在团队组建之初确立的基本原则可能会像大风中的树一样被刮倒。

3. 规范期

经过一段时间的激荡，团队逐渐走向规范。团队成员开始以一种合作的方式组合在一起，并且在各派竞争力量之间形成一种试探性的平衡。团队成员逐渐了解了领导者的想法与组织的目标，建立了共同的愿景，对组织的规范也有了了解，日常工作能够顺利进行。在这个阶段，团队成员之间也开始形成亲密的关系，表现出一定的凝聚力，这时会产生强烈的团队身份感和积极的态度，并再次把注意力转移到工作任务和目标上来，大家关心的问题是彼此的合作和团队的发展。当团队成员对于"什么是正确的行为"这一问题达成基本共识时，这个阶段就结束了。

4. 执行期

这个阶段，团队结构开始充分发挥作用，并被团队成员完全接受。团队成员的注意力集中到充满自信地完成手头的任务和提高团队效率和效益上；并且能用他们的全部力量去应对挑战，能经受住一定的风险。此时，团队成员的角色都很明确，而且大家高度互信，彼此尊重。整个团队已熟练掌握处理内部冲突的技巧，并能通过团队会议集中大家的智慧，做出高效决策，共同追求团队的成功。

5. 休整期

在休整期，对团队而言，可能有以下几种结局：

（1）团队解散。为完成某项特定任务而组建的团队会随着任务的完成而解散。此时，团队注意力转移到收尾工作上。

（2）团队休整。公司会在完成阶段性工作任务之后做出人员调整的计划，开始休整并准备进行下一个工作周期，此间可能会有团队成员的更替。

（3）团队整顿。在执行期表现差强人意的团队，进入修整期后，可能会被勒令整顿，于是出现新的一轮的团队建设又开始了。

二、团队建设的五大要素

任何组织的团队，都包括五个要素，即目标、定位、权限、计划、人员。

1. 目标

对于一个企业来说，从开始组织内部团队，就必须树立明确的目标。比如，建立团队的原因是什么？希望团队能够为企业解决什么样的问题？只有大家有共同的目标，才能真正组成一个高效的群体，在工作上团结起来，产生 1 + 1 >2 的合力。

2. 定位

团队的定位包含两层意思：一是团队的定位，包括团队在企业中处于什么位置，团队最终应对谁负责等；二是团队成员的定位，包括个体作为成员在团队中扮演什么角色等。

团队的定位明确以后，接下来就可以制定一些规范，规定团队任务，确定团队应如何融入组织。同时，也可以借此传递企业的价值观和团队预期等重要信息。

3. 权限

在团队中，主导人物的权限大小与其团队的发展阶段和企业所处行业相关。对团队内部的权限必须进行正确划分，这样做的目的是保证计划的顺利进行和各项工作的有效开展。在权限划分当中，团队应该明确每个成员在企业运营中所拥有的权利和要承担的职责。所谓明确，是指权限的划分不能重叠，也不能空缺。一般来说，团队越成熟，主导人物所拥有的权限相应就越小，在团队发展的初期，领导权可能会相对集中。

4. 计划

团队应如何分配和行使组织所赋予的职责和权限？团队应该如何高效地解决面临的各种问题？团队成员应该分别做哪些工作，如何做？具体讲，这就是计划工作。

5. 人员

团队的最后一个要素是人员。团队是由人组成的。确定团队目标、定位、职权和计划，都只是为团队取得成功奠定基础，最终能否成功还是取决于人。

第三节 团队合作能力

高效的团队有哪些特征

一、团队合作能力的定义

团队合作能力是指建立在团队基础之上，发挥团队精神、互补互助以达到团队最大工作效率的能力。

二、提高团队协作能力的关键因素

（一）正确的认识

一个好的团队并不是说每个人各方面能力都优秀，而是能够很好地借物使力，取团队其他成员的长处来补自己的短处，也把自己的长处分享给大家，互相学习交流，共同进步。

1. 团队协作的定义

团队协作是指完成某项指定的事件时所显现出来的团队成员自愿合作和协同努力的精神。

2. 团队协作与个人潜力

团队协作能激发出团队成员的潜力，让每个人都发挥出最强的力量。团队工作成果往往会超过成员个人业绩的总和。如果大家把团队里面每个人的优点、长处都变为自己的长处、优点，并灵活运用，那么不仅团队的力量会日益强大，团队成员的能力、潜力也会得到提升。

3. 团队精神的核心就是协同合作

相较个人来说，团队的最大优势就在于团队的协作能力。企业在发展中遇到的风险和困难是多方面的，而团队成员分工协作则有利于规避风险和杜绝隐患。从另一个角度讲，团队成员的互补性也需要由团队协作来实现。

（二）团队成员的个人能力

每个团队成员都有自己的优点和缺点。如果每位成员都能主动去寻找其他成员积极向上的品质，那么团队协作就会变得更加顺畅，工作效率就会提高。

1. 包容成员

团队工作需要成员在一起讨论，共同协商，求同存异，相互包容。对待团队中其他成员时一定要抱着宽容的心态，力求配合默契。杜绝固执己见，一意孤行。

2. 获得支持

俗话说“一个好汉三个帮”，要使自己的工作得到大家的支持和认可，除了在工作中互相支持、互相鼓励外，还应该尽量和大家一起去参加各种活动，融入集体。

3. 保持谦逊

俗话说，“谦受益，满招损”。在团队合作中，要善于发现别人的优点，看到自己的缺点和不足，切忌骄傲自大。

4. 相互尊重

尊重，意味着尊重他人的个性和人格，尊重他人的兴趣和爱好，尊重他人的态度和意见，尊重他人的权利和义务。尊重能为一个团队营造出和谐融洽的气氛，使团队资源得到最大程度的利用。

5. 相互信任

团队是一个相互协作的群体，信任是合作的基石。团队成员在承受压力和遇到困惑时，要相互信赖、共同行动。团队成员只有相互信任、共动行动、乐于分享，才能共同成长，共达成功的彼岸。

6. 有效沟通

团队成员唯有从自身做起，秉持对话精神，有方法、有层次地对项目发表意见或探讨问题，汇集经验和知识，才能凝聚团队共识，激发自身和团队的力量。

7. 责任心

负责即敢于担当，对自己负责，更是对团队负责、对团队成员负责，并将这种负责精神落实到每一个工作的细节中。

8. 遵守承诺

遵守承诺就是说到做到，团队成员不能轻易承诺、随便承诺或过分承诺。当接受委托，被别人信任的时候，不思考自己能做到什么程度就答应得满满的，这是轻易承诺；不分是谁的委托，一概承诺，这是随便承诺；最可怕的就是打肿脸充胖子，明明做不到却说能做到，这是过分承诺。无论哪种，都会使团队整体力量受损。只有做到“言必信，信必果”，才能建立团队成员之间的信任，实现互信互助，从而促进团队有条不紊地完成任务。

三、团队合作精神的培养路径

团队合作精神不是每个人与生俱来的，需要后天不断努力和培养。

1. 合作学习

团队合作精神归根结底就是互助精神，只有通过经常性的互助活动成员才能领悟到“我为人人，人人为我”的真正含义。团队鼓励每个成员为集体和个人利益一起工作，并在完成共同任务的过程中实现自己的理想。

2. 集体活动

集体活动是培养大学生团队合作精神的有效途径。各种庆典、文化体育比赛以及集体劳动等形式，都可以很好地激发团队合作精神，培养和提高成员的组织协调能力、管理能力和创新能力。

3. 体验式培训活动

通过过程体验和合作精神培养，让参与者融入某一设定的情境之中，亲身体验并感知其中的深刻意义。

4. 社会实践

团队合作精神既强调与人沟通、交流的能力，又强调与人合作的能力。这种能力必须经过实践才能得到锻炼，并最终应用于实践。通过社会实践，大学生可以锻炼语言表达能力、交际能力、收集处理信息等能力。在实践中消除自卑、自傲等不健康心理，学会互相尊重、互相支持，增强团队合作意识。

四、提高职场情商

情商即情绪智力商数，就是我们平时所说的非智力因素，主要是指人在情绪、意志、挫折耐受等方面的品质。情商，简单来说，就是自我管理情绪的能力，一种准确觉察、评价和表达情绪的能力，一种调节情绪、帮助情绪和智力发展的能力。

情商主要包括五方面，分别是自我意识、自我调节、自我激励、同理心、社交能力。提高职场情商可以从以下五个方面进行。

1. 提高自我意识

自我意识的核心是对自己的情绪、个性、风格的一种较为深刻的自我认识能力。自识者智，自知者明，自我意识要求当事人对自己有高度的自信，这种自信建立在扎实的知识和经验基础之上。

2. 自我调节

自我意识是自我调节或自我约束的基础。自我调节的核心是个人在工作、学习、生活的高压下或情绪突然爆发时，能够很快平静下来，迅速调整心态，及早恢复正常状态，把控自己。自我调节要求当事人能够运用知觉和敏感、心理暗示等方法迅速体会到心态和情绪的失误，在较短的时间内抗拒冲动，停止欠缺考虑的反应和行为。

3. 自我激励

自我激励可以让人把工作和生活压力转化成工作、生活动力，为事业的成功、生活的美好建立良好的心理基础。

4. 同理心

同理心，即移情的能力，指能够通过语言或非语言交流，比较客观地了解对方内在情感的能力。移情能力首先建立在对自己情感的把握之上。对自己了解越多，对别人的内心处境也就了解得越准确。有这种能力的人具有敏锐的观察能力和判断能力，不先入为主，而是先倾听思考，然后再谨慎判断。

5. 社交能力

情商的最后一种能力就是我们熟悉的社会交往能力，这是一种能够迅速建立人与人之间友谊、友情、信任关系的能力。在企业中，公认的最重要的能力就是沟通能力。一个人善于沟通，精于交流，就很容易在企业经营中建立广泛的关系网络。这种交流能力具有极为重要的社会价值，对企业的创新与变革以及建立企业文化都很有帮助。

第四节　解决团队问题的方法

一、解决问题的八个步骤

1. 明确问题

把最终目标（期待水平）与目前的状态进行比较，看是否存在差距（问题），分为三点：①明确期待水平，确认业务的最终目标，尽量把最终目标数值化，综合考虑，设定好用什么来评价结果；②明确现状；③明确问题，比较期待水平和现状（结果）的差距，并将之可视化。

2. 分析问题

具体的方法有：①收集数据、分析数据，可通过图表的形式从高到低把问题层次化，找出集中突出的问题。如果必要，可再次“现地现物”，获取新的数据并将其层次化。②确定关键问题。一般从引发问题最明显的原因着手，也可以从问题对目标实现的影响程度、可能导致后果的严重程度等方面来衡量问题的关键程度。

3. 设定目标

针对应该解决的问题，确定“解决什么”“到什么程度”“什么时候”。如何设定目标呢？具体的方法有：①设定目标。把要改善的内容具体化，确定解决什么；把改善的程度量化，并设定达成目标的期限，以便明确、客观地进行评价。②确认目标。

针对问题的关键设定目标，也可以把一部分改善手段当成目标。

4. 把握真正原因

调查问题发生的原因，具体的方法有：①找出要因。找出“为什么会这样”，团队成员相互交流，思考为什么。②要层次化。通过逻辑树图找出“为什么”。

5. 制定对策

针对问题，找到解决方法，把要实行的计划和相关人员信息等表格化。具体方法有：①提出对策方案。针对真因提问，“那么，该怎么办”，还可以进行头脑风暴，听取团队成员的意见。②整理对策，精选方案。将对策层次化，从效果、成本、交期、预计的障碍等方面进行评估，制定相应的对策，确定目标和完成程度，并制定执行日程。③对选定的对策方案制定实行计划。

6. 实施对策

按照计划自觉、迅速地行动，积极进行纵向和横向的交流。具体的方法有：①根据计划，切实履行各种实施事项。②通过报告、沟通、协商等方式，做好横向和纵向的交流。③如果进度缓慢，要明确为什么没完成，并尽早采取对策。

7. 评价成果

评定设定的目标是否达成。具体的方法有：①评价执行计划的结果和业务目标与期待水平的达成度。②目标的达成度如何。

8. 巩固成果

总结执行计划的结果并将之标准化，制订横向拓展计划。具体的方法有：①根据评价结果选择行动方向。进展不顺利时，找出原因，制定第二方案，进展顺利时，将结果标准化，横向展开，稳定成果。②将经验标准化，如建立样本、账本、检查表、流程图和程序文件等。③跨越部门，横向拓展。

二、如何避免团队的冲突

团队在发展的过程中会遇到各种矛盾，从而产生冲突。如何应对和解决这些冲突呢？为了发挥团队的互补优势，团队内部应该建立成员间相互协作和学习的重要机制。这既有利于创业成功，又对减少和化解团队内的冲突有积极的作用。为了避免团队冲突的产生，在建立和管理团队的时候，应遵循以下原则：

1. 打造合作式团队

合作式团队会主动寻求每个成员的特长，并通过利用他们各自的优点，将团队的最大潜力发掘出来。

2. 避免团队内部的不良竞争

团队内部有分歧是正常的，但如果这种分歧演变成了过度竞争而非寻求共识，那么这种竞争就会成为危害团队的负面行为。团队各成员应该明确各自的优势并取长补短，这是团队领袖或者管理者在管理团队时应该特别注意的。

3. 在集思广益和果断决策之间找到平衡点

团队如果能广泛地听取每个成员的意见，那么这对于团队做出正确的决策来说无疑是非常有利的。但是，如果过度地强调团队内部的意见表达，也有可能出现“议而不决”的情况。所以，在团队内部讨论中，团队领袖或者管理者要推进团队内部的“决议终决权”。

4. 确立团队的目标

团队的目标不宜太多，否则难以让团队成员集中精力完成任务。

5. 适时调整团队构成

在工作过程中，团队的建立和完善不是一蹴而就的，而是经过不断实践和磨合的。另外，随着企业的不断发展，原有的团队组成也有可能不再适应新的企业的发展要求。所以说，团队在任何阶段都可能随情况变化而变化。

总结思考

1. 什么是团队？
2. 什么是团队精神？
3. 团队合作能力都包括哪些？
4. 提升团队合作能力的方法都有哪些？
5. 团队建设的五大因素是什么？
6. 团队合作的关键因素有哪些？
7. 团队中个人的能力都有哪些？
8. 如何提高职场情商？
9. 解决团队问题的八个步骤是什么？
10. 如何避免团队的冲突？

第八章

提升时间管理能力

时间是一个稀缺资源，无法管理时间就无法管理其他一切。

——［美］彼得·德鲁克

学习导航

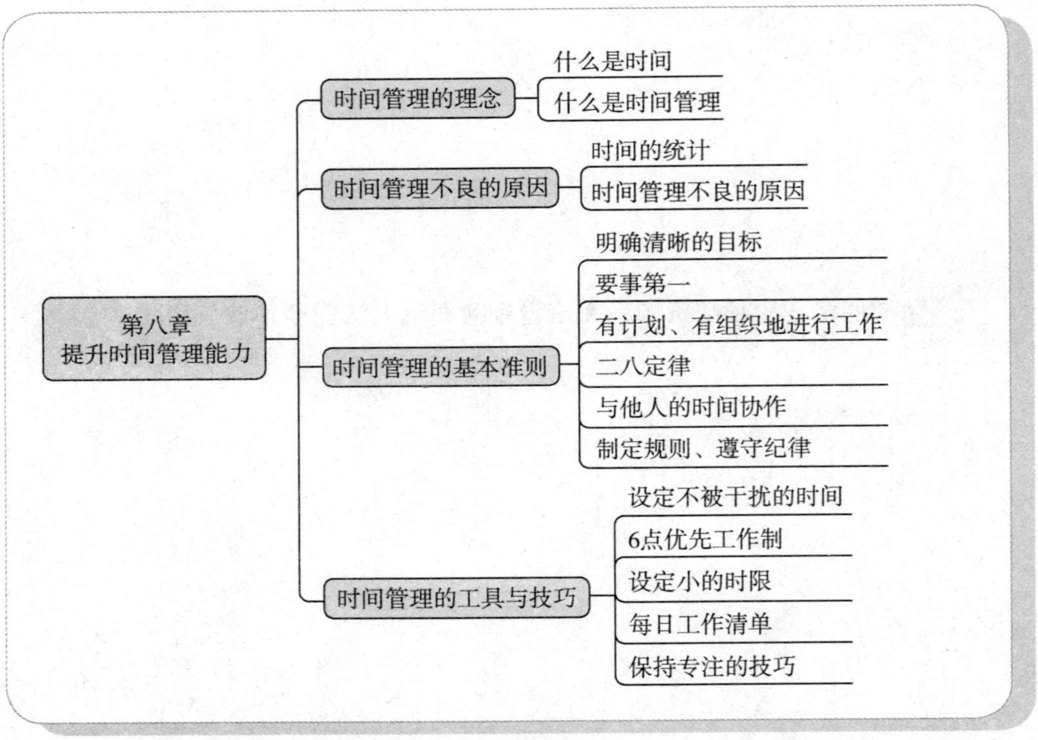
第八章
提升时间管理能力
时间管理的理念
什么是时间
什么是时间管理
时间管理不良的原因
时间的统计
时间管理不良的原因
时间管理的基本准则
明确清晰的目标
要事第一
有计划、有组织地进行工作
二八定律
与他人的时间协作
制定规则、遵守纪律
时间管理的工具与技巧
设定不被干扰的时间
6点优先工作制
设定小的时限
每日工作清单
保持专注的技巧

问题发现

学会利用你的时间

1930年，胡适先生在一次毕业典礼上，发表了一篇演讲，内容如下。

诸位毕业同学：你们现在要离开母校了，我没有什么礼物送给你们，只好送你们一句话。

这一句话是：珍惜时间，不要抛弃学问。

以前的功课也许有一大部分是为了这张文凭，不得已而做的。从今以后，你们可以依自己的心愿去自由研究了。趁现在年富力强，努力做一种专门学问。少年是一去不复返的，等到精力衰竭的时候，要做学问也来不及了。

有人说：出去做事之后，生活问题急需解决，哪有工夫去读书？即使要做学问，既没有图书馆，又没有实验室，哪能做学问？

我要对你们说：凡是要等到有了图书馆才读书的，有了图书馆也不肯读书；凡是要等到有了实验室方才做研究的，有了实验室也不肯做研究。你有了决心要研究一个问题，自然会节衣缩食去买书，自然会想出法子来设置仪器。

至于时间，更不成问题。达尔文一生多病，不能多做工，每天只能做1点钟的工作。你们看他的成绩！每天花1点钟看10页有用的书，每年可看3600多页书；30年读11万页书。

诸位，11万页书可以使你成为一个学者了。可是每天看3种小报也得费你1点钟的功夫；四圈麻将也得费你1点半钟的光阴。看小报呢，还是打麻将呢，还是努力做一个学者呢？全靠你们自己选择！

易卜生说：你的最大责任就是把你这块材料铸造成器。学问就是铸器的工具。抛弃了学问便是毁了你自己。

再会了，你们的母校眼睁睁地要看你们10年之后成什么器。

点评

读完胡适先生这番语重心长的话语，你有何感受？

时间对每个人都是公平的，都是均衡的。但是为什么在同样的时间里，有的人能成就一番事业，有的人却浑浑噩噩过一生，区别就在利用这24小时的差异。尤其在知识碎片化的时代，做好时间管理对我们每个人来说尤其重要。

学习目标

学完本章，你应当：

（1）了解时间管理的理念；

（2）知晓时间管理不良的原因；

（3）学会时间管理的基本准则；

（4）学会时间管理的工具与技巧。

理论点拨

第一节　时间管理的理念

时间都去哪了

一、什么是时间

有哲学家曾说："时间是物质运动的顺序性和持续性，其特点是一维性，是一种特殊的资源。"要学会有效地管理时间，就要先了解时间的本质。时间作为一种特殊的资源，其有不同于其他资源的独特性。

1. 无弹性：任何情况下，时间都不会增加、不会减少，每天都是 24 小时，对所有人都一样，所以无法开源。

2. 不能累积：时间不像人力、财力、物力和技术那样可以被积累储藏。不论愿不愿意，时间都必须被消费，所以无法节流。

3. 不可替代：任何一项活动的进行都有赖于时间的堆砌，所以时间是不可能被替代的。

4. 不可再生：时间一旦流逝，则会永远消失，无法像失物一样还有可能失而复得，任何人都无法挽回。

二、什么是时间管理

时间管理是指管理个人对时间资源使用的方式、方法以及与时间对应的事项安排，以求减少时间浪费，用最短的时间或在预定的时间内实现既定目标的行为。

时间管理的目的就是有效地运用时间。时间管理的对象不是"时间"，而是基于时间的"无弹性、不能累积、不可替代、不可再生"等特性而进行的"自我管理”。鲁迅先生说，“时间是组成生命的材料”，管理时间也就是管理生命，即管理自我。

（1）所谓“时间浪费”，是指对目标毫无贡献的时间消耗。

（2）所谓“自我管理”，是指引进新的工作方式和生活习惯，包括订立目标、妥善制订计划、分配时间、权衡轻重和权力下放等。

（3）所谓“管理自我”，是指个体对自己本身，对自己的目标、思想、心理和行为等进行管理，自己把自己组织起来，自己约束自己，自己激励自己，自己管理自己的事务，并最终达到自我奋斗的目标。

第二节 时间管理不良的原因

拖延发生的秘密

一、时间的统计

时间就是生命，管理时间就是管理生命。在进行时间管理之前，我们有必要对一个人一生的时间做一个基本的统计。假如人能活 70 岁，每天睡觉 8 小时，那么，70 年会睡掉 204400 小时，合 8517 天（23 年零 4 个月），这样，人还剩下 46 年 8 个月的时间；如果每天吃早饭用 20 分钟、吃午饭用 40 分钟、吃晚饭用 1 小时，那么，一天吃饭吃掉了 2 个小时，70 年要吃掉 51100 小时，合 2129 天（5 年 10 个月），这样，人还剩下 40 年 10 个月的时间；如果每天用于个人卫生的时间为 2 小时，那么，70 年又会用掉 5 年 10 个月，这样，人还剩下 35 年的时间；如果每天用在走路、买东西上的时间为 4 小时，那么，70 年会用掉 102200 小时，合 4258 天（11 年 8 个月），这样，人还剩下 23 年 4 个月的时间；如果每天用来和别人闲聊的时间为 3 个小时，那么，70 年又会聊掉 76650 小时，合 3194 天（8 年 9 个月），这样，人还剩下 14 年 7 个月的时间；如果每年用在看病、吃药、特别护理等事项上的时间为 12 天，那么，70 年要用掉 840 天（2 年 3 个月）。这样，人还剩下 12 年 4 个月的时间。

二、时间管理不良的原因

（一）目标不明确

目标对人生有巨大的导向作用。制定目标是提升工作效率的第一步，无论从事什么职业，从事哪项工作，自己心中都要先有一个明确的目标。没有目标的工作，就像一场没有终点线的赛跑，即使有再多的激情也会被纷繁的事务消磨掉，更谈不上提高工作效率了。有了目标，才有指引前进方向的“指南针”，人才会有热情、有积极性、有使命感和成就感，才能最大限度地发挥自己的优势。

（二）工作缺乏计划

率先创立了时间管理方法，被称为美国“时间管理之父”的阿兰·拉金（Alan Lakein）教授，在《如何掌控自己的时间和生活》中提到，“一个人做事缺乏计划，就等于计划着失败。有些人每天早上计划好一天的工作，然后照此实行，他们是有效利用时间的人。而那些平时毫无计划，靠遇事现定主意过日子的人，人生中就只有‘混乱’二字”。

要想改变这种状态，我们就要在明确工作目标的基础上，把自己的工作任务清楚地写下来，然后落实成具体的工作计划。这样才能更好地进行自我管理，使工作变得有条理。

怎样把工作任务落实成具体的工作计划呢？首先要把工作过程中的每一个步骤都写下来，然后根据它们的轻重缓急安排先后顺序，再一步一步地遵照执行。

博恩·崔西（Brain Tracy）在其《吃掉那只青蛙》一书中提到一个提高工作效率的重要法则——10/90 法则，并再次强调了计划的重要性。10/90 法则是指：如果你在工作前花 10% 的时间用于制定计划，在工作过程中将节约 90% 的时间。

总的来说，一个人的工作有效性，更多地体现在他对时间的支配方式上，而时间的有效利用则需要一个清晰的工作计划来实现。

（三）组织工作不当

在时间管理的过程中，一直在强调的一件事就是：不会授权的管理者不是一个好管理者。特别是当你的管理职务越来越高时，你就会感觉时间越来越少，所以你应该学会授权。授权需要掌握以下原则。

1. 尽量及时授权

团队中的每一个人都有不同的任务，而不同的任务综合起来，就是这个团队需要完成的任务。但是如果出现突发事件，一个领导者就要想办法利用这个团队的资源去完成整个任务，此时信任团队成员并及时授权就显得非常重要。

2. 明确分配工作

必须了解下属的能力与才干，对他们说明“做什么”，而非“怎样去做”。

3. 说明目标与期望以及评估的标准

授权不是指领导者撒手不管，而是指给下属适当的权力，同时说明目标与期望，以及评估的标准，让团队成员明确努力的方向。

4. 注重成效

成是成果，效是效率。领导者授权下属的同时要让下属清晰明了地知道工作的成效是什么。

5. 不能重复授权

要将特定权力分配给特定的人。

6. 由简至繁，循序渐进地向下授权

对于一个新人，领导者不宜给他既多又难的任务，应该从较简单的开始；而对于一个资深员工，因为有经验，可以安排给他更多的工作任务。

（四）令人烦恼的“拖延症”

拖延是时间的杀手，日积月累，特别影响个人发展。“拖延症”并不是严格的心理学或医学领域术语，而是一种用于描述人们拖延的行为和状态的通俗说法。

一项调查显示，大约75%的大学生认为自己有“拖延症”，50%的人认为自己一直拖延。严重的“拖延症”会对个体的身心健康带来消极影响，如出现强烈的自责情绪、负罪感，并伴有焦虑症、抑郁症等心理疾病，一旦出现这种状态，必须重视起来，并及时进行咨询或治疗。

（五）缺乏专注力

对于专注，某杂志主编有过一个很好的解释：“专注就是在专业技能的基础上发展起来的一种对工作极其投入的品质，它体现在人对工作有一种近乎疯狂的热爱，他们在工作的时候能够达到一种忘我的境界。”

如果你本来计划今天上午整理一份报表，一会儿突然想是不是应该给同事打个电话，一会儿又想是不是应该先把那份传真发了再做报表。这样显然无法保证此项工作的连续性，无法做到专注，本应该快速高效完成的工作最终结果恐怕很难令人满意。

专注的力量是惊人的。集中精力忘我地工作，做起事来不仅轻松、有效率，而且能带给人们真正的快乐和满足，让人们始终保持积极、高效的工作状态。只有当你专注地去完成目标时，才能更有效地使用你的时间和精力。

（六）缺乏进取意识

进取意识指做人要有积极向上的理想和追求。一个人如果缺乏进取意识，就会丧失许多宝贵的机会，还可能随时被社会淘汰。

第三节　时间管理的基本准则

一、明确清晰的目标

（一）目标是保持热情的发动机

目标是前进的动力，是保持热情的发动机。在现实生活中，要想获得事业上的成功，首先必须明确奋斗目标，并为此不懈地努力。随波逐流、缺乏目标的人，永远不可能淋漓尽致地发挥自己的潜能。因为有目标才有结果，目标可以激发我们的潜能，同时我们还要清楚且灵活地思考达到目标的路径是什么。

（二）目标的五个特征

目标管理由美国现代管理学之父彼得·德鲁克（Pater F. Drucker）提出，其中有一个重要的法则——SMART原则，俗称聪明原则，即具体的（Specific）；可衡量的（Measurable）；可实现的（Attainable）；相关的（Relevant）；基于时间的（Time-based）。

1. 具体的（Specific）

指设定的目标必须具体化，切勿抽象、空洞。比如你的目标是存钱，那就设定好一年具体的存钱数目；如果是阅读计划，那就规定一年读多少本书。如果人们能清晰地了解自己的行动目标和自己的进行速度，就会自觉地克服一切困难，努力达到目标。目标设计得越具体、越细化，越容易实现。

2. 可衡量的（Measurable）

所谓可衡量，就是在目标的实施过程中，可将每一步的成果具体量化。如果目标不能衡量，很多时候就容易沦为“看似美好的愿望”。“可衡量的”目标能让人对所做之事以科学的眼光进行分析、评判和改进，从而精准地推进目标达成。

3. 可实现的（Attainable）

这是个人能力和目标之间的一个衡量指标。如果目标设定得太高，就不利于目标的实现；如果目标设定得太低，就不够挑战性，也不能激发人的潜力。最好的目标，是那种需要你“跳一跳”才能够得着的目标。只有这类目标才能达到现实可能性和内在挑战性的统一，也更易激发人的内在成就动机。

4. 相关的（Relevant）

这一原则是指设定的目标一定要体现个人内心真实的想法，是真正迫切想要达成的目标。目标的制定应考虑和自己的生活、工作有一定的相关性。

5. 基于时间的（Time-based）

指目标要有时效性，要设定目标实现的期限，要制定好每周或者每天工作任务的截止时间，同时对结果进行评估。任何一个目标的设定都应该考虑时间的限定。

二、要事第一

（一）时间的四个象限

美国著名管理学大师史蒂芬·柯维（Stephen Covey）提出了一种时间管理理论，他把工作按照重要和紧急两个不同的维度进行划分，将任务基本上划分为四个象限。

1. 第一象限，紧急且重要的事

第一象限中的事指的是一定要优先去做的事情。有些人做事不分轻重缓急，遇事就赶紧做，不加考虑，这样的人看起来好像天天都有紧急的事情要做，其实这是对第一象限紧急而重要的事情的错误理解。

紧急的事情并不是经常出现、随时发生的。例如，某企业负责人要与某外商谈判，由于负责人英语水平有限，此时找一个精通商务英语的翻译就成了紧急而重要的事情，翻译找不到会直接影响与外商谈判的效果和进程。如果在与外商谈判前就已经有一个很好的翻译，那么寻找翻译也就不再是紧急而重要的事情了。并不是所有的事情在所有的情况下都会成为紧急而重要的事情。只有在极少数的情况下，各种因素在同一个时空出现，相关条件具备时，这件事才可能成为第一象限中的事件。

不要为处于第一象限的事件忧心忡忡，因为这样的事件并不会经常出现。

2. 第二象限，不紧急但非常重要的事

在四个时间象限中，最有价值的象限就是第二象限，也就是那些不紧急但重要的事情。荒废这个领域将使第一象限日益扩大，使我们产生更大的压力，在危机中疲于应付。反之，多投入一些时间在这个领域将有利于提高我们的实践能力，缩小第一象限的范围。这个领域的事情不会对我们造成催促力量，所以必须主动去做，这是发挥个人领导力的领域。

大部分时间，我们都是一样的，放下了重要不紧急的事情，去做紧急不重要的事。看起来貌似很合理，但事实是，如果你被紧急的事拖住，忽略了重要的事，那么重要的事迟早会变得特别重要特别紧急，那会让你不得不花费巨大的代价去弥补，而且未必弥补得了。

3. 第三象限，紧急但不重要的事

通常大部分人会把50%～60%的时间浪费在这些琐事上，这类事情表面上看似属于第一象限，但因为迫切的呼声会让我们产生“这件事很重要”的错觉——实际上就算重要也是对别人而言。电话、会议、突来访客都属于这一类。

可以利用“猴子法则”走出第三象限。通俗地说，“猴子法则”就是你怎样将自己身上的临时突发事件甩出来给其他人，我们自己不做猴子的饲养员。这里将这些临时的琐事比喻为活蹦乱跳、随时都可能跳到你身上的猴子。举个例子，帮助大家理解“猴子法则”。

下属小王问领导：我们怎么解决这个活动预算超支的问题？

领导张三回答：那你有什么想法？能不能先请你做一个降低成本的计划方案？

同事小刘问领导：我想了解企业物流运行的情况？

领导张三回答：×××在对接，我让她直接联系你。

虽然我们应该帮助遇到困难的朋友，但也应该避免这样的情况：让自己成为“猴子”的收容站，收的越多，他们给的就越多，到最后会被堆积如山的别人的问题所困扰，甚至没时间照顾好自己的“猴子”。

4. 第四象限，不紧急也不重要的事

这一象限内的事情，用通俗一点的话来说就是那些消磨和打发时间的事情。这部分倒不见得都是休息或休闲活动，因为真正有创造意义的休闲活动也是很有价值的。

要想避开低效工作的怪圈，进入高效工作模式，最好的方法是化繁为简，善于把复杂的工作简单化，把杂乱的工作有序化，以获得事半功倍的工作效果。唐纳德·伯纳德给出“三原则”：（1）能不能取消它？（2）能不能把它与别的事合并一起做？（3）能不能用简便的方法取代它？在这三个原则之下，我们在检查分析每项工作时，就可以避免无关紧要的工作带来的干扰。

由上可知，第一象限和第四象限是相对立的，很容易区分。第二象限和第三象限最难区分，第三象限对人们的欺骗性是最大的，很紧急的事实造成了它很重要的假象，耗费了人们大量的时间。依据紧急与否是很难区分这两个象限的，要区分它们就必须借助另一个标准，即看这件事是否重要。也就是按照自己的人生目标和人生规划来衡量这件事的重要性。如果它重要就属于第二象限；如果它不重要，就属于第三象限。

第三象限的事情往往是没有意义的，但是又很难缠，因此，我们在实际的生活和工作中必须想方设法走出第三象限。第一象限的事情重要而且紧急，但由于时间原因人们往往不能做得很好。第二象限的事情很重要，而且人们会有充足的时间去准备，有充足的时间去做好。可见，投资第二象限，它的回报才是最大的。

三、有计划、有组织地进行工作

所谓有计划、有组织地进行工作，就是把目标正确地分解成工作计划，通过采取适当的步骤和方法，最终达到有效的结果。

做计划要讲究方法。我们应该如何做计划呢？请牢记制订计划的五要素。

1. 目标必须明确

一个明确的目标必须具有具体性、可衡量性、可实现性、相关性和时限性。没有明确目标的计划是毫无意义的。

2. 实现目标所必需的条件

人力、财力、物力、时间、信息都是实现目标的必备条件。这些条件会受实际情况的限制。制定计划前必须清楚了解哪些条件已经具备，其他的条件能否具备，什么时候才能具备。

3. 实现目标的具体方法

要想高效工作，必须有方法，你在工作中可能会遇到一些以前从未遇到过的问题，其中最有效的方法就是广泛向有经验的主管或同事请教和学习。

4. 具体落实计划

计划应该落实到具体目标和实施方法上，应该清楚哪一步马上行动，哪一步何时开始。工作中应尽量发挥主动性，做到不拖延，使计划顺利完成。

5. 随时修正计划

计划是行动的指南，不能修改的计划是无用的计划。在工作中，应根据具体情况的变化对计划做出相应调整，如发现问题，应立刻调整。

我们总结制订计划的大致步骤如下：

（1）确立目标；

（2）探寻完成目标的各种途径；

（3）选定最佳的完成方式；

(4) 将最佳途径转化成月/周/日的工作事项;

(5) 编排月/周/日的工作次序并加以执行;

(6) 定期检查目标的现实性以及完成目标最佳途径的可行性。

四、二八定律

二八定律是19世纪末20世纪初意大利经济学家维尔弗雷多·帕累托(Vilfredo Pareto)发现的。他认为,在任何一组东西中,最重要的只占其中一小部分,约为20%,其余的80%尽管是多数,却是次要的,因此又称二八定律。

二八定律不仅在经济学、管理学领域应用广泛,它对我们的个人发展也有重要的现实意义:学会避免将时间和精力花费在琐事上,学会抓主要矛盾。

一个人的时间和精力都是有限的,要学会合理地分配时间和精力,要把80%的资源花在能出关键效益的20%的方面。

五、与他人的时间协作

任何组织,不论大小,都有其周而复始的节奏性、周期性;而我们作为社会或是团体组织中的一员,毫无疑问地要与组织或周边的人发生联系。因此,我们应尊重对方的时间安排,取得时间协作。

六、制定规则、遵守纪律

制定规则、遵守纪律的核心主要体现在以下三个方面:

1. 进行工作的时候,一定要念念不忘这个工作应于何时截止。

2. 即使外部没有规定截止的日期,自己也要制定一个完成目标的期限。

3. 由于不得已的原因而不能按期完成工作时,一定要提前和相关部门取得联系,将影响控制在最小范围内。

第四节 时间管理的工具与技巧

我们对时间管理的概念和时间管理不良的原因以及时间管理的基本准则都进行了探讨,下面我们介绍一些时间管理的技巧与方法。

一、设定不被干扰的时间

我们经常会抱怨，在做重要工作时，会被一些琐事打断，抱怨的同时也有无奈。对待打扰的方法有很多，我们的策略是将被打扰的时间缩短，将其负面影响减至最小。这个策略在有效实施之前，必须先判断出哪些是干扰。

（一）干扰的判断

要排除干扰就需要对干扰与非干扰进行区分，判断是否为干扰可以从以下几个方面入手。

1. 是否经常有人打扰你的工作

这是判断干扰是否存在的前提条件，若经常有人打扰，就有干扰存在。

2. 是否清楚别人打扰你的目的

明白了打扰的目的，就能很容易分清这个人是来工作的还是来闲聊的。

3. 紧急突发状况是否经常出现

紧急突发状况并不经常出现，但如果紧急突发状况很多，就要警惕干扰的存在。

（二）干扰的分类

1. 来自自己的干扰

来自自己的干扰往往很难被觉察，例如没有目的地游逛，与朋友聊天，发呆或者拖延等。排除自己干扰的有效方法是保持清醒的头脑，学习管理和控制自己，并且争取做到“己所不欲，勿施于人”。

2. 来自他人的干扰

来自他人的干扰包括多种情况，例如来自上司的干扰，这种干扰往往是最难控制的，因为既不能拒绝也不能回避；来自朋辈的干扰，这种干扰跟来自上司的干扰不同，这类干扰往往是即兴的，没有计划，但是最容易把你的时间消耗掉。

（三）干扰的排除

1. 发扬香蕉文化（依据对公司的理解制定自己的目标计划并让上司知道；主动找到上司，让他理解你的工作。这就是管理上司的文化，即香蕉文化），杜绝推诿。香蕉文化可以有效地帮你管理来自上司的干扰，使自己的工作目标变得更加清晰。

2. 明确工作职责，用工作流程去拉动部门之间的配合。

二、6点优先工作制

要改变自己每天都像“救火队”一样的工作状态，首先要做好工作时间安排，把尽量多的时间用在重要但不紧急的工作上。

效率大师艾维利（Aveley）提出了“6点优先工作制”方法，就是被管理学界喻为“价值2.5万美金的时间管理方法”。具体操作方法是：每天早晨上班前，写下今天要做的全部事情；按事情的重要顺序，分别从“1”到“6”标出六件最重要的事情。每天一开始，全力以赴做标号为“1”的事情，直到它被完成或被完全准备好，然后再全力以赴做标号为“2”的事情，依次类推。艾维利认为，一般情况下，如果一个人每天都能全力以赴地完成6件最重要的大事，那么他一定是一位高效率人士。

三、设定小的时限

要改变拖延的习惯，还可以尝试使用一个最简便的方法，就是在做某项工作时，为自己设定一个时限。比如写一篇稿子或一篇汇报，为自己规定半个小时或一个小时时限，然后用倒计时的方式开始工作。经过这样一段时间的训练，你会发现自己的工作效率有很大提高。

四、每日工作清单

把计划落实为每日的工作清单，才能更好地实现既定目标，才能更好地取得成效。把每月以及每周的计划落实到你的每日清单上，然后按照重要程度排列。在此过程中要仔细分析每一项工作任务，确定此项工作应该什么时候办，如何办。每完成一项任务，就把这项任务从清单上划掉。这样你每天的工作任务完成情况就清晰可见了，它能给予你成功的喜悦和前进的动力。持续不断的、看得见的进步能够促使你不断前进并克服拖沓的问题。

五、保持专注的技巧

（一）明确目标和任务要求

工作开始前就应该清楚目标和要求。如果你连工作需要完成什么、需要达到什么目标都不知道，其后果是可以想象的——工作返工、局面混乱、工作不顺畅，而这些问题也会使你无法专注，甚至进入恶性循环。

（二）清空大脑，理出头绪

开始工作之前，在明确目标的同时你要清空大脑，花上几分钟为所有零碎的任务理出头绪、分清次序，否则脑中杂乱无序地堆着一大摞任务是无法让你全神贯注的。分清任务的轻重缓急后，就要把注意力放在马上要开始的工作中，其他的按照次序暂时放在一边。工作中如果遇到棘手的问题，一旦思路受阻，必定会心烦意乱难以专注，这时你需要来场“头脑风暴”，重新写下思路，以保持精神的集中。

（三）给任务指定一个时限

给任务设置一个时限可能会给你一些压力，但一个存在于意识中的时限更能使你忘记琐碎的小事，集中精力做重要的事情，从而提升你的工作效率。

（四）保持健康的生活习惯

作息不规律、不注重锻炼、睡眠不足、工作期间过量饮用咖啡等，都会影响你的专注程度。应尽量戒绝这些不良的生活习惯，保持身体健康，改善体质，提高工作专注力。

学会时间管理，目的是希望自己每一天的工作都是有效率的，每一天的工作都会使自己更加接近所树立的目标。更重要的是所有目标的实现都在于两个字——行动，没有行动就没有结果。我们应做好“时间管理”的主人，科学有效地利用好自己的时间，充分发挥个人的主观能动性，主动挖掘自己的工作潜能，和时间一起稳步向前。

总结思考

1. 你的时间够用吗？

2. 描述一下你今天的学习是否达到了“三效”，即效果、效率、效能。如果没有，你将如何改进？

3. 如何区分事情的轻重缓急？

4. 你当前的目标是什么？应如何实现？

5. 在一天中，你将怎样运用二八定律进行时间管理？

6. 你有做事拖延的习惯吗？

7. 你如何利用碎片化时间？

8. 时间管理其实就是做决策，判断哪些事情重要，哪些事情不重要，如何把这些思想应用到实践中？

第九章

提升压力管理能力

对抗压力最伟大的武器就是我们选择一种思想转化为另一种思想的能力。

——［美］威廉·詹姆斯

学习导航

- 第九章 提升压力管理能力
  - 认识压力
    - 什么是压力
    - 压力的特点
  - 压力的来源
    - 什么是压力源
    - 大学生的主要压力来源
  - 压力管理技巧
    - 压力管理曲线
    - 压力管理的方法

问题发现

苏东坡面对浮沉的平常心

苏东坡是中国文学史上一位罕见的通才，他的诗词体现了忧国忧民之情，寓意深远，充满了对人生的深刻感悟和体会。

苏东坡一生为官，但在将近40年的仕宦生涯中，他有三分之一的时间是在贬谪中度过的。62岁时，他被贬琼州别驾，儋州安置，他无依无靠，尝尽苦头，可谓陷入人生的最低谷。其心中的不平，可想而知。苏东坡剩下的日子就是在这样的落魄不定和怀才不遇中度过的，可他取得的成就又是非凡无比的。那么，是什么力量使苏东坡身居如此逆境仍能自强不息？又是什么力量能使苏东坡如此从容地应对宦海浮沉？

从心理学上讲，这都是因为苏东坡天生就是个乐观主义者。他的性格当中含有大量的达观品质。苏东坡曾被贬黄州出任团练副使。虽心烦却不闲着。他寄情于美食，开发了“苏东坡菜系”，有东坡肉、东坡蒸猪头、东坡糖蒸肉、东坡编鱼、东坡笋、东坡饼等二十多种。

对苏东坡来讲，生活的起落是人生必读的教科书，宦海浮沉只是其中的作业与考试。面对世间的得失进退，苏东坡始终怀有一颗平常心，不因宦海浮沉而自暴自弃，不因生活颠沛就怨天尤人。这一切正如他的词句：“枝上柳绵吹又少，天涯何处无芳草。”这种面对压力的心态，真是无人可比！

点评

烦却不闲着，这是苏东坡的心理平衡手段。人生得意时，他可以筑一条苏堤，创一代画风；人生失意时，他拢田种地，下厨烧饭。从这层意义上讲，苏东坡一生最大的成就不在于其大量的文学创作，不在于其传世字画，而在于其经年修炼的“苦中作乐”的功夫，这才是他留给后人最大的精神财富。

学习目标

学完本章，你应当：

（1）理解压力与压力的来源；

（2）了解压力的特点及影响；

（3）提升压力管理的能力；

（4）学会压力管理的技巧。

理论点拨

第一节　认识压力

压力与健康

一、什么是压力

压力（Stress）一词最初来源于物理学，其物理学定义是指垂直作用于流体或固体界面单位面积上的力；20 世纪中叶，加拿大生理学家汉斯·塞利（Hans Selye）开始将压力的概念引入医学和心理学。当前，心理学界并未对压力给出一个统一的定义，但一般是指当需要应对的事情超出了个人的应对能力和所有资源，且一时难以解决时，个体对压力事件产生反应，从而形成的一种特别紧张的综合性心理状态。因此可以把压力定义为个体面对可能对其产生威胁并削弱其应对能力的状况或事件时的反应。通常在心理学领域，压力也称为“应激”“紧张”，如果个体长期处于一种高度的应激状态，会对身心造成严重影响。

二、压力的特点

（一）个体化

同一个压力作用于不同的人会有完全不一样的结果，在压力的互动关系中，每个人的反应及反应症状的严重程度都是完全不一样的，这就叫个体化，个体的特异性。

（二）动态性

一个人在压力环境中获得的压力与这一压力本身所导致的问题之间的关系并不是一成不变的。它们之间是互动的，有的人在互动过程中会感觉问题越来越严重；有的人在互动过程中能通过自我认知，自我调整，达到的一种新的平衡，逐渐适应压力。

（三）情绪性

是指个体有压力时总带有明显紧张的情绪体验的特性。压力的情绪性表现十分复杂，有消极和积极之分。压力的情绪性是积极的还是消极的，要看个体的需要和认知。如果个体认为压力事件能满足自己某方面的需要，便可能产生积极的推动力；如果个体认为压力事件不符合自己某方面的需要的，就会产生消极情绪。

（四）动力性

压力的动力性表现在对适应行为的积极增力作用以及对不适应行为消极减力作用两个方面。当个体心理压力过大时，人的理智一般难以控制，个体常表现出两种极端的行为反应，要么完全停止行动，要么攻击。中度心理压力一般会使人的行为能力降低，产生重复和刻板动作。在适度压力或轻度压力下，个体能在理智的控制下，对压力事件做较妥善的处理，同时，个体的生物性行为和正向适应性行为增多，动力性也随之增长。但个体若不能理智处理压力事件，对压力事件漠然置之，动力性也将随之降低。没有一定的心理压力，个体就难以提高心理承受力，个体的正向适应性行为就不会增多。一旦面临较大压力，个体很容易产生心理障碍，危害身体健康。

如果只看到心理压力的情绪性，并夸大其负面影响，忽视心理压力的动力性，或者只看到其消极减力的作用，都是片面的，也是错误的。因此，压力的动力性对人们来说既可能表现为积极的“推动力”，也可能表现为消极的“破坏力”。

第二节　压力的来源

压力源何

一、什么是压力源

压力源是指现实存在的具有威胁性的刺激，是作用于个体、使之产生压力反应的各种因素。简而言之，凡能引起心理压力反应的各种内外环境刺激均可以称作压力源。

日常生活中的压力来源是多种多样的，归纳起来，压力主要来源于两个方面，外部压力和内部压力。外部压力包括自然环境：洪涝、干旱、地震、火灾等；社会环境：战争、通货膨胀、失业、能源危机等；工作：任务改变、工作环境、组织与人事问题等。内部压力包括信念、经历、个体心理倾向性、情绪状态、期望值等。

二、大学生的主要压力来源

通过调研发现，大学生主要的心理压力来源有学习、感情、人际交往、就业、经济、与父母的关系等。

1. 学习压力

作为学生，学习压力是最明显的。进入大学，教学方式、学习方式和学习内容都发生了很大的改变。大学完全是自我管理，想学就多学点，不想学也没人督促，自我管理能力较差的学生就容易出现问题。不少同学由于没有掌握正确的学习方法，即便投入大量学习精力，但成绩不理想，甚至出现挂科的现象。

其次，面临越来越严峻的就业形势，一纸大学毕业证书甚至学位证书，都不再是获得好工作的保障。应聘者之间的竞争、家庭的期盼、自我要求过高等一系列因素也使得一部分学生感到学习压力较大。

2. 情感困惑

处于青春年华的大学生，希望扩大自己的交友圈，找到自己的理想恋爱对象。但是有些学生并没有在恋爱之前做好心理准备，如恋爱对象如何选择、恋爱交往应注意什么、出现分歧应该如何解决？大量个案表明，情感危机是诱发大学生心理问题的重要因素，因此对大学生来说，情感困惑也是压力的主要来源之一。

3. 人际交往压力

调查显示，大学生人际交往问题已经成为影响大学生发展的主要问题之一。越来越多的大学生因为没有掌握人际交往的技巧或对人际交往常识一无所知，出现被孤立、被排挤的现象。也有调查显示，很多大学生不会主动与他人交往，还有一部分大学生不愿与人交流，这些人际交往问题严重影响了他们的正常学习与生活。因此，人际交往困难会给大学生带来很大的心理压力。

4. 就业压力

随着近些年就业形势愈发严峻，“最难就业季”“更难就业年”不断出现，大学生们的就业压力也在不断增大。

大学生的就业压力来自两个方面：自身主观原因和外在客观原因。主观方面，部分大学生对自己的评价有失偏颇，有些同学对自己的评价过高，有些大学生对自己的评价过低。自我评价过高或过低都很容易限制学生的思维和发展视野。客观方面，高校扩招后带给学生的就业压力与日俱增。有的高校对社会需求的变化不够敏感；有的办学条件相对落后；有的对学生实践能力及综合素质的培养重视程度不够，人才培养不能与用人单位的需求相匹配。这些在客观上给学生带来了一定的就业压力。

第三节　压力管理技巧

人面临压力时会产生一系列生理和心理上的反应。事实上，压力并不总是坏事，这些反应在一定程度上也有好处。在生理上，压力可以调动机体的潜在能量，提高机体对外界刺激的感受和适应能力。在心理上，压力可以引起警觉，使人注意力集中、思维敏捷、精神振奋等，有助于个体适应环境。但是，如果压力过大，超出了人的可承受范围，则会带来一系列负面影响，对人体造成伤害。

因此，大学生应学会管理压力，让压力更好地发挥正面作用，减少负面影响。

一、压力管理曲线

研究发现，人承受的压力与其行动力之间存在一定的规律性联系，随着压力的增大，个体的表现也在逐步变化：当压力适度时，可刺激人处于兴奋高亢状态，积极进取，创造绩效；但是当压力超过一定水平时，则会引起身体和心理上的疲劳感，如果这种疲劳感长久得到不到改善，则会导致身心出现问题，甚至人的崩溃。

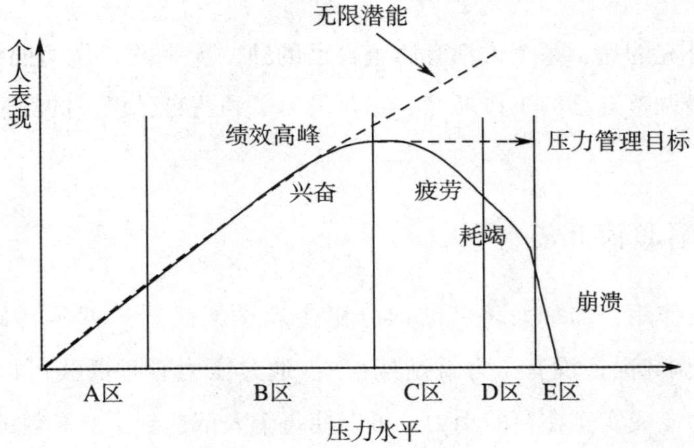

图 9-1　压力管理曲线

如图 9-1 所示，“压力管理曲线”将压力水平分成五个区域，个体处于不同的压力水平下，会表现出不同的行动力。

A 区，也称乏力区，当压力处于该区时，人的行为表现为：缺乏动力来源，没有热情和进取心，不知为什么而努力，因此也没什么行动力，显现出本能的惰性，处于一种迷茫、无助的乏力状态。

B 区，也称舒适区，此时存在适度的压力，人会付出更多的努力去满足生理、心理、生活、工作的需要，行动力会得到快速提升。压力是存在的，但人们似乎感觉不出来，或轻轻松松就可以应付得来，感觉比较舒适，不用付出太多努力。

C 区，也称发展区，当压力继续增大且略微超过人们正常的承受范围时，一部分人的潜能被激发出来，能力到了一个新的高度，进入发展区。另一部分人感觉无力支撑，行动会受到破坏，产生消极情绪，比如认为自己做不到、应对不了，等等。

D 区，也称潜能区，当压力继续增大时，会给人带来较多的负面影响，心里被大量的负面信息充斥，心理、生理上也出现了相应的反应，比如易怒、焦虑、失眠、缺乏思考能力、无法发挥自己的全部能力等。当人的潜能未及时开发时，这一区域的行动力常常以本能的方式表现出来，如：强烈的求生欲望、爱面子、急中生智等。潜能一旦被激发，人人都可能迸发出令自己想象不到的行动力。

E 区，也称破坏区，就某一个具体的人来讲，当压力达到一定程度，超过压力曲线的峰值而处于破坏区时，会感到绝望，再也无力承受或支撑下去，于是，他的意识与潜意识会同时选择放弃。此时，他的行动力因突然遭到毁灭性破坏，会骤然直线下降，直至为零。

这里需要补充的是，每个人都有属于自己的独一无二的“压力曲线”。通常情况下，人们会不断调整自己的工作环境，主要是为了到达自己想要的舒适区，以便应对更大的压力。

二、压力管理的方法

对于压力的作用，加拿大著名的内分泌生理学家汉斯·席尔（Hans）曾说过：“压力是生活的调味品，没有压力就是死亡”。通过压力管理曲线可以看出，做好压力管理，把压力变成实实在在的动力，可以使每个人都达到平衡高效的状态：动力十足、行为有效、感情丰富、精力充沛。每个人只要改变一下看问题的角度，学会一些放松的方法，就能从容面对压力。

1. 正确认识和觉察压力

自然状态下，人们一般会面临两种属性的压力。一种是我们的身体所能感受到的、客观存在并且往往可通过一定的方式测量到的物理压力，例如大气的压力、心脏的压力等，这些压力往往和生命系统密切相关。另外一种就是和意志精神相关的压力，例如生存竞争的压力、对某件事物的恐惧心理、人际关系不好带来的压力等，这些压力往往和行为相关。

通常，人们对压力的理解并不全面，认为压力都是不好的，因此就有了“减压”“消除压力”等说法。其实，肌体对压力有天生的吸收—缓冲机制。一般的生活压力会被身体转化成活力与激情，如果一个人生活在不断变化的压力中，那么他的肌体是健康的，也是有饱满能量的。当缺乏压力时，人特别容易懒散、懈怠，不能进步。当压力太大时，身体又会不适应，精神状态不佳。适当的压力是必要的，压力过大或过小都不是正常的状态，因此我们要努力将压力维持在比较合理的状态。

2. 克服畏惧情绪，保持积极乐观、豁达的心态

这一点是管理好压力的前提和基础，只有具有良好的心态和生活态度，人们才能有足够的好心情去处理工作和生活中的各种事情。先理心情，再理事情，就是这个道理。

3. 面对现实，客观评价自己

现实生活是极其复杂的，每个人都有自己的理想和抱负，对自己有所要求，但这些要求应该建立在力所能及的基础上。人们之所以在工作、生活中会有挫败感，往往是因为自我目标难以实现。所以，调整自己的目标，在积极向上、努力进取的同时，保持一颗坦然面对成功与失败的平常心，得意黯然、失意泰然，才能使自己心情舒畅。

4. 健康地缓解压力

如何管理好压力呢？我们可以尝试压力日志、肌肉放松训练、冥想与想象、倒数放松、一分钟放松等方法。

（1）运动。运动是使生理反应平静下来相当有效的方式，压力会促使肾上腺素分泌及流动性增加，而运动则可以减低并消散其作用。游泳、跳绳、骑单车、慢跑、急步行走与爬山等，这些运动不仅能够让身体的血液循环系统运作得更有效率，还能够强化我们的心肺功能，增强肾上腺素的分泌，让身体的免疫系统强大起来。人们也才能以更强的“体质”去应付生活中随时可能出现的各种压力。此外还可以利用其他有效的自助法来排除压力，例如循序式肌肉放松法、静坐等。

（2）倾诉沟通。交流是释放压力的有效途径，交流的过程也是自我反思的过程。通过有效的沟通，人们可以获取心理支持、增强自信心，进而更好地应对压力。

（3）“3R”减压原则。“3R”原则是国际上比较流行的减压原则，即放松（Relaxation）、退缩（Reduction）及重整（Reorientation），就是将放松自己、减少遭遇压力源的机会、重新调整要求或期望值三者结合起来。如果压力影响过大且持久，自我调节不能见效，就要求助于专业机构或专业人士，让他们为你提供减压方法，帮助你进行减压训练。

总结思考

1. 你有压力吗？
2. 你是如何管理压力的？
3. 你会通过什么渠道释放压力？
4. 如何加强自己的社会支持系统？
5. 你对自己的认知清晰吗？
6. 你会通过运动和冥想释放压力吗？
7. 你了解压力的双重性吗？
8. 你的饮食健康吗？作息时间规律吗？
9. 你的不合理信念都有哪些？
10. 压力的积极作用有哪些？

第十章

提升情绪管理能力

能控制好自己情绪的人，比能拿下一座城池的将军更伟大。

——［法］拿破仑

学习导航

- 第十章 提升情绪管理能力
  - 情绪的秘密
    - 认识情绪
    - 不良情绪的危害
  - 情绪管理
    - 什么是情绪管理
    - 做好情绪管理的重要性
    - 情绪管理ABC理论
    - 情绪管理的方法

问题发现

大学生情绪状况知多少

中国青年网的一篇关于大学生情绪调查的报道中有以下几则真实的案例。

桂林某大学学生王某某，性格内向、不善交际，且成绩一般，看到身边同学参加各种活动，获得奖学金，能力提升很快，她逐渐焦虑、烦躁起来。她说，“其实就是自己跟自己生气，但是很影响心情”。

山东某大学学生赵某某因常在学校实验室比赛中遇到难题，以至于和同学出现矛盾。但无论出现什么状况，他都尽力把自己的心情调整到平静状态，实在不行就去睡一觉，睡醒后，继续做实验！

郑州某大学学生张某某，最近忙于考教师资格证、毕业生结课和期末考试，所有考试积压到一起让他很苦恼。面对就业压力，张某某表示还没有做好充分准备，“临近毕业事情比较多，我是专科不太好找工作，所以对未来比较迷茫”。

山东某学院学生刘某在学院担任学生会主席，学生工作成了她的生活主线。当多项工作同时布置下来又催得比较紧时，她的心情就会变得烦躁，工作效率也会下降。不过，刘某说：“当事情一件一件完成后，烦躁的情绪也会逐渐消失，随之而来的是一种满足感”。

点评

通过中国青年网的调查我们可以看到，学业压力大、对未来感到迷茫、学生工作繁忙系困扰大学生情绪的主要原因。大学生要学会独立面对和处理问题，管理好自己的情绪。

学习目标

学完本章，你应当：

（1）了解情绪的秘密；

（2）了解情绪发生的机制；

（3）学会情绪管理的方法。

理论点拨

第一节 情绪的秘密

揭开情绪的面纱

一、认识情绪

（一）情绪的含义

情绪是一系列主观认知经验的通称，是指人们在内心活动过程中产生的心理体验，是人脑对客观事物与人的需要之间的关系的反映。人在加工外界输入的信息时，不仅能认识事物的属性、特性及其关系，还会形成对事物的态度，产生满意、不满意、喜爱、厌恶等主观体验，这就是情绪。情绪能够自我觉察，它是情绪智力的核心能力。

（二）情绪的要素

1. 情绪的生理变化

人在产生情绪时，心律、血压、呼吸乃至内分泌、消化系统等，都会发生相应的变化。例如，人在焦虑状态下，呼吸会变得急促；人在恐惧状态下，身体会不由自主地战栗。这些变化都是受人的自主神经支配的，而不由人的意识所控制。因此，情绪状态下的这些变化，具有极大的随意性和不可控制性。

2. 情绪的内心体验

情绪必然会反映在人的知觉上，反映到人的意识中，从而形成独特的内心感受和体验。心理学家伊扎德（Izard）提出了情绪四维理论，他认为，人对情绪状态的自我感受，是在愉快度、紧张度、激动度和确信度四个维度上产生的心理感受。愉快度表示主观体验的享乐色调；紧张度表示情绪的心理激活水平，包括肌肉紧张和动作抑制等成分的激活水平；激动度表示个体对情绪、情境出现的突然性，即个体缺乏预料和缺乏准备的程度；确信度表示个体胜任、承受感情的程度。

3. 情绪的外在表现

面部表情能直接反映人的情绪状态，人们可通过观察一个人的面部表情，来了解他的情绪状态。例如，当一个人看到自己支持的球队获胜时，他会不由自主地喜笑颜开。体态同样能反映一个人的情绪状态，例如，考试过后，如果有人坐立不安或垂头丧气，那么他的情绪状态一定是焦虑的或失落的。声态表情则指一个人在与他人交流时的声调、音色和声音节奏等方面呈现的状态和变化。如，一个人悲伤时，语调会变得低沉、语速会缓慢。

二、不良情绪的危害

（一）情绪适应不良

情绪反应存在一个度的问题，例如，一个人面临恶犬的追赶，产生了恐惧感，这里的情绪反应与情境是相互对应的，所以是正常的；而一个成年人如果被一个玩具狗吓得浑身发抖，那这种情绪反应就不正常了。再比如，一个小孩儿遇到不高兴的事，回家和父母哭诉，这是很正常的情绪反应；而一个成年人，如果在工作中或学习上一遇到鸡毛蒜皮的小事，就和家人哭诉，这就有些情绪失控了。

所谓情绪适应，即对情绪进行积极地调节。一般来讲，人在不同的年龄阶段，其情绪适应能力和水平也不同。对于一名大学生来讲，当遇到使自己焦虑的情境时，应尽量让自己保持镇定；当感到自己的心情过于郁闷时，应主动参加一些可使自己振奋的活动，让自己的心情变得好一些。这些就是我们所说的情绪适应。

情绪适应不良即不良的情绪反应，或称消极情绪。如果个体不能积极化解负性情绪，甚至一味地压抑自己的不良情绪，则会给自己的身心健康带来极大危害。

（二）情绪压抑

如果一个人的情绪应该表达而又没有表达出来，这就是情绪压抑。美国著名外科医师希格尔（Siegel）曾表示，一个人如果无法表达出内心的冲突，生命机能的运作将受到影响。如果这种被压抑的情绪长时间得不到宣泄，人就会忧郁成疾，进而引发身体疾病，或出现精神障碍或行为异常。我们要积极适应外界对自身的影响，直面负性刺激，正确释放不良情绪，提高自己的情绪管理能力，使身心达到平衡的良好状态。

第二节　情绪管理

一、什么是情绪管理

情绪管理就是用正确的方式探索自己的情绪，调整自己的情绪，理解自己的情绪，放松自己的情绪。也就是说，情绪管理不是去除或压制情绪，而是在情绪产生后，通过一定的策略和机制，调整情绪的表达方式，使情绪在生理活动、主观体验、表情行为等方面发生一定的变化。以适当的方式在适当的情境中表达适当的情绪，才是健康的情绪管理之道。

人对待情绪的态度一般有三种模式：

1. 自觉型

这类人非常清楚自己的情绪状态，自主性强，进退得宜，心理健康，乐观向上，情绪不佳时不会终日忧思、反复思索，能很快走出阴影。这种人较善于管理情绪。

2. 难以自拔型

这类人常会觉得自己被情绪淹没，且无力逃脱，情绪善变而不自觉。又因自知无力掌控情绪，索性听任自己深陷低潮。

3. 逆来顺受型

这类人通常很清楚自己的情绪状态，但习惯于逆来顺受，不求改变，又可分为两种类型：一种情绪常保愉快，因而缺乏改变的动力；一种经常情绪恶劣但采取放任的态度。

二、做好情绪管理的重要性

（一）做好情绪管理是一个人成熟的标志

不能调节好自己的心情、控制好自己的情绪，会给人不成熟的感觉，有时甚至会伤害到别人，给人际交往带来麻烦。

（二）做好情绪管理有利于人际关系的和谐

一个人的人际关系好坏取决于他的情绪表达是否恰当。倘若常在他人面前任由负面情绪发泄，丝毫不加控制，久而久之，别人就会视这个人为难以相处之人，甚至将他列入拒绝往来的名单。反之，若常面带微笑、多赞美他人，以亲切态度与他人和谐相处，人际关系自然会逐渐改善。

（三）做好情绪管理可以防止行为冲动

情绪失控容易导致失去理智，而失去理智，则容易发生冲动行为。明代小说家冯梦龙说：“怒中之言，必有泄漏。”所以，人在生气和愤怒时要惜言、慎言，以免有意或无意地伤害对方的身心。古人云：钟鼓之声，怒而击之则武，忧而击之则悲，喜而击之则乐；其意变，其声亦变。同样的钟鼓，同一个人去击，为何其声多变？只因其意多变。为何其意多变？只因情绪多变。

三、情绪管理 ABC 理论

美国临床心理学家艾里斯（Ellis）认为，在人们情绪产生的过程中，有三个重要的因素，即诱发情绪的应激事件（A）、人们对诱发事件所持的相应的信念、态度和解释（B）、由此引发的人们的情绪和行为的结果（C）。情绪管理 ABC 理论认为，A

可以是一件事，亦可以是某个人的一个行动或态度，B 指的是个人对 A 的看法和信念，C 指个人情绪反应，这个反应可能是适当的，也可能是不适当的。一个人被情绪所困，不是由 A 决定，而是由 B 决定。也就是说，情绪并非由导致情绪发生的诱发事件直接引起，而是由人们对这一引发事件的解释和评价所引起，即并非事件引起了情绪，而是人们对事件的看法引起了情绪，对事件正确的认识一般会引发适当的行为和情绪反应，而错误的认知往往是导致不良情绪产生的直接原因。

人们之所以会对事件产生错误认识，往往是有某些不合理的信念，艾里斯称其为非理性观念。非理性观念会使人陷入情绪的逆境中不能自拔；改变不合理的观念，建立合理的观念，就会产生积极的情绪反应。

依据情绪管理 ABC 理论，分析日常生活中的一些具体情况，人的不合理观念常常具有以下三个特征：

1. 绝对化的要求。这是指人们常常以自己的意愿为出发点，认为某事物必定发生或不会发生。因此，当某些事物的发展与个人对事物的绝对化要求相悖时，他就会感到难以接受和适应，从而陷入情绪困扰中。

2. 过分概括化。这是一种以偏概全的不合理的思维方式，它常常把“有时”“某些”过分概括化为“总是”“所有”等。用艾里斯的话来说，这就好像凭一本书的封面来判定书内容的好坏一样。它具体体现在人们对自己或他人的不合理评价上，典型特征是以某一件或某几件事来评价自身或他人的整体价值。

3. 糟糕至极。这种观念认为如果一件不好的事情发生了，那将是非常可怕和糟糕的。这种想法是非理性的，但如果一个人坚持这种糟糕的看法，那么当他遇到他所谓的百分之百糟糕的事时，他就会陷入不良的情绪体验中，甚至一蹶不振。

因此，在日常生活和工作中，当人们遭遇失败和挫折时，要想避免情绪失控，就应多“检查”一下自己的大脑，看是否存在某些“绝对化的要求”“过分概括化”和“糟糕至极”等不合理想法，如有，就要有意识地用合理观念取而代之。

四、情绪管理的方法

情绪表达不当会对人们的身心健康、自身发展带来不利影响，所以人们要学会调节和管理情绪。

（一）察觉自己的情绪

当人们产生情绪时，表示生活中有事件刺激且引发警报。但如果人们能察觉到情绪的产生并认知情绪，就可以阻止情绪的瞬间爆发，并有针对性地进行管理。当人们发现自己情绪异常时，要特别警觉。

1. 提高自己的情绪觉察能力

（1）主动观察自己的情绪。不要抗拒这样做，以为那是在浪费时间。要相信了解自己的情绪是重要的领导能力之一。

（2）诚实地面对自己的情绪。每个人都会有情绪，接受这样的事实才能了解自己内心的真实感受，进而合理地处理正在发生的事情。

（3）问自己四个问题。我现在处于什么情绪状态？假如有不良的情绪，原因是什么？这种情绪有什么消极后果？应该如何调整？

（4）找一个能使自己静心的方式。

2. 提高情绪觉察能力的方法

（1）记录法：你可以抽出一至两天或一个星期的时间，有意识地留意并记录自己的情绪变化过程。可以以情绪类型、时间、地点、环境、人物、过程、原因、影响等为要素，为自己列一个情绪记录表，连续记录自己的情绪状况。

（2）反思法：可以利用你制作的情绪记录表思考自己情绪产生的原因：为什么会有这样的情绪？有什么消极的负面影响？应该如何杜绝类似情绪的发生？如何控制此类不良情绪的蔓延？

（3）交谈法：与你的家人、上司、朋友等进行诚恳交谈，征求他们对你情绪管理的看法和建议，借助他人的评价和分析来认识自己的情绪状况。

（4）测试法：借助专业的情绪测试软件，或是咨询专业人士，获取有关自我情绪认知与管理的方法或建议。

（二）接纳情绪的合理性

情绪最重要的作用就是：情绪是百分百准确，百分百忠诚的信号员，当你有情绪时，说明你的内心不舒服，或者是有些病痛。所以，情绪作为一个信号，我们需要接纳它。

（三）认清自己的情绪反应类型

美国著名辩证行为疗法治疗师卡廷·霍尔（Karyn D. Hall）将情绪反应分为两种类型：情绪化反应和情绪化回避。

假如你倾向于情绪化反应，你会不假思索地直接表达你的愤怒、快乐或其他热烈的情绪。在情绪爆发的那一刻，你的情绪告诉你，你的行为是对的，虽然事后你也许会为自己当时的冲动感到后悔。

假如你倾向于情绪化回避，那么你会选择不去面对令你不舒服的感觉。避开痛苦的情绪看上去似乎是个不错的想法，但你可能会通过超负荷运动、暴饮暴食以及做其他类似的事情来麻痹自己的情绪，或者你会将自己的情绪推开，不让自己意识到它们的存在。

意识到自己有某种情绪后，观察自己的第一反应，并对自己的情绪反应模式进行总结。接下来你要回答几个问题：自己为什么会愤怒、自己为什么会难过……找出这些原因，让自己知道这种情绪的来源。

（四）关注当下，情绪急救

1. 回到目标中来

如果我们时刻关注自己的目标，就不会被事件所引发的情绪控制，反而情绪会因关注目标而得到控制。

2. 注意力转移

就是把注意力从引起不良情绪反应的刺激性情境，转移到其他事物上或通过从事其他活动来进行自我调节的方法。通过参与新的活动特别是自己感兴趣的活动而达到增进积极的情绪体验的目的。转移注意力可以通过改变注意的焦点和改变环境来达成。

3. 适度宣泄

过分压抑只会使个人情绪困扰加重，而适度宣泄则可以把不良情绪释放出来，从而使紧张情绪得以缓解、放松。合理发泄情绪是指在适当的场合、用适当的方式来排解心中的不良情绪，合理发泄可以防止不良情绪对人体的危害。

4. 换个角度看问题

遇到挫折时，要从积极的方面看，对比现状，想想其他更不利的结果，你就会觉得某件事还没有到最坏的地步。或是从不利结果中找到有利的因素，争取下次做得更好。

总结思考

1. 你对情绪有哪些了解？
2. 情绪有好坏之分吗？
3. 你是如何管理愤怒情绪的？
4. 你是如何管理焦虑情绪的？
5. 情绪能够传染吗？
6. 情绪管理 ABC 理论是什么？

第十一章

提升人际关系能力

和太强的人在一起，我会感觉不到自己的存在。交朋友不是让我们用眼睛去挑选那十全十美的，而是让我们用心去吸引那些志同道合的。

——［法］罗曼·罗兰

学习导航

- 第十一章 提升人际关系能力
  - 人际关系的基础
    - 什么是人际关系
    - 人际关系的原则
    - 良好的沟通是人际关系的前提
  - 人际印象及认知偏差
    - 什么是人际印象
    - 人际印象中常见的偏差
  - 通过印象管理提高人际吸引力
    - 什么是印象管理
    - 什么是人际吸引

问题发现

名贵的花

有一个精明的荷兰花草商人，他千里迢迢从遥远的非洲引进了一种名贵的花卉，培育在自己的花圃里，并准备到时候卖个好价钱。对这种名贵花卉，商人爱护备至，许多亲朋好友向他索要，可他却连一粒种子也不肯给。他计划先培植、繁育三年，等拥有上万株后再开始出售和馈赠。

第一年的春天，美丽的花儿开了，花圃里万紫千红，那种名贵的花开得特别漂亮。第二年的春天，他已将这种名贵的花繁育出了5000多株，但他和朋友们发现，第二年的花没有第一年开得好，花朵略小不说，还有一点点杂色。到了第三年的春天，这种名贵的花已经繁育出了上万株，但令这位商人沮丧的是，那些花的花朵变得更小了，花色比以前也逊色了很多，完全没有了它在非洲时的雍容和高贵。

难道这些花退化了吗？可非洲人大面积、年复一年地种植这种花，并没有见过这种花退化呀。他找到一位植物学家请教，植物学家来到他的花圃看了看，问他："你这花圃隔壁种的是什么？"

他说："隔壁是别人的花圃。"

植物学家又问他："他们种植的也是这种花吗？"

他摇摇头说："这种花在全荷兰，甚至整个欧洲也只有我一个人种，其他人的花圃里都是郁金香、玫瑰之类的普通花卉。"

植物学家沉吟了半天说："我知道其中的奥秘了，尽管你的花圃里种满这种名贵之花，但和你的花圃毗邻的花圃里却种植着其他的花卉，你的这种名贵之花被风传授了花粉后，又沾上了毗邻的花圃里其他品种花卉的花粉，所以，你的名贵之花会一年不如一年，看上去也就不像原来那样雍容华贵了。"

荷兰商人问该怎么办，植物学家说："谁能阻挡风传授花粉呢？要想使你的名贵之花不失本色，只有一种办法，就是让你邻居的花圃里也都种上你这种花。"

于是商人把自己的花种分给了邻居。次年春天花开的时候，商人和邻居的花圃几乎成了这种名贵之花的海洋——花朵又肥又大，花色优美，朵朵流光溢彩、雍容华贵。这些花一上市，便被抢购一空。

点评

人生在世，名声、地位、财富都不重要，重要的是追求人生的过程，重要的是学会与他人分享。其实，没有人能孤独地享受幸福和快乐，只有学会与众人分享幸福，同大家共同“培植”快乐，才能获得个人的幸福和快乐。

学习目标

学完本章，你应当：

（1）了解人际关系定义；

（2）学会人际交往的原则；

（3）学会提升有效沟通的方法；

（4）掌握人际印象及其心理效应；

（5）学习印象管理和提升人际吸引的基本方法。

理论点拨

第一节　人际关系的基础

人际关系的重要性

一、人际关系

（一）认识人际关系

1. 什么是人际关系

人际关系就是人们在共同活动中彼此为寻求满足各种需要而建立的相互间的心理关系。人际关系的形成包含认识、情感和行为三个方面。该定义包含三层含义。

（1）人与人相互交往过程中心理关系的亲密性、融洽性和协调性的程度，主要指人与人之间的心理关系。

（2）人际关系由一系列心理成分构成，例如认知成分、情感成分、行为成分等。

（3）人际关系是人们在彼此交往活动的过程中建立和发展起来的。交往是联系个人与他人、个人与群体、群体与群体的桥梁，没有人际交往也就无所谓人际关系。

2. 人际关系的特点

（1）个体性

人际关系的本质表现在个体与个体的互动过程中，在人际关系中，“教师”与

"学生"、"上司"与"下属"等角色退居到次要地位，而对方是否是自己喜欢或愿意亲近的人则成为主要问题。这就是人际关系个体性特点的表现。

（2）直接性

就是可感性。人际关系是人们在面对面的交往过程中形成的，个体可切实感受到它的存在。没有直接的接触和交往不会产生人际关系，一经建立，一定会被人们直接体验到。

（3）情感性

人际关系的基础是人们彼此间的情感活动，情感因素是人际关系的重要组成部分。人际间的情感倾向有两类，一类是使人们彼此接近和相互吸引的情感，即连属情感。对方总是自己所满意的，个体有强烈的与其合作或结合的行为倾向。另一类是使人们互相排斥分离的情感，即分离的情感，对方是自己所不能接受的，甚至是感到厌恶的。

（二）人际关系的发展阶段

人与人之间的关联状态从无关（零接触状态）到关系密切（深度卷入状态）要经过一个过程。这个过程可分为四个阶段。

1. 觉察相识

人际关系的建立是从觉察开始的。如果一方开始觉察到对方，或者彼此产生了相互注意，那么，人与人之间的相互作用就开始了。觉察相识是有指向性的，它本身反映了某种需要倾向。只有那些在价值观上对我们有重要意义的人，我们才会将之作为交往和建立关系的对象。

2. 表面接触

因为利用觉察来了解对方缺乏定向性，所以往往无法获得所需要的信息。要深入了解对方就必须彼此接触，进行面对面地交往。此时的接触是表面的，它仅仅是情感关系发展的起始点。

通常，我们与之交往的对象多数均保持在表面接触阶段。交往双方情感涉入的程度都比较浅，所保持的并非完全是个人关系，而是一种类似于职业或角色化的关系。

3. 融合时期

通过一段时间的表面接触，如果交往双方为对方的某些品质所吸引，交往就会越发频繁和密切。随着沟通的深入和扩展，双方沟通的内容会越来越多，范畴越来越广，情感色彩越来越浓，心理卷入和相互渗透的程度越来越深，关系的性质就发生了实质性的变化。此时双方已产生相互的信任感和安全感，关系较为密切。此阶段，双方都会感到充实、愉快，并提供真实的评价性反馈信息，相互欣赏，建立友谊。如果此时关系破裂，个体将会出现焦虑、痛苦等负面情绪。

4. 稳固时期

这一时期，人际心理进入了高度相容阶段。双方在认知、情感和行为上均达到相当一致，关系比较稳定，这是人际关系的理想阶段。此时，人际相容程度进一步加强，双方对现实的态度和价值取向也逐渐高度一致，并表现出相似的行为方式，允许彼此进入对方高度私密的个人领域。

当然，在这一阶段，双方并非没有矛盾，只是因为有强烈的情感吸引，较容易求同存异。如果出现矛盾，双方只有相互尊重和谅解，才能将亲密相容的关系稳固下去。

能准确认识自己，需要发展水平较高的自我意识；能清楚地认识他人及自己的人际关系，则需要良好的人际认知能力。

二、人际关系的原则

（一）平等原则

平等原则是民法规定的民事主体在民事活动中法律地位一律平等的准则。平等是建立人际关系的前提。“平等”指的是人格上的平等。平等待人要做到：不以富贵贫贱智愚论他人的品质；平等地尊重他人。

（二）互利原则

良好的人际关系离不开互助互利。人际关系是相互依存的，人们通过对物质、能量、精神、感情的交换而使各自的需要得到满足。

1. 正确理解人际交往的互利性

美国著名社会心理学家霍曼斯（Homans）提出，人际交往在本质上是一个社会交换的过程。人们在交往中总是在交换着某些东西，互利性越高，双方的关系越稳定、越密切；互利性越低，双方的关系越疏远。

2. 让别人感觉值得与你交往

（1）无论多么亲密的关系，都需要“投资”。既要有物质互利，也要有精神互利。

（2）积极“投资”，但不要急于获得回报。

（3）不要过多付出。过多付出，会给对方带来巨大的心理压力。

（三）信用原则

信用即指一个人诚实、遵守诺言。讲诚信就要做到：以“诚”为立身之本；不要轻易许诺，自己办不到的事情要讲清楚，以获得对方的理解；答应别人的事情要说到做到。

（四）相容原则

相容是指人际交往中的心理相容，即人与人之间的融洽关系，与人相处时的容纳、包涵、宽容及忍让的心理状态。要做到心理相容，应该：学会寻找自己和他人的共同点，求同存异；为人心胸开阔，宽以待人；要体谅他人，遇事多为他人着想。

三、良好的沟通是人际关系的前提

（一）沟通的概念与特点

沟通是人与人之间、人与群体之间思想与感情传递和反馈的过程，目的是达成思想一致和感情通畅。

沟通的特点有：沟通需要借助一定的载体；沟通符号一致；双方情景相融；双方影响互伴。

（二）沟通的要素

沟通的要素包括“发送—接收者”、信息、渠道（媒介）、噪音、反馈和环境。

1. 发送者和接收者

任何一次沟通都必然存在发送者和接收者，他们是沟通的主体。这种沟通不是一种单向过程，即一个人表达思想、其他人接收，而是双向过程。在大部分沟通情景中，人们都是“发送—接收者”，即在同一时间既发送又接收。

2. 信息

信息是由“发送—接收者”要分享的思想和情感组成的。思想和情感只有表现为符号时沟通才能实现，符号是能够表示其他事物的某种事物。

3. 渠道（也称媒介）

渠道是信息经过的路线。在面对面的沟通中，渠道主要指声音和视觉。我们熟悉的电视台、报纸都是语言信息传播的渠道。除此之外，还有传递非语言信息的渠道，例如，申请一份工作时，你可以借助非语言信号发出一种明确的信息：有力的握手（触觉）以及尊重的语气（声音）。

4. 反馈

反馈是“发送—接收者”相互间的反应。比如，你讲一个笑话，听的人报之一笑，这就是反馈。“发送—接收者”面对面时收到反馈的机会最大，而且沟通中涉及的人越少，得到反馈的机会越大。

5. 噪音

噪音是阻止理解和准确解释信息的障碍。噪音发生在发送者和接收者之间，分三种形式：外部噪音、内部噪音和语义噪音。

外部噪音来自环境，它会阻碍人听到信息或理解信息。例如你正在与同宿舍的同学交谈，电钻声可能会打断你们的谈话。外部噪音不总是来自声音。在炽热的太阳下站着与某人交谈，你会感觉不舒服以至于不能集中精力，这也是一种外部噪音。

内部噪音发生在“发送—接收者”的头脑中，这时他们的思想和情感集中在沟通以外的事情上。此外，内部噪音也可能是某种信念或偏见。

语义噪音是由人们对词语情感上的反应引起的。如某些含有性别歧视的语言。

6. 环境

环境是沟通发生的地方，能对沟通产生重大的影响。在很多情况下，环境不同沟通的效果也不同。例如，礼堂对演讲和表演来说是一个合适的地方；咖啡馆则是和朋友闲聊的好去处。

（三）提升沟通效果的方法

1. 从对方的角度出发

沟通只在有接受者时才会发生，与他人说话时必须依据对方的经验。接受者的认知取决于他的教育背景、过去的经历以及他当时的情绪。有效的沟通取决于接受者如何理解。所以，无论使用什么样的渠道，沟通的首要问题是：这一信息是否在接受者的接收范围内？他能否收到？他会如何理解？

2. 了解对方的期待

沟通之前，了解接受者的期待是什么尤为重要。只有这样，我们才能知道是否可以利用他的期望来沟通。因为我们所察觉到的，都是我们期望察觉到的东西，潜意识会使我们强烈抗拒任何不符合我们“期望”的企图。

3. 符合双方的要求

沟通永远都是一种“宣传”，都是为了达到某种目的。沟通会产生要求，它总是要求接受者要完成某事、相信某种理念，它也经常诉诸激励。换言之，如果沟通能够符合接受者的期望、价值观与目的，它就具有说服力。

4. 沟通要建立在有效信息基础之上

沟通以信息为基础，但和信息不是一回事。信息不是人际间的关系。它越不涉及诸如情感、价值观、期望与认知等人的成分，就越有效力且越值得依赖。信息过多或不相关都会影响沟通效果。信息是中性的，而沟通的背后都隐藏着目的。沟通会因为沟通者和接受者的认知与意图不同而显得多姿多彩。

第二节　人际印象及认知偏差

倾听的力量

一、人际印象

（一）什么是人际印象

人际印象就是认知主体把有关他人的各种信息综合在一起从而形成的对他人的整体印象。它具有一体性、主导性、联想性、比较性和固定性等特点。

人们往往是在极其有限的信息基础上形成对别人的总体印象。如见到一个人就去猜测他的年龄、社会背景、性格特征等。通过这种方式形成的印象往往被称为第一印象。

（二）人际印象形成的法则

1. 好恶评价是第一印象形成中最重要的维度

当人们相遇时，彼此最先做出的判断就是相互喜不喜欢。对他人所做的好恶评价在很大程度上会影响对这个人的总体印象。奥斯古德（C. E. Osgood）等人的语义分化研究证明，评价维度可以将许多信息组织起来形成一个完整的印象。在研究中，他们让被试者选择一些描述特征的配对词（如愉快—悲伤、好—坏、强—弱、冷—暖）去形容一些人或物。结果发现人们是根据三个基本的维度对他人进行评估的，即评价（如好—坏）、力度（如强—弱）和活动向度（如主动—被动）。其中，评价维度在印象形成中最为重要，一旦人们对人或物的判断在这个维度上确定了，其他两个维度作用就不太大了。这一研究结果得到了人们的支持。

2. 印象形成中信息整合的法则

个体只有接收到大量有关他人的信息，并对其进行处理，才能形成一种印象。那么，个体究竟是如何来处理这些复杂信息的呢？

（1）平均法则

该法则起源于学习理论。学习理论认为，人是简单而机械地将所接收到的信息放在一起的，人并不对信息进行过多地解释、分析就能形成一种印象。如果一个人接收到关于某人正面的信息，就会对他形成好的形象；而如果接收到关于这个人的信息是自己不喜欢的，则会对其形成坏的印象。学习理论的这种思想被应用到印象形成中，就是所谓的平均法则。按照这一法则，人们在接收到信息后对每个信息单独进行加工，然后将它们平均起来从而形成一种对他人的总体印象。

（2）叠加法则

叠加法则认为，人在形成印象时将各个独立的信息叠加在一起就形成总的印象。平均法则和叠加法则有时是相互矛盾的。尤其当两种信息的值要么都是正的要么都是负的，且一个比另一个更大时，这两种法则就有了冲突。

那么，这两种法则究竟哪一个更有道理呢？安德森（Anderson）通过一系列实验证明平均法则更正确。他发现当一则中等合意的信息与先前很合意的印象结合后，总的评价不仅没有增加反而降低了。而两个很强的消极品质比两个很强的消极品质加上两个中等的消极品质所产生的印象更坏。这种分析比较符合生活常识。按照叠加法则，我们对他人的积极品质了解得越多，对他的印象就越好。而实际情况是，如果对某人已形成的印象是中等肯定的，之后进一步发现他身上还具备其他中等肯定的信息，那么人们对他的最终印象就仍然是中等肯定的。

（3）加权平均法则

经过进一步研究，安德森提出信息的加权平均加工模式。根据这一模式，人们将所有品质平均起来形成印象，但他们会给予那些他们认为最重要的品质以更多的权数。也就是说，人们根据平均法则去形成印象，但对极端品质予以加权。例如，当某公司招聘高技术开发人员时，招聘者更注重应聘者的“智慧”品质而不是看其是否具有“魅力”。

3. 信息的先后顺序对印象形成的影响

人们往往根据最先接收到的某些信息形成对他人的印象，并占据主导地位，这种现象被称为首因效应。相反，在某些时候，人们最后所接收到的信息也能左右其已形成的印象，这种最后接收的信息对人们形成印象产生重要作用的现象被称为近因效应。

二、人际印象中常见的偏差

在人际认知发生时，有些因素会引发人们的心理效应，导致对他人的认识发生偏差，也会影响人们对交往行为的正确把握。

1. 首因效应

首因效应是由美国心理学家洛钦斯（A. S. Lochins）首先提出的，指当个体与他人初次接触时，首先接触到的关于他人的信息，会给认知者留下强烈的印象，进而影响他对被认知者的判断。认知者会十分重视对方的表情、衣着、年龄、服饰、言行等细节，并由此做出对被认知者的第一印象。心理学研究发现：与一个人初次会面，45秒内就能让对方产生第一印象。这种印象一旦形成，被认知者以后就很难再通过具体表现改变认知者的判断。

实验证明，第一印象非常重要，且难以改变。在日常交往过程中，尤其是与他人初次交往时，一定要注意给对方留下美好的印象。要做到这一点，首先要注重仪表风度，其次要注意言谈举止。

2. 近因效应

近因效应指在与他人的接触中，对初次交往对象形成印象，所依据的信息往往在时间上有一定间隔。可见，信息出现的次序对于印象形成的作用也会不同，最后的印象在某些情况下对人的社会认知会有强烈影响。

3. 刻板印象

刻板印象是指社会上对于某一类人或事物形成的一种比较固定、概括而笼统的看法，也叫定型化效应。

刻板印象的形成，主要是由于我们在人际交往过程中，没有时间和精力去和某个群体中的每一个人都进行深入交往，而只能与其中的一部分人交往，因此，我们只能“由部分推知全部”。刻板印象在人际认知中是有一定积极意义的，但由于将同样的特征赋予团体中的每一个人，而忽略了个体的差异，所以刻板印象极易带来某种偏见，甚至会影响交往。

4. 光环效应

光环效应也叫晕轮效应，指人们在交往认知中，对方的某个特别突出的特点、品质会影响人们对他其他品质和特点的了解。通俗来讲，在日常生活中，人们对他人的多数判断最初是根据好坏得出来的，一个人被认为是好的，他就被一种积极的光环所笼罩，从而也就被赋予其他好的特征。

引起光环效应的光环，会让人对其能力、个性等产生美好的联想。光环效应产生后，人们甚至可能会对其明显不佳的行为从相反的角度进行美好的诠释。

第三节　通过印象管理提高人际吸引力

一、印象管理

（一）什么是印象管理

印象管理亦称印象整饰，指个体以一定方式去影响他人形成对自己的印象。就是个体进行自我形象控制，通过一定的方法去影响别人对自己的印象形成，使他人对自己的印象符合自我期待。

印象管理与印象形成的区别：印象形成对认知者来说是信息输入，是形成对他人的印象；而印象管理是信息输出，是对他人的印象形成过程施加影响。

（二）印象管理的作用

印象管理是个体知应社会生活的一种方式。现实生活中，每一个体都承担着多种社会角色，个体要为他人、公众和社会所接受，其行为表现就必须符合社会对他的角色期待。

（三）常用的印象管理策略

印象管理是一种社交技巧，常见的策略如下。

1. 保持形象的一致

人们都希望与自己交往的人比较稳定。反复无常的人会让人捉摸不定，因此，保持一致的形象是给人以良好印象的前提。

2. 讨好与自我提升

（1）讨好是一种使别人喜欢自己的策略

美国实验社会心理学家琼斯（Johns）提出了四套赢得他人喜欢的讨好策略。①恭维或夸赞他人。人们很难不喜欢那些高看他们的人，所以恭维是必要的。但恭维要真诚、自然，要抓住时机，等对方需要恭维时夸赞他最为有效。②在意见、判断和行为上遵从别人。人们喜欢那些在信念、态度和行为方面与其相似的人，因此遵从他人往往会给人留下好印象。但遵从不能过于勉强，要让人觉得可信。③自我表现。个体要表现出一种令人喜欢、受人赞许的形象。但自我表现不能过火，适当的谦虚很有必要。④给予好处（施惠）。互利互惠原则是人们进行社会活动的重要法则，人们都欢迎那些给予礼物或能为他们办事的人。

（2）自我提升

自我提升是通过一个人的行为或讲述自己的积极事件来使别人相信自己有能力的一种策略。自我提升和讨好不同，前者是使自己看起来更聪明、更有能力，而后者则是希望自己能让别人喜欢。我们必须在讨好和自我提升之间找到一个平衡点，让我们在展现自身能力的同时又深受别人喜欢。

3. 恰当地自我表露

自我表露指个体与他人交往时自愿地在他人面前真实地展示自己的行为、倾诉自己的思想。

在现实生活中，人的自我分为“公开自我”和“私下自我”两部分，前者是人们在工作场合或在一般社会情境中表现出的形象，后者则是个人的真实形象，二者往往不一致。印象管理的目的是要给人一种积极的“公开自我”，不让别人看到自己的“私下自我”。

但一个人总是隐瞒自己的真实形象和思想也不行。研究表明，允许别人了解真实的自我对于个人保持心理健康是必要的。朱拉德（Juillard）在《透明的自我》一文中认为，过少和过多的自我表露都会造成个体的适应性困难。保持中等的自我表露，既能使别人感到你真诚而不虚伪，又能使人感到与你交往很安全。自我表露遵循对等原则，人们往往根据他人的自我表露来判断自己该做出什么样的表露。自我表露的对等过程反映了人们互相之间建立信任的机理。人际交往开始于低水平的自我表露和低水平的信任，当一个人开始表露自己的心声时，信任的纽带便开始建立。对方会以同样亲密的自我表露作为接受信任的信号，自我表露不断交换，直到双方形成恰当的亲密关系。

二、人际吸引

在人际交往中，交往者有进一步接触的倾向，互相在态度上能够获得接受，在情感上得到互相肯定，就会表现为互相喜欢，互相喜欢的个体就表现为彼此吸引。人际吸引是人际关系中最核心的内容。

（一）什么是人际吸引

人际吸引是人与人之间的相互接纳和喜欢。人际交往的过程实质上是人与人之间情感、信息和物质交换的过程，在这一过程中，人际吸引是建立交往关系的基础。

不同层次的人际关系反映了人和人之间相互吸引的程度，心理上的距离越接近，人们相互之间就越吸引；心理上的距离越疏远，则越说明双方缺乏吸引力。

(二) 增强人际吸引力的七个方法

1. 优化形象，完善第一印象

对方对你的第一印象如何，会直接影响你们今后的交往。如果对方对你第一印象良好，就会产生进一步与你交往的兴趣。良好的第一印象是双方进一步交往的基础。

2. 主动交往，提高熟悉程度

要想增强人际吸引力，就要主动提高对方对你的熟悉程度。提高熟悉程度的主要方法是互动接触，互动接触越多，熟悉程度越高，人际关系越容易密切。亲密的人际关系形成以后，相互之间如果不再沟通交往，也会产生陌生感、疏离感，密切的人际关系也会趋向淡化。

3. 寻找共性，赢得人际共鸣

人们在社会地位、经济收入、兴趣爱好、价值观等方面的相似点越多，越方便沟通。加深理解，达成共识，赢得共鸣，才能增进密切关系。寻求友谊的过程，在某种程度上是寻找相似点的过程。用你的慧眼去“求同”，用心珍惜相似点，你便容易赢得人际共鸣。

4. 由衷赞美，拨动情感之弦

用心发现他人细微的长处，真诚赞美，就能给对方增添幸福感、自我价值感、自信心。赞美往往能换来对方对你的喜爱、感激和回报。

5. 善于倾听，关注对方所思

人们总是喜欢尊重自己、关注自己和对自己感兴趣的人。善于倾听，显示了对对方人格的尊重和观点的重视，是赢得友谊的诀窍之一。

善于倾听有两个基本要求：注意力集中，主动反馈。听别人谈话时，精力要集中，有耐心更容易赢得对方好感。倾听的同时应主动反馈，用微笑、点头等方式暗示你能理解对方的感受、见解，鼓励对方更加自由、流畅地谈论。

6. 涵养个性，拥有持久魅力

个性品质、能力是人的内在素质，它们对人际交往的影响持久、稳定、深刻。尤其是个性品质，它往往是人们选择朋友的首要因素。吸引朋友的个性品质有：真诚、宽容、自信、幽默等。

（1）真诚

一般人总把真诚作为选择朋友的首要条件，真诚是友谊的灵魂和核心，也是人际吸引的关键要素。

（2）宽容

俗话说“大度集群朋”，宽容待人能扩大一个人的交往范围，更易化解人际矛盾。要想拥有宽容的品质，一般需做到：对待对方的缺点、过失，要容忍谅解；对待人际矛盾、争论，要谦让自克。

（3）自信

自信的人在交往中往往不卑不亢、沉着镇定、轻松自在，既关照他人，也不委屈自己。

（4）幽默

幽默是一种集智慧、机智、诙谐、乐观、自信、宽容于一体的个性品质，幽默能化解紧张的气氛，扭转尴尬的局面，润滑微妙的关系，使在场的人感到轻松自在，使人际关系变得更加顺畅自然。

7. 展示才智，引人敬佩

才智不直接决定人际关系和谐与否，但它决定人际吸引的强弱。才华、能力出众的人总比一般人更有见解，更有办法，有能力给他人提供更多建议，更多帮助。在其他条件相当时，一个人越有能力和才华，人们就越尊重他、仰慕他。我们只有充分挖潜，使自己在学业、才艺、组织协调等方面表现得出类拔萃，才能更好地提高自身的人际吸引力。

总之，影响人际吸引力的因素有：外在形象、内在素质以及交往技巧。优化外在形象，涵养内在素质，讲究交往技巧是提高大学生人际吸引力的主要途径。

总结思考

1. 你对人际关系有哪些了解？
2. 人际关系的特点有哪些？
3. 建立人际关系需要哪些基础？
4. 人际关系的原则有哪些？
5. 人际印象形成的法则有哪些？
6. 如何提高人际吸引力？

第十二章

求职准备

不为明天做准备的人永远不会有未来。

——［美］卡耐基

学习导航

- 第十二章 求职准备
  - 明确择业定位
    - 积极应对人才市场变化
    - 就业选择与择业定位
  - 就业信息搜集与求职心理准备
    - 就业信息的搜集、筛选和应用
    - 就业心理准备和心态调整

问题发现

合同中的空白条款

广告学专业毕业的小刘到一家广告公司实习。由于实习期间表现突出，小刘与该公司达成就业意向，并签订了就业协议。双方约定服务期为3年，如果小刘提前解约则必须赔偿公司1万元。协议中的待遇、福利等条款皆为空白，人事部门让他先签名，具体条款过几天再补上。小刘觉得自己是经熟人介绍来的，不好意思提待遇的问题，并认为“找个工作不容易，不敢要求太多。反正别人有啥咱有啥，差不了事”。没细想，小刘便在协议上签了自己的名字。正式上班后，公司与他签订了劳动合同，合同的有效期仅为1年，而且也没有关于公司提前解除合同的赔偿条款。由于自己的待遇与其他员工相差太多，小刘在工作第二年便向公司提出辞职。公司向小刘提出，必须按就业协议的规定赔偿1万元。小刘为此犯难了，一时不知道该怎么办。

点评

案例中小刘因为对《劳动法》及就业相关程序等缺乏了解，因此与广告公司签订了有损自身利益的不平等协议。在求职就业过程中，大学生应如何保护自身权益，确保与就业单位签订合法的协议？本章将带领同学们学习相关就业程序和保护自身权益的方法，以及求职时应该做好的其他准备工作。

学习目标

学完本章，你应当：

（1）了解大学毕业生的主要就业渠道与就业信息来源；

（2）掌握大学生择业定位的基本策略；

（3）做好就业前的心理准备，学会调试不良就业心态的方法。

理论点拨

第一节　明确择业定位

一、积极应对人才市场变化

（一）准确了解就业的目的和意义

简单来说就业就是找到工作，获得报酬，满足自身需要。工作是人类进行劳动生产、创造价值，推动社会发展的活动，就业（工作）本质上是人类为了生存和发展而进行的社会劳动生产活动。

对于一个人来说，就业是他（她）参与社会分工的具体方式，这不仅解决了个人的生存问题，还是融入社会、紧跟社会和时代步伐、体现个人价值和实现理想的基础平台。

（二）树立正确就业价值取向，准确把握就业良机

大学生是国家宝贵的人才资源，是社会主义经济建设的生力军和重要力量。大学生应该自觉树立为国奉献和为民服务的志向，把自己的需要和国家、社会的需要结合起来，在服务社会、奉献祖国的过程中，实现自己的人生价值。因此，大学生就业的价值取向应是个人价值与社会价值、国家需要的统一。

当高等教育从“精英教育”转变为“大众教育”后，大学生的就业去向也从原来比较单一地要求到大中城市的国有企业、行政事业单位工作，转变为多渠道、多领域、多行业发展的就业格局。大学生应该积极响应党和国家号召，转变就业思路，准确把握就业机会。

（三）快速进行职业定位，确保及时就业

就业前，每位毕业生都要对自己进行客观、全面地分析，实事求是地进行自我评价。对社会需要什么，自己会干什么做到心中有数。找准自己与社会的最佳结合点，以积极进取的心态迎接社会的选择。

准确定位，就是要明确自己到底要找什么样的工作，这可以节约找工作的时间、精力、金钱和机会成本。如果毕业生的自我定位不准确，个人条件不符合客观情况，那么将很难成功就业；个人条件和要求越符合实际，就业成功的概率就越高。

（四）充分认识自身价值，找准核心竞争力

大学毕业生进入人才市场时，相当于待售的商品，而用人单位就是消费者。能否吸引用人单位的眼球，顺利推销自己，取决于个人的价值和能力，即能为公司创造多大价值和财富。因此，客观地评价自己，充分认识自身价值，找准核心竞争力，以用人单位的视角和要求来整合自己的优势资源，才能给自己合理估价，顺利找到适合自己职业发展的单位。

二、就业选择与择业定位

（一）大学生的就业方式

大学生的就业方式主要有即时就业，延时就业，自主创业，特定地区、特定岗位

就业，参军入伍，继续学业，出国留学等，呈现多元化特征。

1. 即时就业

即时就业，即大学生毕业后直接选择求职择业，走上社会。毕业生通过学校推荐，参加供需见面会，与用人单位进行双向选择，签订就业协议后就业，这是目前大多数毕业生的就业方式。

2. 延时就业

毕业生在当年毕业前夕，由于暂时未能找到满意的工作单位，或由于其他原因未签订就业协议而延后就业，这种就业方式即延时就业。延时就业的原因一般有以下几种：一是毕业生自身定位不准，难以找到适合自己的就业岗位。二是在择业过程中受到挫折，就业态度消极。也有因病及其他客观原因而选择延时就业的。

3. 自主创业

我国目前正处于创业经济的活跃期，大学生创业成为创业洪流中的一个亮点。创业不是一个被动的“等、靠、要”过程，而是主动地自我雇用的过程，它已成为有愿望、有条件、有能力的青年人主动就业的积极选择。

4. 特定地区、特定岗位就业

（1）大学生志愿服务西部计划；

（2）“三支一扶”（支教、支农、支医和扶贫）计划；

（3）选聘高校毕业生到村任职；

（4）科研项目研究助理或辅助人员选聘；

（5）农村义务教育阶段学校教师特设岗位计划。

5. 参军入伍

2009 年起，为鼓励高校应届毕业生应征入伍服义务兵役，教育部、财政部、公安部等部门先后出台一系列政策措施，涉及实行应征入伍预征制度，学费补偿和助学贷款代偿、本科学历优秀士兵提干、退役后就学就业优惠等多个方面。

6. 继续学业

面对严峻的就业形势，为提高学历水平，有相当数量的毕业生选择了继续深造。他们认为由此可以获得更强的就业竞争力、更大的发展空间和更大的人生主动权。

7. 出国留学

随着经济全球化趋势不断发展，国际合作领域的不断拓宽和加深，出国留学已成为越来越多毕业生的选择。

（二）大学生择业定位的依据及策略

择业定位是职业生涯规划的关键内容。不同的择业定位，意味着不同的职业选择，同时也意味着将进入不同的行业。

1. 择业定位的黄金法则

择业定位应把握四条法则：择己所爱、择己所能、择世所需和择己所利。

（1）择己所爱

择业定位首先要想到自己喜欢哪种职业，或者对哪种职业比较感兴趣。研究表明，如果一个人对所从事的职业感兴趣，就能够发挥其才能的 80%～90%，且能保持长时间高效率；如果对所从事的职业不感兴趣，则只能发挥其才能的 20%～30%，且容易精疲力竭。因此，择己所爱是大学生进行择业定位时所要把握的首要原则。

（2）择己所能

在激烈的就业竞争中，大学生必须善于通过与竞争者比较来认清自己优势和劣势，然后在此基础上按照择己所长、扬长避短的原则进行具体的择业定位。大学生应特别注意尽可能地学以致用，同时发挥自己的专业特长，把职业定位在与自己所学有较密切联系的行业或领域。

（3）择世所需

任何职业的兴起、发展、衰落及消亡均是由社会需要的变化引起的。因此，在进行择业定位时，大学生不仅要了解当前的社会职业需求状况，还要预测职业的变化和未来走向，以使择业定位具有一定的前瞻性。

（4）择己所利

职业是个人谋生的手段，其目的在于实现个人价值。大学生在择业时要考虑未来所从事的职业将会带来怎样的收益，尽可能做到个人价值最大化。明智的选择是在由收入、社会地位、成就感和工作付出等变量组成的函数中找出一个最大值。这里所说的收益，不是指单纯的薪酬待遇，而是在充分考虑国家和社会需要的前提下，综合自己的爱好、特长和个人需要等多方面的因素，找出个人价值最大化的合理选择。

2. 择业定位的四种策略

（1）单一定位策略

即只考虑一种职业，如学市场营销的只定位于销售人员；学会计的只打算从事会计工作；学法律的只想做律师等。

（2）双重定位策略

即同时考虑两种不同的职业，如学工商管理的既可以考虑企业管理工作，也可以考虑销售工作；学环保工程的除了从事环保技术研究与开发工作外，还可以从事环保产品的销售、技术支持等工作。

（3）多重定位策略

这种策略是指同时考虑三种以上的职业去向。如学社会工作专业的学生可以把自己的择业方向定位于政府机关，或从事市场调研、统计、秘书等工作。

（4）改变定位策略

即根据特定的市场机会或客观情况来改变择业定位。择业定位并非一成不变的，特别是大学生在刚步入职场的初期，可能会一次或数次改变或修订当初的择业定位，以适应新的变化，获得更好的生存和发展空间。

3. 择业定位的职业发展路线

职业发展基本路线通常有以下几种类型。

（1）专业技术型。需要一定的专业技术知识和能力。其相应的职业成就包括技术职称的晋升、技术性成果的获得以及业内知名度的提高等。

（2）行政管理型。即把管理这个职业视为自己的目标，需要良好的个人综合素质、人际关系处理技巧和相当的领导才能。其相应的职业成就包括行政职位的晋升、管理权限的扩大等。

（3）市场销售型。即将营销物质产品或精神产品作为职业，需要敏锐的市场嗅觉和反应能力、出众的表达能力。其相应的职业成就包括销售业绩的不断提高，以及阶梯式的财富增长。

（4）自我创业型。以开创完全属于自己的事业为目标，需要充足的资本及条件、敏锐的市场大局观、过硬的心理素质和综合能力。其相应的职业成就包括打造自有品牌并成功地立足市场，在经济上有丰厚的回报。

这几条路线并不是一条道走到底的，其中也可能出现交叉和并轨。大学生在确定自己的职业定位时，一定要具备职业生涯策略和生涯发展阶梯的理念。

（1）职业生涯策略V形图

典型的职业生涯策略路线图是一个V形图。V的最低点即开始工作的年龄和起点，V的两条边代表两个不同的职业发展路线和阶段性的目标。以事业单位为例，V形图的左侧是行政管理路线，右侧是专业技术路线。将路线划分成若干等分，每等分表示一个年龄段，并将专业技术的等级、行政职务的等级分别标在路线图上，作为职业生涯的阶段性目标（图 12-1）。

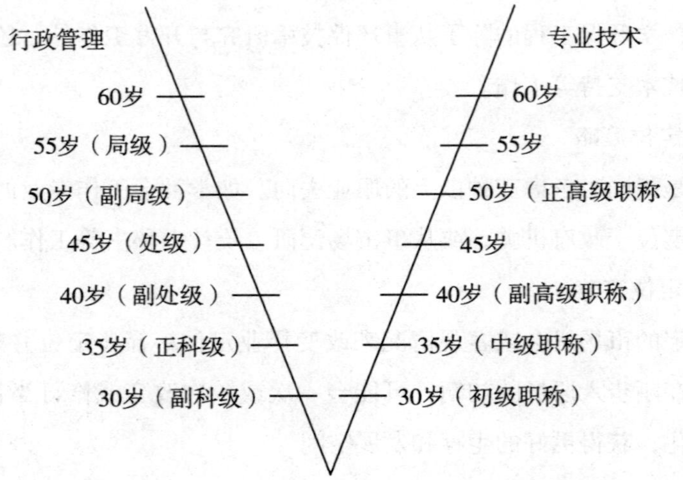

图 12-1　职业生涯策略 V 形图

（2）职业发展阶梯

职业生涯的发展由一个个职业阶梯贯穿于不同阶段而组成，可以由低至高拾级而上。比如，要做到一个大型公司的财务总监（长期目标），其实现路径可以是：毕业后直接就业——中小企业财会人员（短期目标）——主管会计师（中期目标）——大型企业财务部经理——财务总监。因此，阶段性的职业发展路径也可用职业发展阶梯来展现。

职业发展阶梯与职业发展路径有关联，但不尽相同。如果说，发展路径好比确定乘坐什么交通工具去目的地，那么发展阶梯就好比到达目的地前要经过什么地方，能得到什么样的收获。

4. 择业定位的 SWOT 分析方法

（1）SWOT 分析法

SWOT 分析法（图 12-2），是基于内外部环境和条件的态势分析，将与研究对象密切相关的各种主要内部优势、劣势和外部的机会和威胁等列举出来，并依照矩阵形式排列，然后用系统分析的思想，把各种因素相互匹配起来加以分析，做出决策的一种方法。

S（Strengths）是优势、W（Weaknesses）是劣势，此两项是内部因素，O（Opportunities）是机会、T（Threats）是威胁，此两项是外部因素。

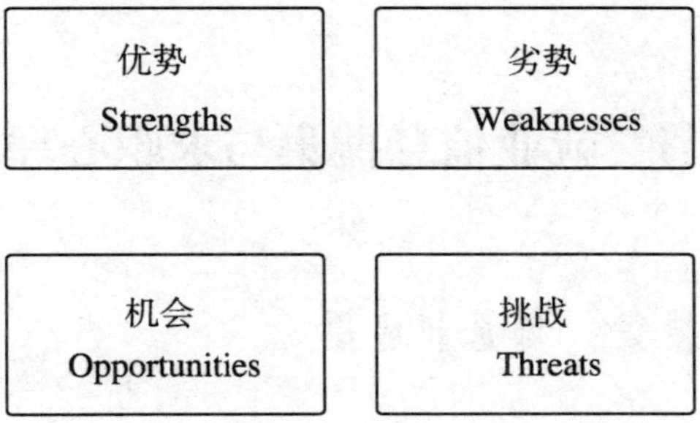

图 12-2　SWOT 分析法

（2）SWOT 分析实例

小丁是某高校工程管理专业毕业生，在校期间成绩优秀，曾多次深入企业生产一线参与实训，且一直担任学生干部，得到了老师和同学的认可。但是小丁性格有些急躁，遇事易冲动，有时候很难踏踏实实完成一项工作。现在，小丁面临毕业，想找一份与专业相关的工作，他这样对自己进行 SWOT 分析（表 12-1）。

表 12-1　　小丁的 SWOT 分析

项目	机会（外部因素） （1）社会对工程方面人才需求旺盛 （2）工程行业发展前景不错 （3）工程管理人才较受重视	挑战（外部因素） （1）就业竞争激烈 （2）金融危机影响企业招聘 （3）企业更加看重实际经验
优势（内部因素） （1）专业成绩优秀 （2）学生干部经历 （3）企业实训经历 （4）人际关系和谐	“优势—机会”策略 （1）发挥专业优势，融入企业 （2）发挥担任学生干部的优势 （3）加强人际沟通，打动招聘官	“优势—挑战”策略 （1）准确定位竞争优势 （2）强调自身学习适应能力 （3）合理明确就业定位
劣势（内部因素） （1）缺乏工作经验 （2）性格急躁，容易冲动	“劣势—机会”策略 （1）增加跨行业实训经验 （2）学习职业技能课程 （3）调整性格	“劣势—挑战”策略 （1）克制冲动的个性 （2）加强学习，进行差异化竞争 （3）积极寻找能够发挥自身优势的企业
职业决策结论	选择本区域内有一定知名度的房地产企业，从事工程项目管理工作，在工作中进一步提升自己业务能力，发挥自己的管理优势。	

看过小丁同学的 SWOT 分析实例，同学们是否受到了启发？结合自身实际情况，做一份自己的就业选择 SWOT 分析，明确自己的职业定位。

第二节　就业信息搜集与求职心理准备

一、就业信息的搜集、筛选和应用

“谁掌握了就业信息，谁就把握了就业的先机。”在求职过程中，信息的获取在一定程度上会关系到求职的成败，就业竞争对于毕业生而言就是就业信息的竞争。

（一）就业信息的主要内容

就业信息是指择业者事先不知道的，经过加工处理后，能被择业者接受并具有一定价值的就业资料和情报。就业信息可划分为宏观信息和微观信息两类。宏观信息包括就业总体形势、社会对人才的需求趋势、就业政策和就业活动等。微观信息是指具体的用人信息，即哪家单位需要什么样的人才。求职时，应该了解以下几方面的内容。

1. 政策和法律、法规信息。大学生就业是一项政策性很强的工作，了解国家的相关就业政策是大学生求职择业的前提。近几年国家和各地方政府先后制定了一系列有利于大学生就业和鼓励大学生创业的政策和法规，毕业生们必须时刻关注和了解相关信息。

2. 当前大学生就业市场的供需信息，包括社会经济发展形势、各类企事业单位经营状况和对毕业生的需求等。尤其要重点了解本校、本专业的社会需求情况以及用人单位对毕业生的基本要求等。

3. 用人单位的信息。包括用人单位的准确全称；用人单位的隶属关系；用人单位的联系办法；用人单位的所有制性质；用人单位需要的专业、具体工作岗位；用人单位对所需人才的具体要求；用人单位招聘新人的程序；用人单位的福利待遇等。

4. 就业活动安排信息。包括召开企业说明会或宣讲会的时间、地点；举办招聘会或供需洽谈会的时间、地点；举办网上招聘的信息；等等。

另外，部分毕业生有出国、考研、创业及参加公务员考试的需要。就业信息在宏观上还包括与出国深造、考研、自主创业以及公务员考试等有关的信息。

（二）就业信息的搜集

1. 收集就业信息的要求

信息无处不在，无时不有，但就业信息的价值具有“会用则有，不会用则无”

的特性。在收集就业信息时要注意以下五点要求。

一要“早”，就是收集信息要早做准备，做到未雨绸缪。

二要“敏”，就是对信息要敏感，事事留心，处处在意，由此及彼，触类旁通。

三要“广”，就是信息面不能太窄，要广泛收集各个方面、不同层次的信息。

四要“实”，就是收集的信息要具体，例如用人单位的基本情况、对应聘人员的要求、招聘流程、地址及联系电话等各方面的信息，这些信息掌握得越具体越好。

五要“准”，就是要做到准确无误，一方面要清楚用人单位对求职者的专业、学历、性别、外貌、外语水平等方面的要求；另一方面，还要确认信息的时效性。

2. 收集就业信息的渠道

（1）通过高校的就业指导机构获取信息

高校的就业指导中心作为毕业生就业的重要中介和服务机构，与各级毕业生就业主管部门以及有关用人单位保持着密切的联系。国家或地方的相关就业政策规定、各地举办招聘活动的信息、有关用人单位的简介材料及需求信息等，学校的就业指导中心一般都能及时掌握。它所提供的信息具有可靠性、权威性和专业对口等特点。因此，高校的就业指导中心是毕业生获取就业信息的首选渠道。

（2）通过人际关系获取信息

从家人、亲戚、朋友、老师、同学、往届校友以及他们的社会关系中也可以获得求职信息。通过这一渠道获得的信息针对性更强，通常具有毕业生所希望的行业或地区的定向性，而且易于双向沟通，因而信息的有效性很高。要通过人际关系网找工作，首先要建立自己的人际关系网。

（3）从互联网上获取信息

互联网打破了时空界限，为毕业生与用人单位创造一个没有边界的交流空间，它提供的信息量大，而且及时，此外还具有互动性、费用低等特点，因此网络已经成为毕业生获得就业信息的重要渠道之一。现在的求职网站可分为四大类：一是各高校就业指导部门的网站，二是各省市就业主管部门的网站，三是商业性求职网站，四是用人单位的网站和主页。

（4）从新闻媒体上获取信息

电视、广播、报纸、杂志等媒体由于具有受众广泛、易于接受等特点，成为各类企事业单位介绍企业现状、发展前景和发布人才需求的重要途径。毕业生可以通过这些媒体获取大量的就业信息。

（5）利用社会实践、实习等机会获取信息

毕业生要充分利用社会实践、毕业实习等机会有意识地关注实习单位的用人需求信息，为将来的就业做好准备。利用这一渠道获得的信息比较全面准确，一旦在这些单位实施求职，成功率会很高。

（6）通过职能部门和服务机构获取信息

毕业生可以通过政府就业职能部门和服务机构组织的定期或不定期的人才交流会、洽谈会、大中专毕业生供需见面会等活动获取就业信息，这也是获取就业信息的一个重要渠道。

3. 就业信息的筛选和利用

对于收集到的就业信息，毕业生应结合自己的求职目标和实际情况加以筛选处理。

（1）分析对比，去伪存真

通过各种途径获取的需求信息往往是真真假假、杂乱无序的。这就需要我们对其进行认真分析、对比，特别是要识辨真伪，去伪存真。剔除过时的、虚假的信息。

（2）掌握重点，去粗取精

通过各种途径得到大量信息之后，要进行比较分类，去粗取精、掌握重点。我们要根据自身条件和自己的职业规划，对获得的信息进行甄别，将有用的信息分为政策性信息和用人单位信息。对各种就业政策信息要根据它们与自己的择业目标的相关性进行分类，对关联度大的要认真研究，而关联度小的可做一般了解。

（3）对照自己，了解透彻

判断信息是否重要，其依据就是是否适合自己。对于重要信息，要对首选用人单位的历史、现状和未来有一个清醒的认识。详细掌握这些材料，就能在面试中掌握主动权，让主考官首先在情感上接纳你，拿你当“自己人”。

（4）选择决策，反馈调整

求职决策是一个动态过程，在对信息进行收集、梳理、分析的基础上，可进行以下三个步骤的工作。

第一步，拟订方案。在认真分析求职创业信息的基础上，分析自身状况，找出能胜任的工作的相关资料，制定出若干种选择方案。

第二步，做出决策。这是一个比较、评价、决策的过程。在这一阶段，应广泛征求亲朋好友、老师同学的意见，必要时应请专家进行指导，分析各种方案的利弊，评价优劣，综合决断后选出最优方案和备选方案。

第三步，反馈调整。在选择并实施决策后，要密切注意信息的反馈，并及时加以调整。如果求职失败，要冷静分析原因，及时修正择业方向。若同时有几个就业机会可供选择，就要选择最能满足主要期望的机会。

二、就业心理准备和心态调整

大学生完成学业，从学生转变为一个现实的社会求职者，是人生中的一次重要转折。就业成功与否，不仅取决于大学生的专业能力、道德素养、文化素养等，同时也取决于个人的就业心理状况和心理调适能力。大学生应该自觉加强就业心理准备，努力调整心态，为顺利就业做好准备。

（一）大学生需要做的就业心理准备

1. 做好角色转变的心理准备，进行合理的角色定位

毕业生在离别母校，踏入社会之前需要做好充分的就业心理准备。要摆正自己的位置，及时进行角色转换和合理的角色定位，客观、冷静地进入求职状态，积极主动地适应社会需要，接受社会的选择，正确地迈出人生中这关键的一步。

2. 客观评价自己，个人选择要结合社会需求

每个人都有优点和长处，也有缺点和短处。大学生在择业时既要根据自己的职业兴趣、专业特长、能力、性格气质、家庭情况等因素去确定职业选择，也要认真了解社会需求情况，要以自己所长，择社会所需，最终实现职业理想。

3. 做好积极参与就业竞争的心理准备

长期以来，大学生在对专业的选择上，并没有把自身情况与职业生涯有机地联系起来。今天的就业形式对大学生的竞争意识提出了迫切要求，因此竞争意识是大学生在择业前要做的最基本的心理准备。大学生应了解自己的专业，明确自己所学专业的培养目标及发展方向，树立专业思想，并主动将个人发展与社会需求结合起来，变被动为主动，提高自己的综合素质，提升自己的竞争力，以迎接新的挑战。

4. 做好遭遇挫折的心理准备

求职过程也是一个竞争的过程，有竞争就会有失败。作为一名新时代的大学生，每个人都应该对自己和就业形势有清醒的认识，如果求职失败，那么就要做好积极的心理准备，及时总结经验、吸取教训，直到成功就业。

5. 做好二次择业的准备

当代大学生的就业择业心理已从理想趋于理智，从幻想趋于现实。作为刚毕业的

学生，大家在择业时应抱着务实的心态，将第一份工作视为学习、实践和提高的平台。珍惜锻炼的机会，在工作中提升能力，进而为自己的职业发展打好坚实的基础。目前人才流动的机会越来越多，即使首次择业未能如愿，也不要弃馁，一定会有第二次、第三次甚至更多的择业机会。

（二）大学生常见的就业心理表现

由于大学生的就业动机不同，结合其自身实际，就会有不同的就业心理表现。有的学生乐观、自信，一直在为自己的就业目标不懈努力；有的学生则消极、悲观，认为自己生不逢时，茫然无措不知从何做起。

1. 积极的就业心理表现

（1）乐观自信

能客观地认识、评价自己，对职业的要求有比较明确的目标；能正确地分析就业形势和社会需求；求职时能够扬长避短，采用最有效的方法追求目标；遇到挫折不气馁，主动收集就业信息、主动出击，直至找到自己最满意的职业。

（2）敢于竞争，有风险意识

有的大学生不仅有竞争意识，更具有冒险精神。他们已丢弃“铁饭碗”观念，不再把稳定作为首要的考虑因素，更青睐具有挑战性和竞争性的工作，甚至是自主创业。

2. 消极的就业心理表现

（1）盲目乐观、期望过高

部分大学生认为自己在择业中具备种种优势，如学习成绩优秀，是党员、学生干部等，因而在求职时盲目自信，表现得得意、傲慢、浮躁等。这很容易引起招聘人员的反感，甚至会因此失去就业时机。

（2）缺乏自信、依赖他人

有的大学生尽管具备了一定的优势，但面对激烈的竞争，他们缺乏自信，不敢面对机遇，不敢迎接挑战。对于求职一事总是忧心忡忡，担心失败。面试回答问题时也表现得惊慌失措，最终因为心理素质不过硬而败下阵来。有的大学生则依赖家长、亲朋好友，在洽谈会上，让父母或亲朋好友代替自己同用人单位洽谈，把自己的命运交给别人来决定，这同样不会有好结果。

（3）盲目攀比、急功近利

有的大学生在择业时，以身边同学的择业标准来定位自己的择业标准，盲目攀比，而忽略了自身优势，即使某单位非常适合自己，但因某方面比不上同学就犹豫甚至放弃。对工作岗位挑来选去，迟迟不愿签约，甚至到毕业离校时工作单位还没能落实。有的同学过分追求短期利益，一味追捧热门单位，在求职过程中过分关注用人单位的效益、福利等条件，没有考虑行业的长期发展及自身所学和专长。

（4）犹豫观望、患得患失

职业的选择往往也是对机遇的一种把握，错过机遇，将与成功失之交臂。面对用人单位的招聘，有些同学总是患得患失，犹豫观望，盲目夸大机会成本，结果失去许多难得的良机。

（三）调节心理的几种方式

1. 积极暗示，增强自信心

每个人都有自己的长处和不足，只不过自卑者是把关注点集中在自身的不足之处，而忽视自己的优势和长处。自卑感强烈的同学可以把自身的优势和长处用书面的形式罗列出来，如个性方面的优势、专业知识方面的优势、技能方面的优势、人际沟通方面的优势等，把这些优点放在自己容易看到的地方，经常默念，冲淡自我否定的思想意识，以增强自信心。另外，也可以把自己人生中曾经的成功案例罗列出来，并以这些成功的案例激励自己，增强自信心，以达到积极暗示的效果；或者制定阶段性的易于达到的目标，并按计划完成，如两天内完成自己的求职简历，通过这些具体的成功事件来证明自己能行。

2. 正确面对失败，客观总结经验，吸取教训

大学生由于能力、经验受限，在求职过程中难免会有失败。有的同学面对失败的打击，往往无法排解，出现恶性循环：失败导致自卑，自卑又引起另一次失败。当大学生在择业过程中遇到挫折时，应该冷静地分析主、客观原因，找出问题的症结所在，为下一步行动做准备，而不是停留于痛苦、失望、自怨自艾等情绪中。求职失败并不可怕，大家应该做的是找出失败的原因，寻找改进的方法，吸取教训。

3. 参加模拟招聘会

进入人才市场参加招聘会对大多数毕业生来说是陌生的，因心里没底儿会感到焦虑、恐惧。学校在准备充分的情况下可以组织开展模拟招聘会，让同学们在其中既充当应聘者角色，也充当招聘者角色，从而获得“临场”经验，增强实战信心。

4. 掌握心理放松的方法

放松是缓解焦虑、恐惧，达到心理平衡的有效方法之一。我们可以通过网络查询、掌握一些常用的方法，比如深呼吸法、肌肉张弛放松训练等。在应聘前有紧张或恐惧感时，通过深呼吸或肌肉张弛训练，可以达到转移注意力，放松心情的效果。

5. 合理的宣泄

当求职遇到挫折时，大学生心理上往往会产生焦虑、愤怒、冲动等不良情绪，如果得不到妥善化解，就可能产生消极的行为反应。因此，以合乎社会规范的方式宣泄受挫后的不良情绪，尽快恢复心理平衡，对求职压力很大的大学生来说是很有必要的。

6. 转移注意力

大学生如果在求职中遭遇挫折，可以积极寻求社会支持，这有利于受挫者汲取社会的力量，在他人或群体、组织的引导下，改善心态，调整行为，缓解挫败感，摆脱由挫折引发的烦恼、痛苦。如进行体育活动、和朋友聊天、看电影等，也可以多看一些成功的案例。通过转移注意力，转变看问题的角度，坚定信念、提高自信，就一定会再次找到希望。

总结思考

1. 国家有哪些基本就业政策？

2. 一些公司为节省成本，劳动合同不符合《劳动法》的规定。如果遇到这种情况，你该怎么办？

第十三章

求职材料的制作与笔试面试

我一生中卖的唯一的产品就是自己。

——［美］乔·吉拉德

学习导航

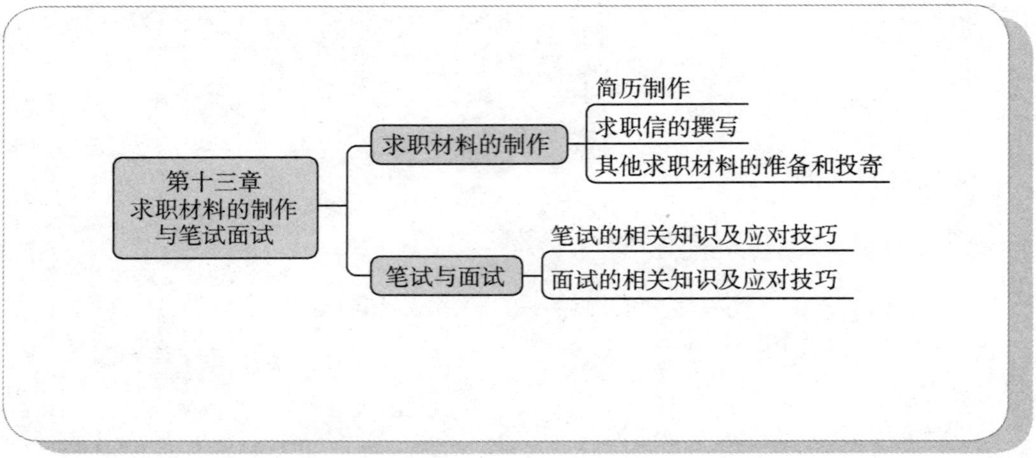
第十三章
求职材料的制作
与笔试面试
求职材料的制作
简历制作
求职信的撰写
其他求职材料的准备和投寄
笔试与面试
笔试的相关知识及应对技巧
面试的相关知识及应对技巧

问题发现

"空白"简历

在一次招聘会上，小林和几个同学都带了准备好的简历，唯独室友大东例外。正当他们排队时，大东掏出一份空白的简历，并在那家公司的招聘牌下写起来。他们一个个进去面试，又一个个出来。退还简历时，唯独大东没有领到自己的那份。

第二天，大东就收到了通知，公司要他三天后去上班。小林疑惑地问他："我们的条件不是基本上一样吗?"大东说："但我们的简历不一样，你们的简历是预先准备的，而我的简历是在看过对方的招聘要求之后，才把自己适合的条件写进去的。公司不需要应聘者的知识有多渊博，他们只想找到最适合的人。因为我的条件是最符合他们要求的!"

小林这才意识到：原来应聘就像是射击，张弓怒射前离目标越近，命中靶心的概率就越高。

点评

简历是应聘者获得心仪岗位最重要的一块敲门砖，简历制作得是否吸引眼球，取决于应聘者对应聘职位的认识程度。故事中的大东之所以能够脱颖而出，原因就在于他针对招聘需求制作了与岗位匹配度较高的简历。招聘人员只会注意那些看起来切合职位要求的简历，因此应聘者一定要根据目标职位来制作简历，如此才能有的放矢，充分发挥简历的作用。

所谓"知己知彼，百战不殆"。本章将采取理论和实际案例相结合的方式，系统介绍笔试和面试的基本内容、应对技巧及注意事项等，来帮助你成功开启职业生涯。

学习目标

学完本章，你应当：

（1）学会结合自身实际，围绕求职目标，准备求职材料；

（2）掌握各种笔试的基本内容和应对技巧；

（3）学会各种面试的应对技巧；

（4）掌握面试后的注意事项。

理论点拨

第一节　求职材料的制作

让HR“一见钟情”的简历

求职材料是毕业生向用人单位介绍自我、推销自我的书面材料，一般由求职信、简历、推荐表和其他相关材料组成。招聘方对求职者的认识就是从求职材料开始的，求职材料是招聘方对求职者的第一次“面试”。

简历，又称履历表，是求职材料中最重要的部分，一般紧跟在求职信后面，是求职者迈向目标单位的第一块敲门砖。

一、简历制作

（一）制作原则

制作简历的主要目的是根据“公司需要什么”来展示“自己能干什么”，向公司“推销”自己；简历所要达到的理想效果是见文如见其人。要达到这一目的，撰写简历必须坚持“一个中心，两个原则”。

1. 一个中心：以求职目标为中心

简历一定要围绕求职的目标公司和目标职位设计，要“量身定做”。用人单位的目标是找一个最适合的人，如果简历没有重点，没有针对性，便很可能无法在求职竞争中脱颖而出。

2. 两个原则：营销原则和个性化原则

（1）营销原则。简历不是在陈述一个全面而真实的求职者，而是在做一次简短而富有感召力的广告，因此要扬长避短，突出个人重点和优势。

（2）个性化原则。人的个性、能力和经历都是千差万别的，简历应因人而异，突显个性，有唯我独有的“亮点”。

（二）简历的内容与结构

简历一般包括六个方面。

1. 个人资料

包括姓名、性别、出生年月、籍贯、身高、通信地址、联系电话、E-mail、个人主页等基本信息。

（1）电话和 E-mail 一定要放到最醒目的位置。必须保证电话是有效的，能够随时和你联系上。

（2）如果用人单位没有特别强调必须注明，建议有选择地列出一些个人信息。

（3）基本信息部分有两种格式：

a. 普通格式（表 13-1）

表 13-1　　　　　　　　基本信息表

<table>
<tr><td>姓　名</td><td></td><td>性　别</td><td></td><td rowspan="5">照　片</td></tr>
<tr><td>出生年月</td><td></td><td>籍　贯</td><td></td></tr>
<tr><td>电　话</td><td></td><td>手　机</td><td></td></tr>
<tr><td>通信地址</td><td></td><td>邮　编</td><td></td></tr>
<tr><td>E-mail</td><td colspan="3"></td></tr>
</table>

b. 美式简历的格式

王某风

山东省烟台市红旗中路 186 号

××大学文学院汉语言 152 班（264025）

Wang＊＊＊＊@126. com

178－＊＊＊＊－＊＊＊＊

2. 教育背景

简单介绍求职者的学习经历、目前的学历水平以及所学专业方向，让用人单位掌握你的基本知识结构和专业特长。多项并列时，可采用倒叙的顺序。

3. 奖励和荣誉

重点描述个人在学习或科研上取得的一些成果，如奖学金获得情况、论文发表情况、科研项目情况、语言水平及计算机水平的达标情况等。

4. 社会实践或工作经验

列举在校期间参加的社团活动以及实习期间的实践经历，展示求职者的社会适应能力、解决问题能力、组织协调能力及沟通表达能力等各项工作能力。

5. 求职意向与要求

写明申请的职位与岗位，表明求职者的目的与动机。企业一般会发布多个岗位的招聘信息，收到信息后，求职者应按照求职意向将其分类。求职目标明确、有针对性的简历获取招聘者青睐的机会会更大。

6. 其他爱好与特长

这部分能反映求职者的综合素质，能加大求职者赢得面试机会的可能性。

简历有时序型和技术型两种，时序型简历是按时间顺序（逆时间顺序，即最近的或最重要的放在前面）把教育背景、实践经历等依次排列出来；技术型简历主要突出自己的核心技能和重要经历。因为学生的社会经历不是很丰富，所以对于大部分学生来说，时序型简历更合适。

（三）简历撰写技巧

1. 一页原则

简历尽可能展现在一页纸上，最多不超过两页，因为招聘人员可能只有半分钟时间来浏览你的简历。一份主题鲜明、重点突出的简历，可以让招聘人员一眼就看到与岗位需求相匹配的“亮点”。

2. 内容充实

很多求职者采用“具体+数据”的方法，即用专业、简洁的书面用语，写明具体工作内容、使用的方法和工具、取得的量化成果等，来清晰地展现个人能力和价值。

3. 突出要点

在了解招聘需求的基础上，要在简历中突出自己这方面的能力或特点，这样更容易给人留下清晰深刻的印象。

4. 注意细节

较之业务，招聘者更看重素质；较之能力，招聘者更看重态度。素质和态度往往体现在简历的细节处，大部分招聘者都特别重视细节。所以，简历一定要认真写，仔细斟酌，把细节落到实处。

5. 精心编排打印

经过精心编排打印的简历更能打动招聘者。

二、求职信的撰写

求职信，又称自荐信，是指求职者以书信的方式自我推荐、表达求职意向、阐明求职理由、提出求职要求的一种应用文体。一般放在简历的前面，是招聘者了解毕业生的一扇窗口，也是毕业生打动招聘者、吸引招聘者继续阅读简历的动力。

（一）求职信的结构

求职信的结构一般由称呼、正文（包括开头语、主体、结束语）、祝颂语、落款四部分组成。

1. 称呼

称呼要顶格写。求职信若是寄给用人单位，称呼直接写明单位名称即可；若是寄给负责人，则习惯写法是姓氏加职务。

2. 正文

正文可分为三个部分：开头语、主体和结束语。

（1）开头语

用简短的三四句话说明以下几点：

说明自己的情况；说明你的信息渠道；如果有可能，可以提及双方都知道的第三人，将之作为你的推荐人；说明你要应聘的职位。

（2）主体

主体部分是求职信的重点，要简洁而有针对性地概述简历与自己的特点。要突出特点，使招聘者认可自己各方面的情况与招聘条件一致，以及与目标职位要求相吻合。具体内容主要有以下几个方面。

①对你所申请的职位进行描述和界定，并表示感兴趣。

②对你符合该职位的条件、优势进行概述。例如，你为这项目标工作做了哪些教育准备；你受过的专业训练，有何工作经验；举例说明你具有对做好目标工作有利的良好素质和端正的工作态度；提供你在学业上和工作中取得的重要成就，来证明你所说的资格和能力。

（3）结束语

要把渴望得到工作的迫切心情在结束语中表达出来，同时表达对阅读者的感谢以及祝福。态度要自然诚恳、不卑不亢，要婉转地表达自己对得到面试机会的渴望。留下联系电话、地址等，以便用人单位联系自己。

3. 祝颂语

祝颂语的“此致”“敬颂”等，要另起一行前空两格，“敬礼”“春安”等，应紧接着另起一行顶格写。

4. 落款

在祝颂语右下方写上姓名和日期。

（二）求职信写作的要点

求职信的写作并不复杂，在写作中应注意以下几个方面。

1. 文字简练，突出重点

篇幅过长的求职信，容易让对方厌烦；过短的求职信，会让对方感到求职者心意不诚。有专家指出，求职信的篇幅以700字为宜，主要内容应当写自己针对想要应聘的某一职位所具备的条件和潜力。

2. 针对性强，一信一投

一封求职信只投一个职位，这样才更容易赢得面试的机会。切忌“天女散花，一稿多投”。

3. 以情动人，以诚感人

语言有情，才更有助于交流思想，传递信息，感动对方，写求职信时更要注意这一点。在注重以情动人的同时，还要以“诚”感人，以“诚”取信，即态度要诚恳、诚实，言出肺腑；内容要实事求是，言而可信，优点要突出。

4. 适度推销，谦虚有度

写自荐信要“适度推销”，绝不可使用夸张煽情的语言，同时也不要过于谦虚。

5. 避免术语，勿用简写

避免在求职信中过多地使用专业术语，因为第一个看简历的人通常会是人事部的工作人员，他们要为公司许多岗位挑选人才，不可能对所有专业或术语都很了解；此外，人们大多习惯在谈话中简称自己的学校、专业，但在写求职信时应避免这种做法。

6. 文句通顺，避免语言错误

写求职信应当做到语言通顺、段落分明、用词恰当，让招聘者读着舒服。求职信中万不可出现错别字、语法和标点错误，一个错别字或错误的标点很可能会使你与理想的工作失之交臂。

总之，求职信应体现个人特色，要以自己的方式去赢得招聘者的青睐。

三、其他求职材料的准备和投寄

（一）推荐表

毕业生求职推荐表是学校统一制作并发给学生填写的一种求职书面材料。毕业生持求职推荐表求职或应聘，用人单位可通过该表概括地了解求职者的基本情况。该表有较大的可靠性和权威性，因此得到多数单位的认可和重视。选调生和公务员政审一般都要查阅该表。在某些地区和部门，该表还是办理报到手续的必备材料之一。因此毕业生一定要重视推荐表的填写和保存。

1. 推荐表的主要内容

毕业生基本信息、所学专业及方向介绍、个人择业意愿、毕业生及所在院系联系方式、学习（工作）简历、奖惩情况、曾任学生干部和社会职务情况、社会实践或教学实习情况、班集体鉴定、系（院）鉴定及推荐意见、学业成绩表、毕业生综合能力评价、学校毕业生就业主管部门意见等。

2. 推荐表的填写要求

（1）毕业生必须如实填写个人信息，没有的填“无”，不得空项，对伪造证件证书、篡改成绩和履历等危害学校声誉和用人单位利益等行为，一经查实，学校将严肃处理，不再为其推荐就业。

（2）毕业生材料填写完毕后，院系必须严格审核，需签字的必须签字。

（3）毕业生填写推荐表必须仔细，因填写错误需更换《就业推荐表》者，需持原件到学校毕业生就业指导中心办理相关手续。

（4）毕业生综合能力评价（包括专业水平及业务能力、发表论文数量及科研水平、人际交往与合作能力、创新精神及创新能力方面的情况）由较为了解毕业生的导师、任课教师、辅导员、班主任、年级主任以个人名义给予实事求是的评定和推荐。

（5）毕业生《就业推荐表》按要求填写完毕且手续齐备后，以专业为单位集中到学校毕业生就业指导中心审核盖章。

毕业生在校期间如果丢失推荐表原件，需持个人申请和院系批准补办意见到毕业生就业指导中心补办。

（二）求职材料附件

为说明求职信、推荐表和简历表上毕业生所传递信息的真实性，有时还需提供一些证明材料，这就是求职材料的附件。主要包括：学历、学位证明；成绩单；获奖荣誉证书；资格证书；外语或计算机水平证书；专家或导师的推荐信；等等。

值得注意的是：向用人单位提供的附件只能是复印件，原件应妥善保管；要根据实际情况，选择有代表性、能说明问题的材料，不一定每次都全部附上。

（三）求职材料的包装

当把求职材料的主体部分根据不同的应聘目标编写完后，就要进行“包装”了，即完成封面（主题）设计和自荐材料的装订工作。封面设计的基本原则是美观、大方、醒目、整洁。封面设计要有一个主题（标题），以帮助招聘方进一步了解求职材料的具体内容。封面的设计风格与自荐材料主体内容风格要一致。同时，封面设计中最好体现出择业者的姓名、专业、年级、学校等基本内容。求职材料最好采用 A4 标准纸打印，不要用繁体字（有特殊要求除外），装帧不要过于华丽，保持整洁明快是最重要的。

第二节　笔试与面试

如何避开面试雷区

一、笔试的相关知识及应对技巧

（一）笔试的目的

笔试是一种与面试对应的测试，是考核应聘者学识水平的重要工具之一。这种方法可以有效检测应聘人员的基本知识、专业知识、管理知识，综合分析能力和文字表达能力。

笔试因为在招聘过程中存在的重要程度不同而有不同的作用。如果是作为面试前的一轮甄选，目的一般是选出符合公司企业文化、具有其所希望的思维方式和个性特征的人；若作为面试的一种辅助手段，则侧重考察面试中考查不到的素质，比如书面表达能力等。

一般来讲，校园招聘的笔试主要考查毕业生的四种能力——语言能力、专业能力、综合能力和职业素质。

1. 语言能力

目的在于考查毕业生基本的语言组织和表达能力。熟练的外语听、说、读、写能力是外企或者某类专业岗位招聘的主要要求之一。

2. 专业能力

主要是检验应聘者是否具备担任某一职务所需要的专业知识水平和相关的实际能力，而扎实牢固的专业基础知识将为日后胜任工作带来长久的核心竞争力。

3. 综合能力

多数单位尤其是国内外大型公司，均要求员工具备较强的综合能力，比如分析判断、逻辑推理、数学应用等方面的能力，以便在进入公司后能配合完成公司的培训，并随着公司的发展不断学习，充实提高自己。大学生的综合能力将是考官在笔试阶段判断其是否适合特定职位的重要依据。

4. 职业素质

这是一类新兴的测试内容，目的在于考查毕业生是否具有满足特定职位需求的职业素质。一般通过书面或者电子格式的专业量表来测试应聘者的人格倾向，并将测试结果与岗位、公司理念等进行匹配，以达到全面了解应聘者的目的。这类测试包括性格测试、心理测试等。

笔试一般包括以下几方面的内容：一是知识面的考核，主要是一些通用的基础知识和担任某一职务所需要的业务知识；二是智力测试，主要测试毕业生的记忆能力、分析观察能力、综合归纳能力、思维反应能力以及对于新知识的学习能力；三是技能测试，主要是针对应聘者处理问题的速度与质量的测试，检验其对知识运用的灵活程度和能力；四是性格测试，通过一些精心设计的心理测验题或一些开放式的问题来考查求职者的个性特征。

在限定时间的情况下，这类测试的作用有：①考查人的反应速度和敏捷程度；②考查应聘者对任务压力的承受能力；③考察应聘者的灵活性。

（二）笔试的类型

各单位的招聘笔试不尽相同，根据内容主要可分为以下两类。

1. 技术性笔试

这类笔试主要针对研发型和技术类职位。其特点是，对相关专业知识的掌握要求比较高，题目涉及工作所需要的技术性问题，专业性比较强。

2. 非技术性笔试

相对于技术性笔试，非技术性笔试更常见，它对应试者专业背景的要求也相对宽松。非技术性笔试的考查内容相当广泛，常见的非技术性笔试包括以下几个方面。

（1）简单的数理分析能力。典型题型包括数列的规律、速算，平面几何和立体几何的简单应用。

（2）基本常识及时事政治。主要包括常识性问题和时事政治方面的内容。这些内容涉及面广，要注重日常积累，考查时才能应对自如。

（3）语言理解及表达能力。这是一项综合性的实践能力测试，它要求应试者能正确理解字、词、语句、段落以及全文的含义，并准确地表达出来，所以应试者必须有较强的语言综合能力。

（4）逻辑推理能力。这类测试考查笔试者对现有条件的梳理和分析能力，及推理解决问题的能力。

（5）英语应用能力。英语笔试是在所有的笔试中占比例最大的一类非技术性笔试，其考查的重点是应聘者的阅读理解能力和写作能力，即表达能力。

（三）各类笔试的应对技巧

1. 国企和民企笔试

国企和民企的笔试一般包括写作测试、综合能力测试和专业技能测试。很多企业在笔试中会要求应聘者随意选题或者就特定的题目写作，目的是考查应聘者的写作能力。综合能力测试适用于任何行政岗位，类似于公务员考试中的行政能力测试。针对专业技术岗位，企业也会要求应聘者参加技术性笔试考核。

2. 公务员笔试

公务员考试是公务员主管部门组织的担任主任科员以下，及其他相当职务层次的非领导职务公务员的录用考试。一般分为国家、省地市、单位三种，延续时间较长。毕业生备考一般以各级各类考试大纲为复习资料。公务员笔试分为行政职业能力测验和申论两科，全部采用闭卷考试的方式。

（四）笔试时的注意事项

参加笔试时，考生应注意以下几个方面。

1. 保持稳定的心态，客观冷静地对自己进行正确评估，相信自己的实力。

2. 掌握科学的答卷方法，答题要掌握好主次。

3. 特殊情况特殊处理。如果在笔试中遇到特殊的试题，千万不要慌张，要认真分析作答。

4. 注意字迹和卷面整洁。考生一定要按规定时间到场，不能迟到。答卷时应注意卷面整洁、字迹清晰、行距有序、段落齐整、版面适度。

5. 遵守考场纪律。考生一定要遵从监考人员的指示，按考试指令有序答题。

二、面试的相关知识及应对技巧

（一）面试的基本概念

面试是一种经过组织者精心设计，在特定场景下，以考官对考生的面对面交谈与观察为主要手段，由表及里测评考生的知识、能力、经验等有关素质的一种考试活动。面试给公司和应聘者提供了双向交流的机会，能使公司和应聘者之间相互了解，从而使双方更准确地做出聘用与否、受聘与否的决定。

面试是整个求职过程中最后的也是最重要的环节，它是求职者与用人单位的第一次近距离的正式交流，在几十分钟甚至更短的时间里，求职者各方面能力的展现将对是否被录用起到关键作用。同时，面试又是求职过程中最复杂、最有技巧性、最难以把握的一个环节。特别是对大学生来说，求学期间的笔试经历较多，但面试锻炼较少，所以，关于面试，大学生也应重点关注。

根据目的不同，可以将面试分为两种。

1. 筛选型面试

这种面试属初级面试，由招聘单位的人力资源部门组织进行。面试官的任务是对求职者进行筛选淘汰，而非选拔。

目的：筛掉多余的应聘者，留下最符合条件的求职者。

负责人：通常是人力资源部门的招聘人员。他们将面试后的合格者名单交给决策者。

方式：通过研究应聘者资料以及询问常规性问题考查应聘者是否符合他们的最低要求。

建议：面试过程中，应聘者的表现要从容，要随着面试官思路走，为自荐材料做出详尽的解释，尽可能迅速、直接、简洁地回答问题，千万不要跑题或回避问题。不要主动提及不利因素，不要提要求或待遇，不要过于自谦或怀疑自己的能力。要有条理地回答面试官提出的问题，没有问到的问题自己最好不要主动谈，要让面试官掌握面试的主动权。

2. 挑选型面试

正规企业或大型机构的面试通常分两个阶段进行。筛选型面试属于第一阶段，而第二阶段即为挑选型面试。

目的：在少数候选人中确定最终人选。

负责人：有权决定录用应聘者的管理人员、部门负责人或者老板。

方式：通过多种方式，如单独谈话、模拟情景等进行综合考查。

建议：面试者要积极主动地回答问题，与负责人进行有效沟通，要充分展示自己与职位的匹配度和胜任能力。可以就个人关心的问题适当地向负责人提问。

（二）面试的过程

一般来说，面试可以分为以下四个阶段。

第一阶段：准备阶段

准备阶段一般以社交话题为主，目的是消除应聘人员紧张的心情，使其自然地进入面试情境之中，创造一种和谐、友善的面试气氛。

建议：应聘者应对这样的问题应简洁有礼，有时不需要详细地对所问问题进行一一解答，可利用这个机会熟悉面试环境和考官。

第二阶段：引入阶段

在这一阶段，考官主要围绕应聘者的履历情况提出问题，给应聘者一次真正发言的机会。例如主考官会问类似“谈谈你在大学期间最大的收获是什么”等问题。

建议：应聘者在面试前就应对类似的问题进行准备，回答时要有针对性。应聘者必须清楚记得自己提供的资料，如果面试时的回答与简历上的信息有出入，将导致应聘者的诚信遭到质疑。

第三阶段：正题阶段

进入面谈的正题后，考官会以广泛的话题了解应聘者的心理特点、行为特征、能力素质等。另外，判断应聘者对所申请职位的认识和诚意也是这个阶段考查的重点，因此，考官提问的范围较广，提问的方式也很多。

建议：要想答好这部分问题，应聘者应该提前充分了解企业的情况。针对考官提出的问题，应聘者应尽量用事实或数据来回答，以证明自己能够胜任。

第四阶段：结束阶段

主考官在该问的问题都问完后，会以类似“我们的问题都问完了，请问你对我们有没有什么问题要问”这样的话题进入结束阶段，这时毕业生可提出一些自己想问的问题。

建议：事实上，面试最后环节的“提问”是面试结束前的一个关键问题。通过这个问题考官可以判断应聘者是否为面试做了充分准备；对自己要申请的职位是否有深入了解；是不是一个善于思考、积极主动的人；等等。

（三）面试测评的内容

1. 仪表风度

考查应聘者的体型、外貌、气色、衣着举止、精神状态等。

2. 专业知识

了解应聘者掌握专业知识的深度和广度，其专业知识是否符合目标职位的要求。作为对笔试的补充，面试对专业知识的考查更具灵活性和深度，考官所提的问题也更接近目标职位对专业知识的需求。

3. 工作实践经验

一般根据应聘者的个人简历或求职登记表进行提问。考官询问应聘者有关背景及过去的工作情况，以补充、证实其所具有的实践经验。通过对其工作经历与实践经验的了解，还可以考查应聘者的责任感、主动性、思考力、口头表达能力及问题解决能力等。

4. 口头表达能力

考查应聘者能否将自己的思想、观点、意见或建议用顺畅的语言表达出来，也就是考查应聘者表达的逻辑性、准确性和感染力等。

5. 综合分析能力

考查应聘者是否能针对面试官所提出的问题，通过短时间的分析抓住问题核心，并且梳理透彻、分析全面、条理清晰。

6. 反应能力与应变能力

主要考查应聘者对面试官所提出的问题理解得是否准确，回答得是否迅速等。对于突发问题的反应是否敏捷、回答是否恰当，对意外事件的处理是否妥当等。

7. 人际交往能力

面试中，考官通过询问应聘者经常参与哪些社团活动，可以了解应聘者的人际交往倾向和与人相处的技巧。

8. 自我控制能力与情绪稳定性

在遇到上级批评、工作有压力或是个人利益受到影响时，要做到克制、容忍、理智地对待，不因情绪波动而影响工作。

9. 工作态度

一是了解应聘者对过去学习、工作的态度；二是了解其对当前应聘职位的态度。

10. 上进心、进取心

上进心、进取心强烈的人，一般都有事业上的奋斗目标，并能为之积极努力。

11. 求职动机

了解应聘者为何希望来用人单位工作，他对哪类工作最感兴趣，在工作中追求什么，判断用人单位所能提供的职位或工作条件等能否满足其工作要求和期望。

12. 业余兴趣与爱好

提前了解一个人的兴趣与爱好，对录用后的工作安排很有帮助。另外，考官还会向应聘者介绍本单位及拟聘职位的情况与要求，讨论有关工资、福利等应聘者关心的问题，以及回答应聘者可能问到的其他问题等。

（四）各类面试的应对策略

1. 积极做好面试前的准备工作

（1）充分了解用人单位。对用人单位的性质、地址、业务范围、经营业绩、发展前景、应聘岗位职务及所需的专业知识和技能等要有一个全面的了解。单位的性质不同，对求职者面试的侧重点也不同。

（2）带齐所有材料。包括简历、求职信、证书原件、就业协议书等材料。还要带上记事本和笔，随时做好记录。面试前一定要重温自己向应聘单位提交的简历，以免在面试过程中回答了与提交的简历不一致的信息。

（3）使自己的能力与用人单位工作要求相符合。应聘者面试前应对自己的能力、特长、个性、兴趣、爱好、长短处、人生目标、择业倾向有清醒的认识。认真分析自己收集到的所有关于应聘岗位的信息，尽量展现自己与工作要求相适应的能力。

（4）准备自己可能提出的问题。应聘者应当在准备充分的前提下，根据考官的要求提出自己的问题，这样才能让考官更加了解自己。

（5）准备可能来自考官的问题。这项准备有助于个人在面试现场进行清晰的自我表达。

（6）练习说出对面试不利的事情。即使曾有一些不愉快的受挫经历，或曾经犯过错，应聘者也可将其作为一段可供学习的经验进行陈述。

2. 面试形式

（1）结构化面试与非结构化面试

根据面试的结构化（标准化）程度，面试可以分为结构化面试、半结构化面试和非结构化面试三种。所谓结构化面试，是指面试题目、面试实施程序、面试评价、考官构成等都有统一明确的规范；半结构化面试，是指只对面试的部分因素有统一要求的面试，如规定统一的程序和评价标准，但面试题目可以根据面试对象调整；非结构化面试，是对与面试有关的内容不做任何限定的面试，也就是通常没有任何规范的较随意的面试。

正规的面试一般都为结构化面试，公务员录用面试即为结构化面试。所谓结构化，包括三个方面的含义：一是面试过程把握（面试程序）的结构化；二是面试试题的结构化；三是面试结果评判的结构化。

在非结构化面试中，面试的组织形式较为“随意”。面试官可以任意地与应聘者讨论各种话题，或根据应聘者的表现提出不同问题。其优点是过程自然，面试官可以由此全面了解应聘者情况，应聘者也感觉更随意和放松，更易敞开心扉；缺点是由于结构化和标准化低，应聘者之间的可比性不强，如果面试官的专业素质不高，将很难保证非结构化面试的效果。

（2）单独面试与集体面试

根据面试对象的多少，面试可分为单独面试和集体面试。

所谓单独面试，指面试官与应聘者单独面谈，这是最普遍最基本的一种面试方式。集体面试又叫小组面试，指多位应聘者同时面对面试官的方式。集体面试通常要求应聘者做小组讨论，相互协作解决某一问题，或者让应聘者轮流担任领导主持会议、发表演说等。这种面试方法主要用于考查应聘者的人际沟通能力、洞察与把握环境的能力以及领导能力等。

（3）压力性面试与非压力性面试

根据面试目的的不同，可以将面试分为压力性面试和非压力性面试。

压力性面试是将应聘者置于一种人为的紧张气氛中，让应聘者接受诸如挑衅性的、非议性的、刁难性的刺激，以考查其应变能力、压力承受能力、气质性格和修养等方面的素质。

非压力性面试正好相反。面试官会创造出比较宽松、亲切、平和的氛围，从而使应聘者能够在没有压力或压力较小的情况下进行面试，这样比较容易了解应聘者全面、客观、真实的信息。

（4）一次性面试与分阶段面试

根据面试的进程来分，可以将面试分为一次性面试和分阶段面试。

所谓一次性面试，是指用人单位对应聘者的面试集中于一次进行。在一次性面试中，面试官的阵容一般都比较"强大"，通常由用人单位人事部门负责人、业务部门负责人及人事测评专家组成。在一次性面试的情况下，应聘者能否过关，甚至能否被录用，往往就取决于这一次的表现。面对这类面试，应聘者必须集中个人所长，认真准备，全力以赴。

分阶段面试又可分为两种类型，一种是"依序面试"，一种是"逐步面试"。

依序面试一般分为初试、复试与综合评定三步。初试的目的在于从众多应试者中筛选出较好的人选。初试一般由用人单位的人事部门主持，主要考查应聘者的仪表仪态、工作态度、上进心、进取精神等，将明显不合格者予以淘汰。初试合格者则进入复试，复试一般由用人部门主管主持，以考查应聘者的专业知识和业务技能为主，衡量应聘者对拟任工作岗位是否合适。复试结束后再由人事部门会同用人部门综合评定每位应聘者的成绩，确定最终合格人选。

逐步面试，一般是由用人单位的主管领导、处（科）长以及一般工作人员组成面试小组，按照小组成员的层次，由低到高的顺序，依次对应聘者进行面试。面试的内容依层次各有侧重，低层一般以考查专业及业务知识为主，中层以考查能力为主，高层则进行全面考查，并负责最终把关。实行逐层淘汰筛选，越来越严。应聘者要对各层面试的要求做到心中有数，力争给每个层级的考官均留下好印象。进行低层次面试时，不可轻视大意，不可骄傲马虎，进行高层次面试时，也不必胆怯拘谨。

（5）常规面试、情景面试与综合性面试

根据面试内容设计的重点不同，可将面试分为常规面试、情景面试和综合性面试三类面试。

所谓常规面试，就是我们日常见到的、面试官和应聘者面对面以问答形式为主的面试。在这种情况下，面试官处于积极主动的位置，应聘者一般是被动应答的姿态。面试官提出问题，应聘者做出回答，展示自己的知识、能力和经验。面试官根据应聘者对问题的回答以及应聘者的仪表仪态、身体语言，在面试过程中的情绪反应等对应聘者的综合素质状况做出评价。

情景面试，突破了常规面试中面试官和应聘者一问一答的模式，在测试中引入了无领导小组讨论、公文处理、角色扮演、演讲、答辩、案例分析等情景考查方式。情景面试是面试形式发展的新趋势。这种面试的方法灵活多样，面试的模拟性强，也更加逼真，应聘者的才华能够得到更充分、更全面地展现，面试官对应聘者的素质也能做出更全面、更深入、更准确的评价。

综合性面试兼有前两种面试的特点，而且是结构化的，考查内容主要集中在与工作职位相关的知识、技能和素质上。

（6）鉴别性面试、评价性面试和预测性面试

依据面试的功能，可以将面试分为鉴别性面试、评价性面试和预测性面试三类。

所谓鉴别性面试，就是依据面试结果把应聘者按相关素质水平进行区分的面试；评价性面试则是对应聘者的素质做出客观评价的面试；而预测性面试是指对应聘者的发展潜力和未来成就等方面进行预测的面试。

（7）目标参照性面试和常模参照性面试

依据面试结果的使用方式，可以将面试分为目标参照性面试和常模参照性面试。

所谓目标参照性面试，就是面试结果须明确应聘者的素质水平是否达到某一既定的目标水平，通常分为合格与不合格两种；而常模参照性面试，则是根据面试结果对应聘者按素质水平高低进行排序，进而优胜劣汰，结果往往分为若干档次。

总结思考

1. 如果你向用人单位提 5 个问题，你会提哪些问题？

2. 求职时只准备一份万能简历是否可以？为什么？

第十四章

角色转换与职业适应

正确的角色定位需要理智，及时的角色转换需要智慧。

——职业教育家 程社明

学习导航

- 第十四章 角色转换与职业适应
  - 完满离校
    - 给大学生活画一个完美的句号
    - 转换角色
  - 掌握职业适应规律
    - 职业适应及规律
    - 尽快适应新环境
  - 在职业发展中实现人生价值
    - 终生学习，保持工作热情
    - 管理时间，提高工作效率
    - 注意礼仪，树立职业形象
    - 审时度势，敢于创业

问题发现

驻村“第一书记”

小代大学毕业以后考取了“三支一扶”项目，进入基层工作，做驻村“第一书记”。到村里以后，他发现当地村干部打心里看不上他这个刚毕业的大学生，也不相信他能带领乡亲们致富，乡亲们对他这个“第一书记”也没有多少信任感……从单纯的校园一下子进入复杂的职场，小代感觉很不适应，一时陷入被动，甚至对工作产生了畏惧的心理。

点评

故事中的小代遇到了复杂的职场环境，在从学生角色转换为职场角色的过程中遇到了困难，这也是每一个进入职场的学生都要面对的角色转换和职场适应问题。如果每个大学生都清楚地知道自己应该具备哪些能力，未来所从事的职业有什么样的要求，并有意识地进行自我培养，就能真正提升自己的能力与素质，顺利实现从学生到职业人的角色转换。

学习目标

学完本章，你应当:

(1) 了解大学毕业生角色转换的基本心理与方法；

(2) 掌握大学毕业生职业适应的基本规律；

(3) 学会对待职业困境与逆境的方法。

理论点拨

第一节　完满离校

大学毕业，走向社会，踏上新的工作岗位，这对每一个大学生来说都是人生中的一次重大转折。这一次大多数学生将离开校园走上工作岗位，完成从大学生到社会工作者角色的转换。大学生角色转换的完成，标志着其学生时代的结束，工作生涯的开始。如何愉快地离校，顺利地实现从学生角色到社会角色的转换，如何适应新环境，这些问题客观而又现实地摆在每个大学毕业生面前。

一、给大学生活画一个完美的句号

要毕业离校了，每个人依然要规范地履行在校期间的各项义务，注意身为一个毕业生的形象与风范，为大学生活画一个完美的句号。

1. 学有所成，善始善终

（1）认真完成毕业考试、毕业论文

很多同学在大学毕业前为找工作不停地奔波忙碌，或许学业略有松懈，但一定要明确，毕业论文、毕业考试仍是大学生在校期间学习的重要任务。自身不重视而使毕业考试成绩不理想，那将是永远的遗憾。

（2）做好自我总结和毕业鉴定

大学毕业是人生的一个重要里程碑，为了翻开事业发展的崭新一页，毕业生须对大学生活做一个全面总结和细致剖析；同时，学校也会对毕业生做出毕业鉴定，完整、客观地评价学生在大学期间的表现。

（3）办好离校手续

办理相关的离校手续，是毕业生履行的最后一项义务。准备好相关的证件与物品，按照要求一一办理，结束后交凭证，领取毕业证书、学位证书即可。

2. 留下一个美好的印象

在等待离校期间，同学、朋友之间免不了叙旧、聚餐，有离别的悲伤，也有即将踏上社会的困惑，但决不应为发泄某种情绪而做出任何不文明、不理智的举动，损害毕业生的形象，为毕业离校带来不必要的麻烦。

特别提醒大家注意以下几点：

（1）对待友情

有些同学、朋友在以前的相处中存有误会，但碍于面子没有爆发，也没有和解。毕业之际，切忌大动干戈。应当以和为贵，相互谅解，为过去弥补一点缺憾，给奔赴前程增加一点信心。

（2）对待师长

有的同学过去对某些学校领导、老师或工作人员有意见，因此借某些场合特别是在饮酒过度的情况下，做出过激行为，严重损害个人和集体的形象，造成了不必要的伤害。在长期的集体生活中，矛盾与误会的产生在所难免，应相互谅解，妥善处理。

（3）对待成功的喜悦

有些同学认为大学学业顺利结束了，也找到一份满意的工作，为庆贺告别学生生涯，不断地请客聚餐，甚至深更半夜还到处高歌喧哗，这些行为不仅有损自己的形象与声誉，也给复习迎考的学弟学妹们带来恶劣的影响。有理有节、文明规范，才是当代大学生应有的风范。

（4）对待失败的失落

有的学生学习成绩不佳，爱情失意，工作没有着落，考研失利，在大学里也没实现什么目标。面对挫折和失败，这部分同学应通过适当的途径进行宣泄和调整不良情绪，行为不端只能自寻烦恼。失败时，应先反思自己的不足，经过不懈的努力，也许成功就在明天。

二、转换角色

大学生从学校步入社会，从学生转变为社会职业人员，要完成从学生角色向社会角色的转变。顺利完成转变，尽可能地缩短转变过程，是适应职业环境的关键。因此，每一个即将毕业的大学生，必须对这种身份角色的转变有较清楚的了解和认识，同时有针对性地做好准备。

（一）角色转换中常见的心理障碍

1. 依恋心理

有些大学生在角色转变过程中容易出现依恋学生角色和怀旧的心理现象。在职业生涯开始之初，许多人常常会自觉或者不自觉地把自己置身于学生角色中，生活上依赖父母，学习上依赖老师，工作上依赖领导，还是以学生的社会义务和社会规范来要求自己、对待工作，以学生习惯的方式来待人接物，以学生的思维方式来观察、分析事物和处理问题。

2. 畏惧心理

有些大学生在刚进入工作环境时容易紧张，往往不知道工作应从何处着手，该如何处理复杂的人际关系，在工作中表现胆怯畏惧、缩手缩脚。

3. 自傲心理

有些大学生在角色转变的过程中受不良社会风气的影响，表现出浮躁的作风和盲目的攀比心理，缺乏对工作性质、职责任务和工作技艺的深刻认识和理解；或缺乏韧劲和毅力，对本职工作不能坚持和深入；或不安心本职，见异思迁。

4. 失衡心理

有些大学生承受挫折的能力较差，或有嫉妒情绪，见别人干得好，不是见贤思齐、向他人学习，而是冷嘲热讽，诋毁别人；或有失望情绪，用悲观、灰暗的眼光看待世界和人生，遇到不顺心的事就唉声叹气，情绪低落，甚至悲观绝望。

（二）角色转换的实现

大学生在进行角色转换的过程中，如果出现心理上的不适，应当及时调整、控制和改善。这种心理上的不适非常需要社会、同事和单位领导的帮助，但最关键的还是要靠大学生自己积极主动地调整。大学生在角色转换过程中应注意以下几点。

1. 安心本职，甘于吃苦

安心本职是角色转换的基础。有些大学生在走上工作岗位几个月后，还不能安于本职工作，三心二意，盲目攀比，这对角色转换十分不利。甘于吃苦是角色转换的重要条件，只有能吃苦，才有勇气和坚强的意志去面对并克服在角色转换中遇到的种种困难。

2. 主动融入集体

积极参加集体组织开展的各项活动，主动与他人沟通，增强同事之间的亲近感。要与人为善，与他人和睦相处。

3. 合理定位，从思想上进行调节

角色转换以后，大学生有必要对自己进行新的认识，要冷静思考、分析在发挥自身优势时个人存在哪些有利条件和不利因素，以便摆正自我位置，找准新的生活坐标。大学生要从思想上真正放下架子，结合岗位工作，虚心学习业务和技术，刻苦钻研，勤于实践，努力提升整体素质，为以后的发展和提升做好准备。

4. 善观察，勤思考

要进入角色，就必须开动脑筋，善于观察，只有细心观察才能发现问题，掌握职业对象的内部规律。勤于思考，让自己逐步具备独立开展工作的能力，更好地承担职业责任，从而顺利完成角色转换。

第二节　掌握职业适应规律

一、职业适应及规律

（一）职业适应

职业适应是指个体在职业认知和职业实践的基础上，不断调整和改善自己的观念、态度、习惯、行为和智能结构等，以适应职业实践的发展和变化的过程。适应的实质，就是个体由自然人向社会人的转化。大学生从走进职业生涯到适应职业生活，要经过一系列的学习和实践。因此，了解职业角色的权利和义务，掌握职业角色的规范，遵守职业角色的行为模式，增强对职业角色的认同感和归属感对大学生来说是非常必要的。

（二）职业适应的规律

大学生在就业初期，掌握适应期的一般规律，将有助于顺利开展工作，有助于个人的成长和成才。实践表明，只要主动地探索、遵循这些规律，大学生是完全能够顺利渡过就业适应期的。

职业适应从内容上讲，主要包括以下几方面。

1. 角色适应

角色适应就是对工作岗位的主动适应，即对职业地位、性质、职责的适应，最大化地创造“人岗适配”的经济效益和社会效益。解决角色适应问题，需要大学生及时转变思想观念和行为习惯，及时调整自己的奋斗目标和人生期望值，用职业行为规范要求自己，运用自己的知识和才能来完成岗位目标，认真地履行岗位职责。

2. 心理适应

心理适应是指人的各种个性特征相互配合，适应周围环境的能力，尤其是指当外部环境发生变化时，人们通过自我调节系统做出能动的反应，使主体与环境达到新的平衡的过程。生活环境和生存环境的变化，也要求毕业生必须调节自己的情感与之相适应，要对所从事的岗位工作保持一种稳定的热情和适度的期望值。

3. 生理适应

生理适应是指毕业生对工作时间和节奏、劳动强度和紧张程度的适应，其中包括身体各感觉器官与运动器官的适应。从业初期，毕业生就要养成紧张、有序、高效的工作和生活习惯，这期间难免出现身体疲倦、头晕脑涨、心力交瘁的感觉，这些不适应是常见的。但是随着时间的推移，只要注意科学地运筹时间，劳逸结合，适当加强身体锻炼，做到工作、生活规律，生理上的“不适应”很快就会消失。

4. 群体适应

群体适应是指毕业生在新的协作集体中的适应过程。社会群体是人们通过一定的社会关系结合起来进行共同活动的集体。大学生工作后，会加入新的“社会群体”，人员对象和人际关系都会发生变化，这就需要协调好各种人际关系，以适应新群体的要求。

5. 智能适应

智能适应是指毕业生根据职业岗位所要求的知识和能力结构，来调整和改善自身的知识和能力结构，使之适应职业岗位要求的过程。智能一般分为以下九种类型：①事实的智能；②解析的智能；③语文的智能；④空间的智能；⑤艺术的智能；⑥应用的智能；⑦身体的智能；⑧预感的智能；⑨交际的智能。大学期间所构建的知识结构和能力结构，能否与职业岗位相适应，必须经过实践的检验。在知识经济时代，知识更新的速度越来越快，职业实践的发展和变化更加迫切地要求毕业生不断地调整、改善自己的知识结构和能力结构，以不断适应科技发展和职业实践发展的需要。

（三）职业适应的三个阶段

职业适应从时间上讲，一般会经历如下三个阶段：

1. 陌生阶段或不适应阶段；

2. 思考调整阶段；

3. 协调与适应阶段。

科学技术在不断发展，职业实践也随之发展，旧的问题解决了，新的问题又会出现。因此，人们对职业生活会有一个不断适应的过程，即调整、适应、再调整、再适应的过程，这就是职业适应的一般规律。

二、尽快适应新环境

（一）树立良好的第一印象

第一印象是某种客观事物首次作用于人的感觉，在人的头脑中产生的对事物整体的反映，包括事物的外观形状、行为特点、价值评判等。第一印象在人与人相互认识和交往过程中的作用十分重要，主要表现在以下几个方面。

1. 前摄作用

前摄作用也称先入为主。由于第一印象是在毫无认识基础的情况下获得的，因而在人的大脑中嵌入较深，关于这个人的其他信息都是在这个印象形成以后输入的，就不可避免地受到这个印象的干扰。

2. 光环作用

光环作用也称晕轮效应。即人们在交往的过程中，如果看到某个人某个比较突出的特点，就会忽略这个人的其他特点，甚至本质。

3. 定势作用

定势作用也称定势效应，别人可能根据对你的第一印象决定以后对你的态度。

第一印象只是暂时的、初步的表面印象，对顺利打开工作局面有催化作用，但只有第一印象还不行，最重要的是看你能不能靠自己的勤奋努力赢得领导和同事们的支持与帮助，做出使领导和同事刮目相看的实际工作成绩。只要坚持不懈地努力，就能够树立一种更深层次、更有实际意义的长期印象。

（二）建立和谐的人际关系

在社会生活和工作中，人际关系是否和谐，关系到人们生活得幸福与否和事业的成败。如何建立良好的人际关系呢？

1. 主动随和，平等待人。到新单位后要主动与人交往，乐于与大家打成一片。不拉帮结派，不卷入是非矛盾。平等对人，不卑不亢。

2. 严于律己，宽以待人。严于律己，就是严格要求自己，以各种道德规范和行为约束自己。堂堂正正做人，踏踏实实干事。不阳奉阴违，不挑拨是非。当自己受到委屈或被误解时，要克制自己的感情，主动承担责任，宽容大度，多谅解和理解他人。

3. 诚实守信，不唯利是图。一定要恪守信用，言行一致，说到做到。要淡泊名利，不要为了蝇头小利而做有损人格的事。

4. 尊重他人，谦虚好学。遇事应多用请教和商量的口吻说话，耐心向同事请教，尽快提升自己的业务能力。

5. 服从领导，正确处理与上级的关系。领导分配的任务要努力完成。服从领导不仅要尊重领导的职权，还要尊重领导的工作安排，理解领导的工作难处，善于向领导学习。

6. 及时处理与同事之间的矛盾。同事之间一旦产生矛盾，最好当面交谈，解除误会。认真分析产生误解的原因，沟通思想，消除误会，避免无谓的争辩。

（三）主动了解岗位环境，敬业爱岗，安心工作

首先，大学生要了解自己的工作内容。其次，了解单位将怎样评价你的工作。公司对员工工作进行评价的标准一般有两种，正式的和非正式的。正式标准一般是可衡量的，往往数量目标和质量目标并重；非正式标准较难描述，它全由上司来决定。

作为一个职场新手，要想尽快适应工作，除了要有投身工作的信心和勇气之外，还必须充分了解和熟悉工作环境、工作对象的特点和规律，并主动地收集行业信息，关注行业发展前景，从而对所从事的工作有较全面的认识和把握。

（四）强化职业角色意识，争取尽快适应新环境

适应新环境最主要的是树立角色意识，主动强化职业角色意识，让自己在主观上尽快适应新环境。

1. 利用岗前培训机会，尽快适应工作环境。毕业生应该利用单位岗前培训教育的机会，尽快熟悉单位规章制度、用人理念、组织文化、技术特点等，以便更好地融入工作团队。

2. 不轻言跳槽。作为一无工作经验、二无娴熟工作技能的大学毕业生，要想尽快地进入职业角色，就必须踏踏实实地工作。用人单位对员工的忠诚心、敬业精神、责任感是非常重视的。企业对新入职人员的培训教育是从员工的职业发展生涯出发，以长期使用为目的的，如果大学生目光短浅、眼高手低，稍不如意就一走了之，受损失的不仅是用人单位，更是毕业生本人。一个在职场上养成“飘”的习惯，形成“飘”的心理的年轻人，是难有大作为的。

（五）调整学习态度，从知识结构上去适应工作的新环境

大学生到了工作单位后，在工作安排上不可能每个人都严格地专业对口，特别是一些中小企业，需要的是“全才”“通才”。为了满足工作要求，就要不断地学习，及时补充业务知识。应该说适应社会环境的过程，就是一个学习、适应、继续学习、不断适应的过程。

第三节　在职业发展中实现人生价值

大学生走入职场后，在实际工作中需要注意以下几个问题。

一、终生学习，保持工作热情

（一）树立终生学习观念

随着社会的快速发展、产业结构的调整和知识的快速更新，社会职业的变化也日新月异：旧职业岗位消失、新职业岗位不断产生、现有职业对从业者要求不断提高等。毕业生要不想在职场上被淘汰，就必须树立终生学习的观念，在工作中不断学习，吸收新知识，掌握新技术，保持和增强自身的优势，努力适应社会的发展。同时应该意识到，大学毕业以后的延伸教育和再学习，对于选择和重新选择职业岗位，取得职业成就，具有非常重要的作用。

（二）保持高度的工作热情

爱默生说：“有史以来，没有任何一项伟大的事业不是因为热忱而成功的。”保持高度的工作热情，全身心地投入岗位工作是事业成功的基础。做到这一点，既要有情感的投入，也要有信念的强力支持，还得有艺术技巧。

1. 在价值观上，要视劳动是人谋生的手段，职业是实现人生理想的途径；

2. 不断调整工作心态和心境，爱岗敬业、学有所长、干有所专；将压力变为工作的动力；

3. 勤于学习、善于思考、深入挖掘工作潜能，保持对工作创新的热情；

4. 在工作中学会扬长避短，不能遇到困难就止步不前。

二、管理时间，提高工作效率

能否科学有效地管理自己的时间，是一个关系到初涉职场的人能否尽快转换角色、适应环境的重要问题。有效管理时间是一个人获得职业成功的必备素质和能力。时间管理的中心理念是，最大限度地利用好自己所拥有的时间，做好自己最想做的事或达到目标，更多地开发自己的潜质，更好地提高工作效率。时间管理也有一些有效的方法可供借鉴。

在本教材提升时间管理能力这一章节中，我们重点介绍了制定计划的五大要素和六大步骤。下面主要针对不同时间周期计划制定的方法和技巧进行说明。

1. 制定长期和中期计划

许多人之所以能取得成功，是因为他们善于在工作中制定中长期计划。根据自己所负责的具体工作的性质，长期计划的时间一般为 3 ～ 5 年，中期计划一般为 1 ～ 3 年，内容可以灵活设置。

2. 制定短期工作计划

如果你的工作性质较为固定，你可以在每季末做出下一季工作计划，每月 20 ～ 25 日做出下个月工作计划。对灵活多变的工作，可以以周为单位制定计划。最好每周五做出下周工作计划。周计划要求对时间做出更细致、更精确的安排。短期计划的目标要十分明确，并就每项事务确定一个最后期限。在期限的督促下，计划才能起到大的作用，迫使你集中精力，排除障碍，高质量地完成工作。

3. 制定每日工作计划表

每日工作计划表即日程表。每天下班前花十几分钟，把前后连续的事和明天要做的事情列出来，确定哪些任务和活动要在明天完成，不要遗漏，然后根据“第二象限工作法”分出轻重缓急，填在每日计划表中。

三、注意礼仪，树立职业形象

礼仪是指人们在人际交往中，为表示相互尊重、敬意、友好而约定俗成或制定的、共同遵守的行为规范和交往程序。

（一）职业礼仪

顾名思义，就是个人在职业工作中接待客人、做人处事应当持有的心理态度和表现出的礼仪状态。职业礼仪涉及穿着、交往、沟通、情商等内容。从个人修养的角度来看，礼仪是一个人内在修养和素质的外在表现；从交际的角度来看，礼仪是人际交往中适用的一种艺术，一种交际方式或交际方法；是人际交往中约定俗成的示人以尊重、友好的习惯做法；从传播的角度来看，礼仪是人们在人际交往中进行沟通的技巧。了解一些职业礼仪，对即将步入职场的同学们来说，是非常有必要的。

（二）职业基本礼仪

1. 仪容仪态

（1）发型发式

男士的发型发式统一的标准就是干净整洁，并且要经常打理。额前的头发不要遮住眉毛，侧部的头发不要盖住耳朵。不要留过厚或者过长的鬓角，后面的头发不要长过西装或衬衫领子的上部。

女士的发型发式应该美观、大方。需要特别注意的是，选择发饰时，式样应该庄重大方。

（2）面部修饰

男士的面部修饰。不戴耳环，鼻毛不外露。胡须刮干净或修整齐，不留长胡须。牙齿整齐洁白，口中无异味，会客时不嚼口香糖等食物。脸洁净。不戴项链或其他饰物。手洁净，指甲整齐，不留长指甲。

女士的面部修饰。女士在正式的商务场合中，应该以淡妆为主，不浓妆艳抹，也不应素面朝天。

（3）着装

在正式的商务场合中，男士应该穿西装、打领带，衬衫的搭配要适宜，穿深色皮鞋。

女士在着装方面需要严格区分职业套装、晚礼服以及休闲服，在穿正式的商务套装时，无领、无袖，或者是领口开得太低，太紧身的衣服应该尽量避免。商务礼仪的目的是体现对他人的尊重。女士可以从两方面来体现：一方面是饰物，另一方面是商务物品。这两个方面中，饰物应该尽量避免过于奢华，服装应大方简洁。

（4）站姿

正确的站姿是抬头、目视前方、挺胸直腰、肩平、双臂自然下垂、收腹、双腿并拢直立、两脚尖呈 V 字形，把身体重心放到两脚中间；也可两脚分开，距离比肩宽略窄，双手交叉，放在体前或体后。

男性站姿。双脚平行打开，双手置于身体两侧自然下垂。当下列人员走来时应起立：客户或客人；上级和职位比自己高的人；与自己平级的女职员。

女性站姿。双脚要靠拢，膝盖打直，双手握于腹前。

（5）坐姿

男性坐姿。一般从椅子的左侧入座，紧靠椅背，挺直端正，不要前倾或后仰，双手舒展或轻握于膝盖上，双脚平行，间隔一个拳头的距离，大腿与小腿夹角呈 90 度。如坐在深而软的沙发上，应坐在沙发前端，不要仰靠沙发。忌：二郎腿、脱鞋、把脚放到自己的桌椅上或架到别人的桌椅上。

女性坐姿。入座前应用手背扶裙，坐下后将裙角收拢，两腿并拢，双脚同时向左或向右放，两手叠放于腿上。如长时间端坐可将两腿交叉叠放，但要注意上面的腿向回收，脚尖向下。

（6）蹲姿

女士并膝下腰。一脚在前，一脚在后，两腿向下蹲，前脚全着地，小腿基本垂直于地面，后脚脚跟提起，脚掌着地，臀部向下。男士屈膝即可。

（7）走姿

男士抬头挺胸，步履稳健、自信，避免八字步。女士应背脊挺直，双脚平行前进，步履轻柔自然，避免做作。

2. 言谈举止

（1）打招呼

打招呼时要和对方有目光交流，而不应该左顾右盼。指引时需要用手指引某样物品，接引顾客或客人时，食指以下应并拢，拇指向内侧轻轻弯曲，指示方向。向远距离的人打招呼时，应伸出右手，右胳膊伸直高举，掌心朝着对方，轻轻摆动。不可向上级和长辈招手。

（2）称谓

一般情况下，在商务活动中，有两套称谓方法。第一种就是称对方为某某先生、某某女士，这也是最稳妥和最普遍的一种称谓方式。第二种我们可以称呼对方为某某经理、某某总监，以及某某领导，即称呼他的职务。

（3）介绍

言谈举止要从容大方，称呼双方时要准确清楚。介绍双方认识时，还应该清楚、巧妙地表达彼此之间的关系。在正式、庄重场合做介绍人时，应该连姓带名带职务一起介绍。介绍时要起立，面带微笑，自然地伸出手臂，同时欠身指向被介绍的人。

（4）微笑礼仪

微笑是人际交往的魔力开关。美国社会学家亚当斯（Adams）指出："在问题还没发生之前，我就用微笑把他笑走了，至少将大问题变成了小问题。"

（5）握手礼仪

手要洁净、干燥和温暖。先问候再握手。伸出右手，掌心向上，以示谦虚和尊重，切忌掌心向下。握手时，手掌呈垂直状态，五指并用，轻轻用力，时间在 3 秒左右。握手时要注视对方，不要旁顾他人他物。

握手的次序，一般都是女士、领导和长辈先伸手，男士、下级和晚辈再握手。与多人握手时，应遵循先长后幼、先女后男的原则。切忌戴着手套握手或用左手握手。握手时用力要适度，切忌手脏、手湿、手凉和用力过大。与异性握手时应用力轻、时间短，不可长时间握手和紧握手。

（6）会客的礼仪

问候时最好说出姓名，若对方没请你坐下，你最好站着。应主动开始谈话，珍惜会见时间，保持相应的热情，学会倾听的艺术，清楚地表达，避免不良的动作和姿态。告别语应适当简练，克制自己不要在将要出门时又引出新的话题。

（三）职场礼仪

1. 与同事相处的礼仪

分工合作。做好本职工作，不干涉其他同事的隐私；有团队精神，真诚合作。

宽以待人。在工作中，对同事要宽容友善。

公平竞争。不在竞争中耍小聪明，公平、公开的竞争才能使人心服口服。

尊重诚恳。每天进出办公室要与同事打招呼；同事嘱托的事要认真去做，如做不到应诚恳地讲清楚。

2. 与领导相处的礼仪

尊重支持。树立领导的权威，确保有令必行，配合领导开展工作。

理解领导。在工作中，应尽可能地替上级着想，为领导分忧。

公私分明。不管自己同领导的私人关系有多好，在工作中都要公私分明。

3. 汇报和听取汇报时的礼仪

遵守时间。汇报工作时要遵守时间，不提早，也不推迟。

注意礼貌。进门前先敲门。汇报时要注意仪表、姿态，做到文雅大方、彬彬有礼。

语言精练。汇报时口齿清晰、声音适当、语言精练、条理清楚。

汇报结束，得到领导示意后才可告辞。告辞时要整理好自己的物品和用过的茶具、座椅。当领导送别时，要主动说“谢谢”或“请留步”。

上级听取下级汇报时，也应遵行以下礼仪。

守时。如果已约定时间，应准时等候，做好记录准备以及其他准备。

及时招呼汇报者进门入座。不可表现得居高临下、盛气凌人。

善于倾听。当下级汇报时，可与之进行目光交流，并配以点头等表示自己在认真倾听的体态动作。对汇报中不甚清楚的问题要及时提出来，要求汇报者重复、解释，也可以适当提问。

不要随意批评、拍板，要先思而后言。听取汇报时不要频繁看表或做其他事情。要求下级结束汇报时可以通过合适的体态语或用委婉的语气告诉对方，不能粗暴打断。当下级告辞时，应站起来相送，并礼貌道别。

4. 带路及迎送的礼仪

行进在路上。引领者应站在宾客的左侧前方一步半到两步的距离为其引路；如果三人并行，通常中间为上，内侧次之，外侧再次之。协调行进的速度，引领者行进的速度不应过快或过慢，不要使宾客感到不便。拐弯处或路上有障碍时，要及时加以提醒，不断地与宾客寒暄交谈，以表示对对方的关注。

伴随客人或长辈进出电梯。进入无人管理的电梯时，引领者应先进后出。进入有人管理的电梯时，引领者应后进后出。

上下楼梯。引领宾客上楼时引领者应走在宾客的后面；下楼时应走在宾客的前面，引领者与宾客的距离以一、二级台阶为宜。

5. 进门的礼仪

朝里开的门。如果门是朝里开的，引领者应先入内，侧身再请宾客进入。

朝外开的门。如果是朝外开的门，引领者应打开门，请宾客先进。

旋转式大门。如果陪同宾客走的是旋转式大门，应先迅速过去，在另一边等候宾客通过。

无论进出哪一类的门，引领人员在接待引领时，一定要“口”“手”并用且到位。即运用手势要规范，同时要说诸如“您请”“请走这边”“请各位小心”等提示语。

6. 接打电话的礼仪

接电话。电话铃一响，应尽快去接，最好不要让铃声响过五遍。拿起电话应先自报家门；询问时应注意时机，根据对方的反应再委婉询问。

通话时，对对方的谈话可做必要的重复，重要的内容应简明扼要地记录下来。电话用语应文明，态度应热情，语调应平和，音量要适中。

通话完毕后，应先等对方放下话筒，再轻轻地放下电话，以示尊重。

私人电话。在办公场所，私人电话最好设为震动或铃声很小的状态。最好不要接听私人电话，一旦接通要在三分钟之内结束，更不可用办公电话接打私人电话。

7. 乘车的礼仪

司机开车：副驾驶位置最不尊贵；同排座位，右侧为尊。见下面的示意图。

司机	3
2	1

主人开车：副驾驶位置最尊贵。见下面的示意图。

主人	1
3	2

三排七座的商务车：以后排为主座，中排为次座。见下面的示意图。

司机		6
5		4
2	3	1

根据乘车的基本常识，副驾驶座位是车上最不安全的座位。因此，按惯例，在社交场合，该座位不应请女性或儿童就座。而在公务活动中，副驾驶座位，特别是双排五座轿车上的副驾驶座，则被称为“随员座”，专供随行人员就座。

四、审时度势，敢于创业

自主创业是指大学生毕业后不向社会单位寻求工作，而是自己创立公司、开办企业等。自主创业不仅解决了自己的职业发展问题，也为社会创造了更多的工作岗位。

大学生如果选择自主创业，必须注意以下几个问题：明确自己所学的专业和自己的知识结构；深入调研市场，选择社会需要且具备发展潜力的行业；量力而行；创业目标要切合实际。

总结思考

1. 如何做到完满离校？
2. 什么是职业适应规律？
3. 如何在职业发展中实现自己的人生价值？